KB042275

9급 공무원·경찰공무원시험 대비

영문법 핵심 분석 800제

강창구 편저

박영사

머리말

그동안 대학에서 행정과 학생들에게 공무원 시험 준비를 위해 개설된 교과목 공무원영어를 30여 년간 가르치면서 정리하였던 것과 중간고사 기말고사 등으로 선정되었던 문제들을 다듬어서 공무원영어 책을 출간하기로 결심하게 되었다.

그리고 시중에 나온 책들을 관심 있게 보게 되면서 수험생들이 필요로 하는 것이 무엇인지를 서서히 간파하게 되었고, 기존에 출간된 공무원영어 책들의 문제점들이 어디에 있는지 살펴보게 되었다. 그리고 공무원영어 시험 및 경찰영어 시험 기출문제집도 살펴보게 되었다.

종합적으로 살펴보면 학생들이 중고교 시절에 영어의 중요한 부분들마다 깨닫지 못하고 넘어간 부분이 너무 많다는 점을 알았다. 다시 말하면 운동선수들과 마찬가지로 우리나라 학생들 대부분이 기본기가 약하다는 것을 깨달았다. 대학생들의 영어실력이 중고교시절에 배웠던 영어 곳곳에 구멍이 많다는 점이다. 이를 메워주어야만 공부한 시간만큼 영어실력이 향상되는데, 영어공부를 열심히 하는데도 불구하고 누구는 60점대에서 더 이상 진전이 안 되고 누구는 70점대에서 머무르고 있는 한계점에 도달하는 것은 기초 및 기본이 부족하기 때문이다.

다시 말하면 가장 영어의 기본인 주어 술어관계인 Nexus의 이해와 능동관계와 피동관계 및 시제관계 등을 등한히 했을 뿐만 아니라 동사의 성질에 따라서 연어관계가 달라짐도 소홀히 하여 왔던 것이다. 그 다음으로 전치사의 중요성도 간과한 것 같다.

따라서 이 책에서는 단지 답만을 서술하지 않고 왜 그러한지에 대하여 기본을 충실히 해설하고자 하였다. 마치 학교에서 강의하듯 하나도 빼먹지 않고 상세히 그 핵심을 서술하고자 노력하였고, 그에 따른 예문도 신경을 쓰면서 서술하였다. 뿐만 아니라 가급적 수험생들의 시간을 절약해주고자 하는 마음에서 문법을 쉽게 공식화하도록 노력하였다. 또한 이디엄에 대해서도 영어 동의어를 하나만 아니라 관련된 것을 모두 싣고자 노력했다는 점이다.

끝으로 이 책이 나오기까지 조언과 교정을 마다하지 않고 애써주신 명지전문대학

행정과 김기진 교수님의 노고에 감사한다. 아울러 이 책의 출판을 기꺼이 맡아주신 박영사 안종만 회장님을 비롯하여 그동안 신경 많이 써준 박영사 박세기 차장님과 편집부 관계자 여러분 및 북 디자이너 조아라 대리님 등의 고마움을 잊을 수가 없다. 뿐만 아니라 수험생 여러분에게도 감사해 마지않는다. 이는 수험생들을 돕고자 이 책의 출간을 결심한 동기가 된 점 때문이다. 따라서 수험생 여러분들의 합격을 두 손 모아 기원한다.

2018. 1. 31.

편저자 씀

목   차

目 次

제1편

영문법
핵심 분석

1. Despite the heavy snow last night, none of classes _____
at the university.
 (A) has canceled   (B) have canceled
 (C) has been canceled   (D) have been canceled

[해설] (간밤에 폭설에도 불구하고, 대학에서 강의가 하나도 휴강된 것이 없었다.)
None of them에서 None(=Not one)은 단수, None(=No one)은 복수이다.
그러나 No one 자체는 단수이다(No one knows. 아무도 모른다).
즉, None이 Not one 뜻일 때는 단수이며, None이 No one 뜻일 때는 복수 이다..

1) None(=Not one : 어느 것 하나도 ~ 아니다) + is ~.
2) None(=No one : 아무도 ~ 아니다) + are ~.
3) None(=Not one) of + 단수 + is ~.
4) None(=Not one) of + 복수 + is ~.
5) None(=No one) of + 복수 + are ~.
6) None of+복수+ is[are] ~.(None 의미가 구분이 안 되면 단·복수를 혼용함.)

• None(=Not one) of this + is ~
• None(=Not one) of them+ is ~ .
• None(=No one) of them + are ~ .
• None of them + is[are] ~(None 의미가 구분이 안 되면 단·복수를 혼용함.)

There were none present.(아무도 출석하지 않았다.)
None are completely happy.(아무도 완벽하게 행복한 사람은 없다.)
None were left when I came.(내가 왔을 때는 아무도 남아 있지 않았다.)
None of my friends were there.(내 친구 중에서 아무도 거기에 없었다.)
None of them know anything about it yet.
(그들 중 아무도 아직 그 일을 모르고 있다.)

"Is there any orange juice?" "I'm sorry, there is none left."
("오렌지 쥬스 좀 있니? "미안해, 남은 게 하나도 없어")
None of packages was for me.(소포 중에서 내 것은 하나도 없다.)

None of the information is useful to me.
(그 정보는 내게 하나도 쓸모가 없다.)
None of the food was left.(음식이 하나도 안 남았다.)
None of this concerns me.(이것은 나에게 아무런 관계가 없다.)
I read three books on the subject, but none of them was helpful.
(나는 그 주제에 관해서 책 세 권을 읽었지만, 하나도 도움이 안 되었다.)
None of classes has been canceled at the university.
(대학에서 강의가 하나도 휴강된 것이 없었다.)
None of the newspapers has appeared today.
(오늘은 어느 신문 하나도 안 나왔다.)
None of the members is going.(일원 중 어느 누구도 가고 있지 않다.)
None of them is coming tonight.(그들 중 어느 누구도 오늘밤 오지 않고 있다.)
None of my children has blue eyes.
(나의 아이들 중에 파란 눈을 가진 아이는 하나도 없다.)
None of the apples is rotten.(그 사과 중에서 썩은 게 하나도 없다.)
None of my friends has a bike.
(내 친구 중에서 자전거를 가진 친구는 하나도 없다.)
None of these is a typical case.
(이들 중 어느 것 하나도 대표적 사례는 아니다.)

None of them has come back yet. (그들 중 아직 하나도 돌아오지 않았다.)
None of them have come back yet.(그들 중 아직 아무도 돌아오지 않았다.)
  위의 마지막 두 문장 None of them에서 보듯 none 의미가 구분이 잘 안 되면
단·복수를 혼용한다.

[답] C

---

2. The number of customer complaints _____ in a week, What's
going on?
  (A) has tripled   (B) have tripled   (C) was tripled   (D) were tripled

---

[해설](고객 불평의 수는 일주일 사이에 세 배나 되었다. 어찌된 일인가?)
과거부터 현재까지 일주일 동안이므로 현재완료가 와야 한다.

the number of (~의 수)는 단수이며, a number of(=many)는 복수이다.

The number of customers is gradually increasing.

(고객의 수가 점차 늘고 있다.)

A number of cars are parked outside the school.

(학교 밖에는 많은 차들이 주차되어 있다.)

be going on : (일이)일어나다, 발생하다.

What's going on?(무슨 일이 일어나고 있는가? 어찌된 일인가?))

[답] A

---

3. I have no choice but _____ her.

 (A) love   (B) loving   (C) to love   (D) to loving

[해설](나는 그녀를 사랑하지 않을 수 없다.)

have no choice but to(do) :~하지 않을 수 없다

=have no + 명사 + but to(do)~

=There is nothing for it but to(do)

= cannot help ~ing

= cannot avoid ~ing

= cannot resist ~ing

= cannot but (do)

= cannot choose but (do)

= cannot help but (do)

= have no choice but to (do)

= have no alternative but to (do)

I cannot but admire her.

Still, I cannot help admiring her.

그래도 나는 그녀를 존경하지 않을 수 없었다.

I could not help laughing. 웃지 않을 수 없었다.

=I could not help but laugh.

[답] C

---

4. The witness insisted that the traffic accident _____ place on the crosswalk.

 (A) take   (B) had taken   (C) took   (D) will take

[해설] (그 목격자는 횡단보도 상에서 교통사고가 일어났었다고 주장했다.)

insist that+S+동사원형

insist that+S+시제일치(단순사실)

He <u>insisted that</u> I <u>start</u> at once.[주장하다+that+S+동R~]

He insisted that he <u>saw</u> UFO. [단순사실→시제일치]

본문은 단순한 사실이므로 시제일치가 되어야 한다.

take place : 일어나다(=happen), 개최되다(=be held)

[답] B

---

5. His doctor suggested that he _____ a short leave of absence.

(A) would take   (B) takes   (C) take   (D) took

[해설] (그의 의사는 그에게 잠시 휴가를 다녀오라고 제안했다.)

<u>요구, 주장, 명령, 충고, 권고, 제안, 동의, 결정V + that + S + (should)동R~</u>

suggest that+S+동사원형~

My family doctor <u>suggests (to me) that</u> I(should) <u>take</u> a walk every day.

(우리 집 주치의는 매일 산책하라고 권한다.)

It is <u>suggested that</u> he <u>go</u> at once.(그는 곧 강야 한다고 말을 꺼냈다.)

He suggested which way I <u>should</u> take.(should=be to)

=He suggested which way (I <u>am) to</u> take.(S+be 생략)

=He suggested <u>which way to take</u>.

(그는 어느 방법을 택해야 할지를 나에게 가르쳐주었다.)

Father <u>suggested</u> my <u>going</u> on a picnic.

(아버지는 피크닉을 가면 어떻겠느냐고 말하셨다.)

leave of absence : 휴가

[답] C

---

6. It is time he _____ to bed.

(A) goes   (B) go   (C) went   (D) will go

[해설] (그는 자야할 시간이다.)

It is time(that)+S+ | 과거~ : ~해야 할 시간이다.
                    | should(do)~

It is time (that) we <u>were</u> going to bed.(우리는 잘 시간이다.)
=<u>It is time</u> (that) we <u>went [should go]</u> to bed.

[답] C

---

7. You ought _____ me yesterday.
 (A) to come to see   (B) to have come to see
 (C) have come to see   (D) to come to have seen

[해설] (너는 어제 마땅히 나를 보러 왔어야 했다.)
<과거 비실현 표현>
~했어야 했다(그런데 하지 않았다).[과거에 하지 않은 데 대한 후회, 유감, 비난]
=ought to have pp
=should have pp
You <u>ought to have consulted</u> with me.
(너는 나와 상의했어야 했다.−상의하지 않은 것은 잘못이다.)
In fact we <u>should have left</u> an hour ago.
(사실 우리는 한 시간 전에 출발했어야 했다.)

[답] B

---

8 The ship is _____ than wide.
 (A) long   (B) longer   (C) more long   (D) the longer

[해설] (그 배는 폭보다 길이가 더 길다.)
동일인·동일물의 두 가지 성질 비교에는 more를 붙여 쓴다.
그러나 <u>long, wide, thick, thin, high, low 등 길이, 넓이 등 비교는 more를 안 붙</u>
<u>이고 비교급을 쓴다.</u>
She is <u>more</u> kind <u>than</u> wise.(동일인 비교)
The ship is <u>longer than</u> wide.(길이, 넓이 등 비교)
more+원급+than : 동일인·동일물 비교
비교급(~er 또는 more ~)+than : 타인·타물 비교

[답] B

9 Which of these two rooms did you find _____ ?
  (A) more comfortable   (B) comfortable
  (C) the more comfortable   (D) comfortabler

[해설] (이 두 방 중에서 어느 방이 더 안락하겠느냐?)
Of the two ~ the + 비교급(형용사)
Of A and B ~ the + 비교급(형용사)
He is the taller of the two. (그는 둘 중에서 키가 더 크다.)
Of gold and silver, the former is the more precious.
(금과 은 중에서, 전자가 더 귀중하다.)

[답] C

---

10. Which of the two cities is lighted _____ at night?
  (A) the bestl   (B) better   (C) the better   (D) best

[해설] (두 도시 중 어느 도시가 밤에 더 밝으냐?)
Of the two ~ | the + 비교급(형용사)
             | 비교급(부사)
※ 부사의 비교급과 최상급에는 the를 붙이지 않는다.

[답] B

---

11. Korea is not _____ she was ten years ago.
  (A) what   (B) as   (C.) that   (D) which

[해설] (한국은 10년 전 한국이 아니다.)
S(주어)+V1(1형식동사, 완전자동사).
S(주어)+V2(2형식동사, 불완전동사)+SC(주격보어).
이와 같이 be 동사는 V1(있다)이거나 V2(이다)이다.
첫째, 빈칸에 is not에 대한 SC와 was에 대한 SC가 와야 한다.
둘째, she was가 불완전문장이므로 불완전문장 앞에는 선행사+관계대명사가 온다.
    따라서 SC(선행사)+SC(관계대명사)가 빈칸에 와야 하므로 선행사를 포함한
    관계대명사 what(선행사+관계대명사)이 정답임을 알 수 있다.

셋째, what I am(현재의 나)과 what I was[used to be](과거의 나)의 숙어를 알
    면 what이 정답임을 바로 알 수 있다.
여기서 Korea는 여성 she로 받는다.
Korea is not what she(=Korea) was ten years ago.
I am not <u>what</u> I was three years ago.(나는 3년 전 내가 아니다.)를 익혀두면
도움이 된다.
※ 특히 「접속사+완전문장」, 「관계대명사+불완전문장」을 꼭 익혀두자.
접속사+<u>완전문장</u>(S+V~) : I think that <u>he is honest</u>.
선행사+관계대명사(S)+불완전문장(<u>V</u>+~): 동사 앞에 관대(S)
선행사+관계대명사(O)+불완전문장(S+자동사+<u>전치사</u>): 전치사에 대한 관대(O)
선행사+관계대명사(O)+불완전문장(S+<u>타동사</u>): 타동사에 대한 관대(O)

※ 다음 공식을 꼭 익혀두자.
<u>관대(S)</u>+V~ : 동사 앞에 관대(S)
<u>관대(O)</u>+S~ : 주어 앞에 관대(O)
<u>관대(S)</u>+(S+생각V)+<u>V</u>~ : (삽입구 생략) 동사 앞에 관대(S)
<u>관대(O)</u>+S+생각V5+<u>to be</u>~ : 주어 앞에 관대(O)
                    (OC)
The man <u>who</u> (I believed) <u>was</u> my best friend deceived me.
(내가 가장 치한 친구라고 믿었던 그 사람이 나를 속였다.)
The man <u>whom</u> I believed <u>to be</u> my best friend deceived me.
The girl <u>who</u> (we thought) <u>is</u> his sweetheart married his friend.
(그의 애인이라고 생각했던 그 소녀가 그의 친구와 결혼했다.)
The girl <u>whom</u> <u>we</u> thought <u>to be</u> his sweetheart married his friend.
                                                        [답] A

---

12. The fire seems ＿＿＿＿＿＿＿ out while she was doing her
shopping.
  (A) to break   (B) to have broken
  (C) to breaking   (D) to having broken

[해설] (그녀가 쇼핑하는 동안에 화재가 난 것 같다.)

이 문제는 seem 용법을 알아야 풀 수 있는 문제이다.

It seems(현재)+that+S+현재~. (현재→현재 : 동시→to+동사원형)

→S+seems+to+동사원형~.

(S를 문장 앞에 두고 It, that을 제거 후 순서대로 적되 동사의 충돌을 막기 위해서 to부정사를 넣고 시제관계를 따진다.)

It seems that he is rich. (현재→현재 : 동시→to+동사원형)

→He seems to be rich.

It seems(현재)+that+S+과거~. (현재→과거 : 전시→to+have pp)

→S+seems+to+have pp.~.

(S를 문장 앞에 두고 It, that을 제거 후 순서대로 적되 동사의 충돌을 막기 위해 to부정사를 넣고 시제관계를 따진다.)

It seems that he was rich.

→He seems to have been rich.

It seems that the fire broke out while she was doing her shopping.

→The fire seems to have broken out while she was doing her shopping.

이와 비슷한 say 용법도 알아두자

They say(현재)+that+S+현재~.(능동태)

→It is said(현재)+that+S+현재~.(피동태) (현재→현재 : 동시→to+동사원형)

→S+is said+to+동사원형~.

(S를 문장 앞에 두고 It, that을 제거 후 순서대로 적되 동사의 충돌을 막기 위해서 to부정사를 넣고 시제관계를 따진다.)

They say that he is honest.(능동태, 동시))

=It is said that he is honest.(피동태)

=He is said to be honest.(동시→to+동사원형)

They say(현재)+that+S+과거~.(능동태)

→It is said+that+S+과거~. (현재→과거 : 전시→to+have pp)

→S+is said+to+have pp.~.(S를 문장 앞에 두고 It, that을 젹거 후 순서대로 적되 동사의 충돌을 막기 위해 to부정사를 넣고 시제관계를 따진다.)

They say that she was rich.(능동태, 전시)

=It is said that she was rich.(피동태)

=She is said to have been rich.(전시→to have pp)

while 다음에는 진행형이 온다.

while+S+be+~ing: ~하는 동안에

do one's shopping : 쇼핑하다.

[답] B

---

13. The potatoes need _____ a bit longer.
  (A) cooking   (B) to cook   (C) to be cooking   (D) cook

[해설] (감자는 좀 더 오래 삶을 필요가 있다.)

S + want   + | ~ing (S가 동작을 받는 피동 뜻)
    need | (=to be pp)
    require
    deserve
    be worth
    bear

The child wants | to wash. (능동) (그 아이는 씻기를 원한다.)
                | washing. (=to be washed) (피동)

(그 아이는 씻겨줄 필요가 있다. 그 아이는 누가 씻겨주기를 바라고 있다.)

My camera needs repairing (=to be repaired). (내 카메라는 고칠 필요가 있다.)

[답] A

---

14. I gave him _____ money I had with me.
  (A). which   (B) what   (C) who   (D) when

[해설] (나는 내 수중에 가지고 있는 돈을 모두 그에게 주었다.)

money(명사) 앞에 형용사가 와야 하며, had(타동사)의 목적어는 money이다.

 그리고 불완전문장(I had with me) 앞에 관계사가 와야 하므로 관계형용사 what
이 정답이다.

what(관계형용사)+명사=all the+명사+that(관계대명사) : ~하는 모든~

I gave him what money I had with me.

=I gave him all the money that I had with me

(내가 가지고 있는 돈을 모두 그에게 주었다.)

I have read <u>what</u> books I have.(내가 갖고 있는 책을 모두 읽었다.)

=I have read <u>all the</u> books <u>that</u> I have.

Bring <u>what</u> parcels you can carry.

=Bring <u>all the</u> parcels <u>that</u> you can carry.

(가져올 수 있는 만큼 많은 꾸러미를 가져오세요.)

Take <u>what</u> supplies you need.

=Take <u>all the</u> supplies <u>that</u> you need.

(필요한 물건은 무엇이든지 가져가세요.)

what little+명사 : 약소하나마[적으나마] 모든~, 얼마 되지 않은 ~이나마 전부

=the little+명사+(that)

I gave her <u>what little</u> money I had.

=I gave her <u>the little</u> money (<u>that</u>) I had.

(나는 얼마 되지 않지만[약소하나마, 적지만] 내가 가진 돈을 모두 그녀에게 주었다.)

[답] B

---

15. Excuse me. I wonder if you could give me ＿＿＿＿＿＿＿,
please.
　(A) some informations　　　　(B) information
　(C) any Informations　　　　(D) any information

[해설] (실례입니다만 나에게 정보 좀 알려주세요.)

some은 긍정문에, any는 의문문과 조건문에 사용한다.

information, advice 등은

　셀 수 없는 명사이므로 단수로 쓴다.

if절에는 any가 와야 하므로 any information이 정답이다.

[답] D

---

16. She said she was twenty years old, ＿＿＿＿ was a lie.
　(A) it　　　(B) which　　　(C) that　　　(D) what

[해설] (그녀는 20세 라고 말했다, 그것은 거짓말이었다.)

앞 문장 전체나 일부를 가리키는 말은 , which(~, 그것은)이다.

본문의 ,which는 앞 문장 전체를 가리키고 있다.

He said he saw me there, which was a lie.

(그가 거기에서 나를 보았다고 하지만 그것은 거짓말이었다.)

He studied hard in his youth, which contributed to his success in later life.
(그는 젊은 시절에 열심히 공부했는데, 그것이 그가 만년에 성공하는 데 도움이 되었다.)

His essays reveal his love of living things, which is why I enjoy reading them.(그의 수필에는 생명체에 대한 그의 사랑이 드러나 있다. 그래서 나는 그의 수필을 즐겨 읽는다.)

He arrived half an hour late, which annoyed us all very much.

(그가 30분 늦게 왔는데, 그 때문에 우리는 모두 짜증이 났다.)

다음 문장의 ,which는 앞 문장 일부를 가리킨다.

He is rich, which I am not.(그는 부자이지만, 나는 부자가 아니다.)

[답] B

---

17. Give the telegram to _____ comes to the door.
   (A) who   (B) whom   (C) whomever   (D) whoever

[해설] (문가에 나오는 사람이 누구든지 이 전보를 주세요.)

전치사 to + | 복합관계대명사 whoever(=anyone who) + V~.
          | 복합관계대명사 whomever(=anyone whom) + S~

전치사 to + | whoever(=anyone who) + (S+생각V) + V~
          | whomever(=anyone whom) + S + 생각V + to be~

Give it to whoever comes first.(먼저 오는 사람에게 그것을 주어라.)

Tell it to whomever you like.(네가 좋아하는 사람 누구에게나 그것을 말해라.)

동사 앞에 주어가 오므로 복합관계대명사 whoever(=anyone who)가 정답이다..

주어 앞에 목적어가 오므로 복합관계대명사 whomever(−anyone whom)가 온다..

[답] D

18. We'll have the driver _____ the goods to your house.
  (A) to deliver   (B) delivered   (C) deliver   (D) to be delivered

[해설] (우리는 운전기사에게 그 물건을 너의 집에 배달하도록 시키겠다.)
have(사역동사)+O(목적어)+ │ 동사원형(능동) [목적어와 능동관계는 동사원형]
                          │ pp (피동) [목적어와 피동관계는 pp]
I had my dog bite him.(능동)
I had him bitten by my dog.(피동)
I had him bite my dog. (능동)
I had my dog bitten by him.(피동)
I had my hair cut.(나는 이발했다.) (피동이므로 cut은 pp이다)
I want to have my picture taken.(나는 사진을 찍고 싶다.)

[답] C

19. There is no mother _____ loves her own children.
  (A) who   (B) that   (C) but   (D) whom

[해설] (자신의 아이를 사랑하지 않는 어머니는 없다.)
There is no+명사+but(유사관계대명사 주격)+동사~ : ~하지 않는 ~는 없다.
=There is no+명사+that(관계대명사)~not~

There is no rule but has an exception.(예외 없는 규칙은 없다.)
=There is no rule that has not an exception. (but=that~not)
There is no one but knows it.(그것을 모르는 사람은 아무도 없다.)
=There is no one that does not know it.

[답] C

20. He could not see his girl friend until _____ to do so.
  (A) he allowed   (B they allowed   (C) she allowed   (D) allowed

[해설] (그렇게 하도록 허락을 받고서야 비로소 여자 친구를 만날 수 있었다.)

이 문장은 not A unti[till]1 B(B해서야 A하다) 구문과 allow 어법 및 S+be 동사의 생략법을 알아야 풀 수 있는 복합적인 고난도 문제이다.

allow+O+to(do) : O가 ~하도록 허락(허용)하다

=S+be allowed to(do)

until은 시간의 접속사이므로 S+V가 와야 한다.

until (she was) allowed to do so에서 보듯

시간의 접속사 until 뒤에서는 she was가 생략될 수 있다..

< (S+be)의 생략법 >

1) 시간접속사+(S+be)+pp

He could not see his girl friend until (she was) allowed to do so.

2) 의문사+(S+be)+to(do)

I am at a loss | what to do. (나는 무엇을 해야 할지 어쩔 줄 모르다.)
　　　　　　　| what (I am) to do.(be to=should)
　　　　　　　| what I should do.

3) 관계대명사+(S+be)+to(do)

I have no house | to live in. (나는 살 집이 없다.)
　　　　　　　| (which) to live in. (관계대명사 목적격 생략)
　　　　　　　| in which to live. (전치사 다음의 관대 목적격은 생략 불가)
　　　　　　　| in which (I am) to live.(be to=can)
　　　　　　　| in which I can live.

※ not A till[until] B : B해서야 비로소 A하다

S+V+not A till[until] B : B해서야 비로소 A하다.

=Not till[until] B+did+S+ 동사원형~(A): 부정어가 문두에 오면 도치된다.

=It was not till[until] B that+S+과거동사~(A): 강조구문

I did not realize the danger of the situation till then.

=Not till then did I realize the danger of the situation.

=It was not till then that I realized the danger of the situation.

(나는 그때야 비로소 그 상황의 위험을 깨달았다.)

It was+강조어(S, O, 부사, 부사구)+that~: 강조구문
It was+S(강조어)+that+V~.
It was+O(강조어)+that+S+V+부사(구).
It was+부사(구)+that+S+V+O.

It was I that did not realize the danger of the situation till then.(S 강조)
It was the danger of the situation that I did not realize till then.(O 강조)
It was not till then that I realized the danger of the situation.(부사구강조)
Not until yesterday did I know the fact.(어제야 비로소 그 사실을 알았다.)
It was not until evening that I knew the fact.
(저녁에야 비로소 그 사실을 알았다.)
It was not until he was thirty that he started to print.
(그는 30세가 되어서야 비로소 그림을 그리기 시작했다.)
It was not until I came to Korea that I learned Hangul.
(나는 한국에 와서야 비로소 한글을 배웠다.)
He didn't start to read until he was ten years old.
(열 살이 되어서야 비로소 책을 읽기 시작했다.)

[답] D

---

21. Jane is getting _____ her operation.
 (A) up　　　　(B) round　　　　(C) over　　　　(D) on

[해설] (제인은 수술을 받고 회복 중에 있다.)
get over : 회복하다, 극복하다
= recover from : ~에서 회복하다. ~이 낫다.
= tide over : 극복하다
= overcome
He finally get over his illness.(그는 마침내 병이 나았다.)
=He finally become well again.
I can't get over his rudeness.(그의 무례함을 잊을 수가 없다.)
He didn't remarry, he never got over the shock of losing his wife.
(그는 재혼하지 않았다, 그는 아내를 잃은 충격에서 헤어나지 못했다.)

She can't get over her shyness.(그녀는 수줍음을 이겨내지 못한다.)

He sold his car to tide himself over his period of unemployment.

(그는 실업기간을 극복하려고 차를 팔았다.)

She needs more coal to tide her over the winter.

(그녀가 월동하려면 석탄이 더 필요하다.)

Will $100 tide you over until you get your wages.

(100달러면 봉급을 받을 때까지 견디겠는가.)

[답] C

---

22. Mr. Brown's children have very good manners because they have
    been well brought _____.
(A) out   (B) in   (C) together   (D) up

[해설] (브라운씨 아이들이 교육을 잘 받아서 예의가 바르다.)

bring up : 교육하다, 가르치다, 기르다, 키우다.

＝educate

＝rear

＝raise

She has brought up three children.(그녀는 세 아이를 키웠다.)

If children are badly brought up, they behave badly.

(아이들을 잘못 가르치면 버릇이 나빠진다.)

[답] D

---

23. To know is one thing, to teach is _____.
(A) other   (B) the other   (C) the others   (D) another

[해설] (안다는 것과 가르친다는 것은 별개이다.)

A is one thing, B is another. : A와 B는 별개이다.

It is one thing to know, and another to teach.

Saying is one thing and doing (is) another.

(말하는 것과 행동하는 것은 다른 것이다.)

---

24. I smell something _____ .
    (A) to burn   (B) to be burned   (C) burning   (D) burns

[해설] (무언가 타는 냄새가 난다.)
smell + O + ~ing : O가 ~하는 냄새가 난다.
smell something burning→something is burning.
(something과 burning은 nexus관계이다.)
I smell rags burning.(넝마 타는 냄새가 난다.)

[답] C

---

25. You will never get _____ with cheating in an exam.
    (A) along   (B) over   (C) on   (D) away

[해설] (너는 시험에서 컨닝을 결코 해내지 못할 것이다.)
get away with : (못된 짓을)용케 ~해내다,
                ~을 가지고 달아나다[훔쳐 달아나다]
The thief got away with jewels.(도적이 감쪽같이 보석을 훔쳐 달아났다.)
get away with : 용케 ~해내다
=manage to(do)
=contrive to(do)

[답] D

---

26. The Stephensons' house was broken _____ by thieves last night.
    (A) into   (B) on   (C) down   (D) up

[해설] (스테펜선 집에 간밤에 도둑이 들었다.)
be broken into by thieves[burglars] : 도둑[강도]이 들다. 도둑맞다.
break into : 침입하다

=enter~by force

break into tears :(갑자기) 와락 울기 시작하다.

          laughter : 웃음을 터뜨리다.

burst into tears : 울음을 터뜨리다

          laughter : 웃음[폭소]를 터뜨리다

burst out crying : 갑자기 울기 시작하다, 울음보를 터뜨리다

          laughing : 갑자기 웃기 시작하다, 웃음보를 터뜨리다

break out : 화재가 나다(발생하다). 전쟁이 발발하다.

=occur suddenly

A fire <u>broke out</u> during the night.(밤사이에 화재가 발생했다.)

[답] A

---

27. Einstein's theory of relativity was a major _____ in science.
 (A) breakthrough (B) breakup (C) breakdown (D) breakout

[해설](아인스타인의 상대성 이론이 과학의 주요한 돌파구기 되었다.)

breakthrough : 돌파구

breakout : 탈옥, 탈출

breakup : 분산, 붕괴, 해산, 학기말 종강

breakdown : 고장, 붕괴, 결렬, 쇠약

a nervous breakdown : 신경쇠약

[답] A

---

28. She is interesting _____.
 (A) to talk   (B) to talk to   (C) talking   (D) to be talked

[해설](그녀에게 말을 거는 것은 흥미롭다.)

< To 부정사의 소급적 용법 > : "이 용법은 다른 책에 없는 내용이므로 처음으로 소개하는 용법이 될 것이다."

It is+ 형용사   +for+사람+ | 1) to+자동사+전치사 | +O(사람, 사물).

    impossible | 2) to + 타동사

    easy

제1편 영문법 핵심 분석 **19**

difficult

hard

essential

pleasant

convenient

natural

necessary

dangerous

감정심리동사ing

여기서 의미상의 주어 사람은 It(주어) 자리에 갈 수 없다. 그러나 문장 말미에 있는 전치사나 타동사의 목적어(O)인 사람이나 사물은 It(주어) 자리에 갈 수 있다.

"to 부정사의 소급적 용법"

=O(사람, 사물) is+형용사+for+사람+ 1) to+자+전. (O)

2) to + 타.

≒사람+is+형용사+ 1) to+자+전 + O(사람, 사물). (×)

2) to + 타 [to 부정사의 소급적 용법×]

※ 여기서 형용사는 impossible, easy, difficult, hard, essential, pleasant, convenient, natural, necessary, dangerous, interesting 등의 감점심리동사ing 등이 오는데 다른 책에서는 사람이 주어로 쓸 수 없는 형용사라고 표현하고 있으나 이는 틀린 말이다. 따라서 이러한 형용사도 to 부정사의 소급적 용법이 적용되면 사람을 주어로 쓸 수 있다.

It is 형용사+for+사람+to(do)~: ~가~하는 것은…하다(동시·후시적, 객관적)

It is 행위판단의 形+of+사람+to(do)~: ~가~하다니 참…하다(전시적, 감탄적)

It is wrong of you to tell a lie.(네가 거짓말 하다니 너 참 나쁘다.)

=You are wrong to tell a lie.

It is hard for me to please her.(○)

=She is hard for me to please.(○) (to부정사의 소급적 용법)

≒I am hard to please her.(×)

It is difficult for me to study English .(○)

=English is difficult for me to study.(to부정사의 소급적 용법)

=I am difficult to study English.(×)

It is easy for her to dance with him.(○)

=He is easy for her to dance with.(to부정사의 소급적 용법)

≒She is easy to dace with him.(×)

talk to ; ~에게 말을 걸다

talk(자동사)+전치사+O →talk to her

It is interesting to talk to her.

=She is interesting to talk to.(to부정사의 소급적 용법)

[답] B

---

29. He woke up _____ lying on a bench in the park.

(A) to find himself   (B) himself to find

(C) to himself find   (D) find himself

[해설] (그가 일어나 보니 공원 벤치에 누워있었다.)

wake up to(do) : (결과)일어나 보니 ~하다.

find oneself+~ing : 자신이 ~하고 있는 것을 알다

lie(자)-lay-lain-lying

lay(타)-laid-laid-laying

자+전+목 : 전치사 앞에 자동사 온다.(lie on→lying on)

타+목

[답] A

---

30. After three failures a successful cable was _____ in 1886.

(A) layed   (B) laid   (C) lied   (D) lay

[해설] (세 번 실패하고 나서 1886년에 성공적인 케이블이 가설되었다.)

능동태는 타동사가 온다.

피동태는 타동사의 피동이다.

lay(타동사: 놓다, 가설하다)의 피동은 be laid이다.

lay-laid-laid-laying

[답] B

---

31. "Haven't you found your book yet?"

"I'm not sure _____ I could have done with it."

(A) whether　　(B) why　　(C) where　　(D) what

[해설] (네 책 아직 못 찾았느냐? 그 책을 어떻게 했는지 도무지 모르겠어.)

do(타동사)의 목적어가 와야 한다.

보기 중에 do의 목적어가 될 수 있는 것은 What 밖에 없다.

what ~ do with~? :~을 어떻게 했는지?

whether는 접속사, why나 where는 부사이다.

what은 주어, 목적어, 형용사가 될 수 있다.

[답] D

---

32. The subject _____ I am most interested is English.

(A) in that　　(B) in which　　(C) in what　　(D) in

[해설] (내가 가장 관심·흥미 있는 과목은 영어이다.)

interest는 감정심리동사이다.

※감정심리동사의 주어는 사물이 온다.

<감정심리동사 용법>

1) S(사물)+감정심리동사+O(사람) : 능동태

2) S(사람)+be 감정심리동사ed+전치사+O(사물) : 피동태

3) S(사물)+be 감정심리동사ing+전치사+O(사람)

4) 감정심리동사ed+사람(ed는 사람 수식)

5) 감정심리동사ing+사물(ing는 사물 수식)

This book interests me.

=I am interested in this book.(주어가 사람)

=This book is interesting to me.(주어가 사물)

exit<u>ed</u> girl : 놀란 소녀

exit<u>ing</u> game : 신나는 게임

<u>The subject</u> is English.

+ I am most interested in <u>the subject</u>

=The subject <u>(which) I am most interested in</u> is English.(관대 목적격 생략)

=The subject <u>in which I am most interested</u> is English.(전치사 다음의 관대 목적격 생략 불가).

선행사(The subject)가 사물이므로 which나 that을 쓸 수 있다.

그러나 **전치사 다음의 관계대명사는 that을 쓰지 않는다.**

[답] B

---

33. I could not make myself _____ in English.
  (A) understand (B) to understand (C) understood (D) understanding

---

[해설] (나는 영어로 나 자신을 남에게 이해시킬 수가 없었다.)

make oneself | pp   : 자신을 남에게 ~시키다.
             | understood : 자신을 남에게 이해시키다
             | known   :   알려주다
             | heard   :   들려주다

Can you make yourself understood in English?

(너는 영어로 의사표시를 할 수 있느냐?)

[답] C

---

34. "Do you often go to concert?"
  "I _____ go quite frequently."
  (A) used to   (B) use to   (C) am used to   (D) was used to

---

[해설] (너는 가끔 음악회에 가느냐? 나는 꽤 자주 음악회에 가곤했다.)

used to(do) : [과거 규칙적 습관] (과거에) ~하곤 했다(지금은 안 한다).

She <u>used to</u> play a piece or two (on) the piano before turning in.

(그녀는 잠자리에 들기 전에 피아노 한 두 곡을 치곤했다.)

play[perform] (on) the piano : 피아노를 치다.

turn in : 잠자리에 들다

used to be(=was, were)

There used to be(=was) a house here.(전에는 여기에 집이 있었다.)

There used to be(=was) a storehouse.(원래 여기에 창고가 있었다..)

be used to ~ing : ~하는 데 익숙하다.

=be accustomed to ~ing

He is used to driving a car.(그는 자동차 운전하는 데 익숙하다.)

I'm not used to being spoken to in that rude way.

(나는 남이 그렇게 버릇없이 말을 걸어오는 것에 익숙하지 않다.)

I am not used to being spoken to like that.

(나는 그런 식으로 말을 걸어오는 데는 익숙하지 못하다.)

본문은 go가 동사원형이므로 used to(do)가 정답이다.

[답] A

---

35. Unwisely _____, television will dull our senses.
 (A) use　　　(B) used　　　(C) is used　　　(D) using

[해설] (TV가 현명치 못하게 사용된다면, TV가 우리 감각을 무디게 할 것이다.)
본문은 분사구문이다. 여기서는 TV가 사용되는 것이므로 피동관계이다. 때문에 pp
가 와야 한다.

접속사+S+V1~, S+V2~(접속사 제거, 주어가 같을 때 주어 생략)

=1) V1ing(능동, 동시・후시)~, S+V2~.

 2) Having pp(능동, 전시)~, S+V2~.

 3) (being) pp(피동, 동시・후시)~, S+V2~.

 4) (Having been) pp(피동, 전시)~, S+V2~.

[답] B

---

36. The child's parents _____ last week, he has no one to look
 after him.
 (A) having died　　　(B) died　　　(C) dead　　　(D) having dead

[해설] (그 아이의 부모가 지난주에 돌아가셨기 때문에 아이는 돌봐줄 사람이 아무도 없다.)

look after : ~을 돌보다.

=take care of

본문은 Because the child's parents died last week, he has no one to look after him.을 분사구문으로 변환한 것이다.

last week가 있으므로 전시가 된다.

parents와 die의 관계는 능동관계이다.

따라서 주술관계는 능동 전시가 되므로 having pp가 정답이다.

After I finished my shopping, I went home.

=Having finished my shopping, I went home.

[답] A

---

37. I want the work _____ by tomorrow.
 (A) doing　　　　(B) to do　　　　(C) do　　　　(D) done

[해설] (나는 그 일이 내일까지는 끝마쳐주기를 원한다.)

여기서 want 어법을 익혀보자.

S+want+ to(do): 능동(주어와의 관계)

　　　　　 ~ing(=to be pp):피동(주어와의 관계)(주어가 동작을 받는 피동뜻)

The child wants to wash.(그 아이는 씻기를 원한다.)

The child wants washing.(그 아이는 누군가 자기를 씻겨주기를 바라고 있다.)

want+O+ |to(do):능동 (O와의 관계가 능동관계)

　　　　 | pp　　:피동 (O와의 관계가 피동관계)

I want you to go.(능동) (나는 네가 가기를 원한다.)

I want the work done (피동) (나는 그 일이 끝마쳐지기를 원한다.)

I want this work finished without delay(이 일을 지체 없이 끝냈으면 좋겠다.)

[답] D

---

38. "When shall we start?"
　 "As soon as _____."

(A) it will stop raining	(B) it stopped raining
(C) it stops raining	(D) it has stopped raining

[해설] (언제 출발할까요? 비가 그치자마자요.)

as soon as(시간의 접속사)+S+V~는 시간의 부사절이 된다.

<u>시간[조건]의 부사절</u>에서는 <u>미래 대신에 현재, 미래완료 대신에 현재완료를 쓴다.</u>

shall이 미래이므로 현재동사 stops가 오고 <u>stop은 동명사를 목적어를 취한다.</u>

[답] C

---

39. You must not keep others _____.

(A) to wait (B) waiting (C) not to wait (D) to be waited

[해설] (너희들은 다른 사람을 기다리게 해서는 안 된다.)

must not(do) : (금지)~해서는 안 된다.

keep + O +~ing : O를 계속~하게 하다.

catch

send

start

I <u>caught</u> him <u>speaking ill of</u> me.(나는 그가 나를 험담하고 있는 것을 목격했다.)

He <u>was caught</u> red-handed <u>taking</u> money from the cash register.(그는 현금 출납기에서 돈을 훔치다가 현행범으로 붙잡혔다.)

be caught[taken] red-handed : 현행범으로 붙잡히다

<u>send</u> a stone <u>rolling down</u> the hill.(언덕에서 돌을 굴려 내려가게 하다.)

This <u>started</u> me <u>thinking</u>..(이것 때문에 나는 생각하기 시작했다.)

(I'm) Sorry to <u>have kept</u> you <u>waiting</u> so long.

(오랫동안 기다리게 해서 죄송합니다.)

<u>Keep</u> the light <u>burning</u>.(등불을 계속 켜 놓아라.)

[답] B

---

40. You ought _____ me yesterday.

(A) to come to see (B) to have come to see

(C) have come to see (D) to come to have seen

[해설] (너는 어제 나를 마땅히 마나러 왔어야 했다.)

조동사+have pp : (과거비실현표현) ~했어야 했다(과거에 하지 않은데 대한 후회, 비난, 유감)

ought to[should] have pp : (과거비실현표현) ~했어야 했다(후회, 비난, 유감)

They ought to[should] have arrived before dinner.(그들은 저녁식사 전에 도착했어야 했다.) (과거에 대한 비난, 후회)

I should have telephoned you last night.(후회)

You should have come earlier.(비난)

=It is not right that you didn't come earlier.

[답] B

---

41. I _____ the book, but I hardly remember it.
 (A) can have read   (B) cannot have read
 (C) may read   (D) may have read

[해설] (나는 그 책을 읽었었는지도 모른다. 그러나 거의 기억이 없다.)

may be : ~일지도 모른다.   may have pp : ~였을 지도 모른다.

must be : ~임에 틀림없다.   must have pp : ~였음에 틀림없다.

cannot be : ~일리가 없다.   cannot have pp : ~였을 리가 없다.

본문에서 기억이 없다는 것은 책을 읽었는지 안 읽었는지 모르기 때문이다.

[답] D

---

42. Don't forget _____ this letter on your way downtown.
 (A) post   (B) to post   (C) posting   (D) to have posted

[해설] (시내 나가는 길에 이 편지 잊지 말고 부쳐라.)

remember(기억하다)+ | ~ing : ~한 것을(전시적)
forget(잊다) | to(do) : ~할 것을(후시적)
regret(후회하다)

don't forget to(do) : 잊지 않고 ~하다
=remember to(do)

Don't forget to(do) : 잊지 말고 ~해라
on one's own way downtown : 시내 나가는 길에

[답] B

---

44. This house is too small _____.
 (A) of us to live in   (B) that we live in
 (C) for us to live in   (D) for us to live

[해설] (이 집은 너무 작아서 우리가 살 수 없다.)
too~for~to(do)~: 너무나 ~해서 ~가 ~할 수 없다.
=so~that+S+cannot(do)~(it).(to 부정사의 소급적 용법일 때는 it가 온다)
This house is too small <u>for us to live in</u>.(to부정사의 소급적 용법)
=<u>This house</u> is so small <u>that</u> we cannot live in <u>it.</u>
<u>that(접속사)+완전문장</u>이어야 하므로 <u>live in</u> 의 목적어 <u>it</u>가 와야 한다.
It is too small for us to live in this house.(○)
=<u>This house</u> is too small <u>for us to live in</u>.(○) (to부정사 소급적 용법)
≒We are too small <u>to live in this house</u>.(×)

[답] C

---

44. Would you mind _____ the house?
 (A) of me entering   (B) that I enter
 (C) my entering   (D) for me entering

[해설] (집에 들어가도 괜찮은가요?) mind는 동명사를 목적어로 취한다.
Would you <u>mind</u> ~ing~? : ~해도 괜찮습니까? ~해 주시겠습니까?
Would[Should] you <u>mind</u> <u>shutting</u> the door? (문 좀 닫아 주시겠습니까?)
동명사의 의미상 주어는 소유격 쓴다. mind +소유격+~ing

[답] C

---

45. She didn't feel _____ that evening.
 (A) like eating   (B) like to eat   (C) eating   (D) to eat

[해설] (그녀는 그날 저녁 먹고 싶지 않았다.)

feel like + | ~ing : ~하고 싶다.
            | it

I <u>feel like</u> tak<u>ing</u> a walk[go<u>ing</u> for a walk].(나는 산책하고 싶다.)

I don't <u>feel like</u> go<u>ing</u> out tonight.(오늘밤 나가고 싶지 않다.)

I <u>feel like</u> cry<u>ing</u>.(나는 울고 싶다.)

feel like + 명사 : ~할 것 같다. ~마시고 싶다.

It <u>feel like rain</u>.(비가 올 것 같다.)

I <u>feel like a cup of coffee</u>.(나는 커피 한 잔 마시고 싶다.)

[답] A

---

46. What has kept him _____ to the party?
   (A) to come   (B) in coming   (C) from coming   (D) coming

---

[해설] (왜 그가 파티에 오지 못했느냐?)

S+ keep   + O + from~ing : S 때문에 O가 ~할 수 없다.
   stop   (O가 ~하는 것을 막다)
   prevent
   prohibit
   restrain
   hinder
   dissuade

Heavy rain <u>kept</u> him <u>from</u> com<u>ing</u>.

=Because of heavy rain, he could not come.

(폭우 때문에 그가 올 수 없었다.)

The heavy snow <u>kept</u> me <u>from</u> go<u>ing</u> to school.

=Because of the heavy snow, I could not go to school.

(폭설 때문에 나는 학교에 갈 수 없었다.)

Urgent business <u>kept</u> me from com<u>ing</u> yesterday.

=Because of urgent business, I could not come yesterday.

(급한 일 때문에 나는 어제 올 수 없었다.)

Heavy snow <u>prevented</u> him <u>from</u> go<u>ing</u> out.(폭설로 그는 외출할 수 없었다.)
She tried to <u>dissuade</u> her son <u>from</u> marry<u>ing</u> the girl.(그녀는 아들이 그 처녀
와 결혼하는 것을 단념시키려 했다.)

[답] C

---

47. They have trouble _____ their oil stove.
 (A) in　　　 (B) for　　　 (C) with　　　 (D) of

[해설] (그들의 오일 스토브가 고장이 났다.)
have trouble with : ~이 고장 나다.

[답] C

---

48. To stay alive, roots in a desert land often go down one hundred
  feet in search _____ moisture.
 (A) of　　　 (B) at　　　 (C) for　　　 (D) on

[해설] (사막에서 뿌리는 살아남기 위해서 수분을 찾아서 100피트나 아래로 내려
간다.)
in search of :~을 찾아서
search for : ~을 찾다.
go <u>in search of</u> a missing child : 실종된 미아를 찾아 나서다.
<u>search for</u> stolen goods : 도난품을 찾다.

[답] A

---

49. The music is worth _____ many times.
 (A) listen to　 (B) listening to　 (C) to listen to　 (D) listened to

[해설] (그 음악은 여러 번 들을만한 가치가 있다.)
be worth ~ing : ~할 만한 가치가 있다.

S + want   +~ing(=to be pp).[S가 동작을 받는 피동 뜻]
　 need
　 require
　 deserve
　 be worth
　 bear

This book is worth reading.(이 책은 읽을 만한 가치가 있다.)
The problem deserves solving.(그 문제는 풀어볼 만한 가치가 있다.)
=The problem deserves to be solved.
This cloth will bear washing,(이 천은 빨아도 괜찮다.)
His language does not bear repeating.(그의 말은 되풀이할 가치가 없다.)
listen to the radio : 라디오를 경청하다
listen to the music : 음악을 경청하다.
watch TV : TV를 시청하다.
hear(듣다), listen to(~을 경청하다, ~을 들으려고 애쓰다)
see(보다), watch(~을 시청하다, ~을 주시하다)

[답] B

---

50. There is no ＿＿＿＿ what may happen.
 (A) tell   (B) to tell   (C) telling   (D) to be told

[해설] (무슨 일이 일어날지 도저히 알 수 없다.)
There is no ~ing (도저히 ~할 수 없다.)
=It is impossible to(do)
There is no telling what may happen.(~을 도저히 알 수 없다)
=It is impossible to tell what may happen..(tell은 know의 뜻)
=We never can tell what may happen.
=No one knows what may happen.
tell은 can과 같이 쓰면 know의 뜻이다.

[답] C

51. Take an umbrella with you _____ it should rain.
  (A) in time   (B) in case   (C) unless   (D) even if

[해설] (비가 올지 모르니 우산 가지고 가라.)

in case ~ should : ~할 경우에 대비해서, ~할지 모르니

take A with +사람 : ~수중에 A를 가지고 가다.

take : 가지고 가다.

bring : 가지고 오다.

fetch : 가서 가지고 오다.

with : ~의 수중에, ~의 손에 쥐고.

unless=if~not

even if : 비록 ~할지라도

in time : 1) 제때에, 제시간에↔시간이 늦어서, 지각하여(=behind time; late)

        2) 조만간(=sooner or later)

        3) 늦기 전에(=before it is too late)

be in time for : ~에 늦지 않다, 제때 오다, 제시간에 오다.

↔ be late for : ~에 늦다, 지각하다.

[답] B

52. She looked as if she _____ a ghost.
  (A) see   (B) sees   (C) has seen   (D) had seen

[해설] (그녀는 유령을 본 표정이다.)

S+직설법(시제)+ as if +S+가정법동사 (마치~처럼)	1) 과거(were) : 동시(직설법시제와)
	2) would(do) : 후시(직설법시제의)
	3) had pp : 전시(직설법시제의)

He speaks as if	1) knew (동시)	everything.
	2) would know (후시)	
	3) had known (전시)	

1) 그는 마치 모든 것을 현재 알고 있는 것처럼 말한다.

2) 그는 마치 앞으로 모든 것을 알게 될 것처럼 말한다.

3)그는 마치 전에 모든 것을 알고 있었던 것처럼 말한다.

looked(과거) 보다 유령을본 것이 먼저이므로 전시이다. 전시는 had pp이다

[답] D

---

53. "Did you enjoy the movie last night?"

　"Yes, but I wish I ＿＿＿＿＿＿＿＿＿＿＿."

(A) hadn't gone out　　　　　(B) didn't go out

(C) wouldn't go out　　　　　(D) wouldn't have gone out

[해설] (어제 저녁 영화 재미있게 봤느냐? 네, 그러나 가지 않았으면 좋았을걸.)
last night와 did로 봐서 과거는 전시이므로 I wish+S+had pp가 와야 한다.

I wish+S+가정법동사 | 1)과거(were): 동시
　　　　　　　　　　　| 2)would(do) : 후시
　　　　　　　　　　　| 3)had pp[would have pp] : 전시

　I wish　I | 1) were (동시)　　　| a bird. (내가 새라면 좋을 텐데)
　　　　　　| 2)would be (후시)　　| 　　(내가 새가 되면 좋을 텐데.)
　　　　　　| 3)had been (전시)　　| 　　(내가 새였다면 좋았을 텐데)
　　　　　　| [would have been] |

가정법 ↔ 직설법 (가정법=직설법 사실의 반대)

가정법(시제)－시제= 직설법(시제)

가정법(과거) ↔ 직설법(현재) [가정법(과거)=현재사실의 반대]

가정법(과거) + 접속사 + S +직설법(현재)

가정법(과거) + 현재부사

다음의 가정법(과거) 예문의 차이를 살펴보자.

If he ① came　　　alive, she would be happy indeed.
　　　② were to come
　　　③ should come
　　　④ could come
　　　⑤ would come

만약 그가 ① 살아서 온다면,　　　　그녀는 정말로 행복할 텐데
　　　　② (죽었는데), 살아서 온다면,
　　　　③ 그래도 혹시 살아서 온다면,

④ 살아서 올 수 있다면,

⑤ 살아서 와 준다면,

If the sun <u>were to</u> rise in the west, I <u>would</u> give you it.

(만일 서쪽에서 해가 뜬다면, 내가 그것을 너에게 주겠다.)

were to : 가능성 전무(zero)

should : 그래도 혹시(가능성 희박, 가능성 거의 없음)

would(주어의 의지) : ~해 준다면

위 ①②③ 중에서 살아서 올 가능성은 ①〉③〉② 순서이다.

가정법(과거완료) ↔ 직설법(과거) [가정법(과거완료)＝과거사실의 반대]

가정법(과거완료) + 접속사 + S + 직설법(과거)

가정법(과거완료) + 과거부사(just now, then, last night, that day,last week)

I wish I <u>knew</u> what <u>is</u> happening.(무슨 일인지 알면 좋겠는데.)

　　　가정법(과)＋의문사＋직설법(현)

I wish there <u>were</u> no classes <u>today</u>.(오늘 수업이 없으면 좋겠는데.)

　　　가정법(과거)＋현재부사

I wish I <u>had studied</u> English hard when I <u>was</u> in middle school.

　　　가정법(과거완료)＋접속사＋직설법(과거)

I wish I <u>had been</u> there <u>then</u>.(그때 거기에 있었더라면 좋았을 텐데.)

　　　가정법(과거완료)＋과거부사

[답] A

---

54. "Cars moved slowly in the 1920s."

　"Yes, but they _____ move more quickly than in 1910s."

　(A) were to　　　(B) did　　　(C) can　　　(D) will

[해설] (자동차가 1920년대에는 속도가 느렸다. 그렇지, 그러나 1910년대 보다는 더 빨리 달렸다.)

동사의 강조는 강조용 조동사 do를 쓴다.

<u>강조용 조동사 do＋동사원형</u>. 즉, moved의 강조는 <u>did move</u>이다.

[답] B

55. I cannot _____ his talent.
(A) but to admire (B) but admire (C) to admire (D) help to admire

[해설] (나는 그의 재능을 탄복하지 않을 수 없다.)
cannot help~ing : ~하지 않을 수 없다.
= cannot help ~ing
= cannot avoid ~ing
= cannot resist ~ing
= cannot but (do)
= cannot choose but (do)
= cannot help but (do)
= There is nothing for it but to(do)
= have no choice but to(do)
= have no alternative but to(do)
= have no+명사+but to(do)

[답] B

56. He will not learn much _____ he works harder.
(A) as   (B) since   (C) for   (D) unless

[해설] (그가 열심히 공부하지 않으면, 많이 배우지 못할 것이다.)
unless(=if ~ not) 이하는 조건의 부사절이다.
조건의 부사절에서는 미래 대신에 현재 쓰고, 미래완료 대신에 현재완료 쓴다.
He will~unless~works~.

[답] D

57. I suggested _____.
(A) him to go (B) that he went (C) that he go (D) that he goes

[해설] (나는 기에게 가라고 제안했다.)
S+요구,주장,명령,충고,권고,제안,동의,결정,의향V+that+S+(should)동사원형

※<요구, 주장, 명령, 충고, 권고, 제안, 동의, 결정, 의향V>

[demand, desire, request, require, stipulate, insist, urge, command, order, advise, recommend, propose, suggest, move]

He <u>demanded that</u> the house (should) <u>be searched</u>.
(그는 가택수색을 요구했다.)

She <u>desired that</u> the letters (should) <u>be burnt</u> after her death.
(그녀는 자기 사후에 그 편지가 모두 소각되기를 바랐다.)

I <u>desire that</u> action (should) <u>be postponed.</u>(나는 의결이 연기되기를 요망한다.)

He <u>requested that</u> we (should) <u>pay attention to</u> the fact.
(그는 우리들에게 그 사실에 유의하도록 요청하였다.)

He <u>required that</u> I (should) <u>pay</u> the money.
(그는 나에게 그 돈을 지불하라고 요청하였다.)

It <u>was stipulated</u> in writing <u>that</u> the delivery (should) <u>be effected</u> this month.(인도는 이 달에 마친다는 것이 계약서에 명기되어 있었다.)

He <u>insisted that</u> I (should) <u>start</u> at once.
(그는 내가 즉시 출발해야 한다고 주장했다.)

He <u>urged that</u> we (should) <u>accept</u> the offer.
(우리가 그 제의를 받아들여야 한다고 그는 주장했다.)

I <u>commanded that</u> he (should) <u>do</u> it.(나는 그에게 그것을 하라고 명령했다.)
=I <u>commanded</u> him <u>to</u> do it.

He <u>ordered that</u> the work (should) <u>be done</u>.
=He <u>ordered</u> the work <u>(to be) done</u>.(그는 그 일을 해내라고 명령했다.)

I <u>ordered</u> him <u>to leave</u> the room.(나는 그에게 방에서 나가라고 명령했다.)

order+O+ | to(do)   : 능동
         | (to be) pp : 피동

I <u>recommend that</u> the work (should) at once.
(나는 그 일을 즉시 하도록 권한다.)

I <u>proposed that</u> the loan (should) <u>be reduced</u>.
=I <u>proposed to</u> reduce the loan.
(나는 대부금을 감액할 것을 제의했다.)

My family doctor <u>suggests</u> (to me) <u>that</u> I (should) <u>take a walk</u> every day.
(우리 집 주치의는 나에게 매일 산책을 하라고 권한다.)

I <u>move that</u> the meeting (should) <u>adjourn</u>.(나는 휴회를 동의합니다.)

[답] C

---

58. If I were you, I _____ to college.
 (A) am going　　 (B) will go　　 (C) would go　　 (D) went

[해설] (내가 너라면 대학에 갈 텐데.)

가정법(과거) : (현재사실의 반대) ~라면 ~할 텐데

If+S+과거(were)~, S+would(do)~

[답] C

---

59. James would have passed his test if he _____ hard.
 (A) had studied　 (B) studied　 (C) could study　 (D) has studied

[해설] (제임스가 열심히 공부했더라면, 시험에 합격하였을 텐데.)

가정법(과거완료) : (과거사실의 반대) ~였다면, ~하였을 텐데.

If+S+<u>had pp</u>~, S+<u>would have pp</u>~

주절에 would have passed가 왔기 때문에 if절에 had pp가 온다.

[답] A

---

60. Any time you feel like ____, come and see us.
 (A) so　　　 (B) for it　　　 (C) to　　　 (D) it

[해설] (언제든 우리를 보러 오고 싶으면 오세요.)

feel like+ | ~ing : ~하고 싶다.
　　　　　 | it

[답] D

---

61. I thought the problem of pollution would come ____ at the meeting,
　 but no one mentioned it.
 (A) in　　　 (B) over　　　 (C) to　　　 (D) up

[해설] (나는 환경오염문제가 그 회합에서 제기되리라고 생각했다. 그러나 아무도 환경오염문제를 언급하지 않았다.)

come up : ~이 제기되다.

=be put forward

=be raised or discussed

This question hasn't come up yet. (이 문제는 아직 제기되지 않았다.)

refer to : ~을 언급하다.

=mention

[답] D

---

62. _____ you hurry up, you'll miss the bus.
 (A) because   (B) if   (C) except   (D) unless

[해설] (네가 서두르지 않으면, 버스를 놓칠 것이다.)

unless(=if~not)~ : 조건의 부사절

시간·조건의 부사절에서는 미래 대신에 현재 쓰고, 미래완료 대신에 현재완료 쓴다.

hurry up : 서두르다.

=make haste

=hasten

명령문, and~. (~해라, 그러면)

명령문, or~. (~해라, 그렇지 않으면)

Hurry up, or we'll be late. (서둘러라, 그렇지 않으면 우리는 늦는다.)

except that+S+V~ : ~을 제외하고는

I know nothing except that she was there.

(그녀가 거기에 있었다는 것 이외에는 나는 아무것도 모른다.)

[답] D

---

63. As a result of inflation, I have _____ real income this year than last.
 (A) less   (B) fewer   (C) few   (D) little

[해설] (인플레이션의 결과로서, 나는 작년보다 금년의 실질소득이 줄었다.)

little+단수

few+복수

little-less-least

few-fewer-fewest

less+단수+ than

fewer+복수+than

income, money는 셀 수 없는 명사이므로 단수로 쓴다..

income이 단수이므로 little이 와야 하지만 뒤에 than이 있기 때문에 than 앞에 비교급 less가 와야 한다.(비교급+than)

as(전치사) : ~로서

like(전치사) : ~처럼

[답] A

---

64. Susan was alone in the house when the fire broke ___.
  (A) off   (B) out   (C) up   (D) down

[해설] (화재가 났을 때 수잔은 집에 혼자 이었다.)

break down : 고장 나다.

=stop functioning

=become disabled or useless

The car[engine, machinery] broke down.(자동차[엔진, 기계]가 고장났다.)

break off : (나쁜 버릇 등을) 끊다

break off bad habits : 나쁜 습관을 끊다(없애다, 깨뜨리다)

break out : 화재가 나다. (전쟁, 화재, 유행병 등이)나다, 발발하다, 돌발하다.

=begin or occur suddenly

break up : 부수다, 분쇄하다

=smash

=demolish

[답] B

65. His car battery has run _____, he'll have to get it recharged.
  (A) off　　　　(B) out　　　　(C) away　　　　(D) down

[해설] (그의 자동차 밧데리가 닳았다. 그는 밧데리를 충전시켜야만 한다.)

run | down : ~이 닳다
    | out　 : ~이 다 닳다

여기서 밧데리가 다 닳으면(run out) 차가 움직이지 못하므로 run down이 와야 한다.

get(사역동사)+O+ | to(do) : 능동(O와의 관계)
               | pp　　 : 피동(O와의 관계)

여기서 밧데리는 충전되어야 하므로 it 다음에 recharged가온다.

run away : 달아나다, 도망치다
=run off

[답] D

66. It will do you _____ to have a holiday.
  (A) well　　　(B) better　　　(C) good　　　(D) fine

[해설] (네가 휴가를 가면 너에게 이로울 것이다.)

do~good :~에 이롭다
do~harm :~에 해롭다

It will do you good to have holiday.
=It will do you good, if you have holiday.

<조건절 대용법>
1) 명사(S)+would(do) ~

A true friend would not say such a thing.(참다운 친구라면 그런 말은 안 할 텐데.)

A little sleep would do him good.(잠 좀 자면 그에게 이로울 텐데.)

A man of good sense would not believe it.(양식 있는 사람이라면 그것을 믿지 않을 것이다.)

A pin might have been heard to drop.
=If a pin had dropped, it might have been heard.(바늘 하나가 떨어졌어도 들렸을는지 모른다.-그 만큼 조용하였다.)

2) to 부정사+ would(do) ~

It would have been wiser to leave it unsaid.
=It would have been wiser if you had left it unsaid.
(말 않고 내버려 두었더라면 더 현명한 처사였을 텐데.)
I should be happy to accompany you.
=I should be happy if I could accompany you.
(너와 함께 갈 수 있다면 행복할 텐데.)
It would be stupid to go.
=It would be stupid if you went.
(간다는 것은 어리석은 짓일 것이다.)

3) 분사(~ing)+would(do) ~

The same thing, happening in wartime, would cost you your life.
=If the same thing happened in wartime, it would cost you your life.
(전시에 그와 같은 일이 일어난다면, 너는 목숨을 잃을 텐데.)
cf. cost : 잃게 하다
    =result in the loss of
The work cost him his health[life].
(그 일 때문에 그는 건강[목숨]을 잃었다.)
Careless driving may cost you your life.
(운전 부주의로 너의 생명을 잃을지도 모른다.)
His ambition cost him his life.(그는 야심 때문에 목숨을 잃었다.)
Coming an hour earlier, you might have met her.
=If you had come an hour earlier, you might have met her.
(한 시간만 일찍 왔더라면, 너는 그녀를 만났을 텐데.)

4) 부사 또는 부사구+would(do) ~

With good luck, I might succeed.(운만 있다면 성공할 텐데.)

=If I had good luck, I might succeed.

You'd be awfully lonely <u>without her.</u>(그녀가 없다면 너는 무척 쓸쓸할 텐데.)

=You'd be awfully lonely <u>if it were not for her</u>.

The rose <u>by any other name</u> would smell as sweet.

=<u>If the rose were called by any other name</u>, it would smell as sweet (as otherwise)

(장미가 어떤 딴 이름을 가졌어도 향기는 같겠지요.)

5) otherwise 용법

① 명령문, otherwise[or]+S+will(do) ~

Seize the chance, <u>otherwise</u> you <u>will regret</u> it.

(기회를 잡지 않으면 후회할 것이다.)

Go at once, <u>otherwise</u> you <u>will be</u> late.

Hurry up, <u>otherwise</u> you <u>will miss</u> the train.

Make haste, <u>or</u> you will be late.

Do as[what] you are told, <u>otherwise</u> you <u>will be</u> flogged.

(시킨 대로 하지 않으면 매 맞는다.)

(as는 접속사, what은 선행사+관계대명사)

cf. Give me what you can.(주실 수 있는 만큼 주세요. what은 선행사+관대)

② 직설법(현재)+otherwise(=if~not)+가정법(과거)

　=직설법(현재)+otherwise+S+would(do) ~

I <u>am</u> engaged, <u>otherwise</u> I <u>would</u> accept.

=I am engaged, <u>if I were not engaged</u>, I would accept.

(나는 약속이 있다. 만약 약속이 없다면 받아들이겠는데.)

As the peninsula <u>has</u> such a long coast line, the climate <u>is</u> milder than it <u>would</u> <u>otherwise</u> <u>be</u>.

(그 반도는 긴 해안선이 있기 때문에 그렇지 않은 경우보다 기후가 더 온화하다.)

③ 직설법(과거)+otherwise+가정법(과거완료)

　=직설법(과거)+otherwise+S+would have pp

I <u>sent</u> him a letter, <u>otherwise</u> he <u>would have worried</u> about me.

(나는 그에게 편지를 보냈다. 편지 안 보냈으면 그는 나를 걱정했을 텐데.)

I <u>went</u> at once, <u>otherwise</u> I <u>should have missed</u> him

(나는 즉시 갔다. 그렇지 않았다면 그를 만나지 못했을 텐데.)

6) Without~   , S+would(do)~ : ~이 없다면, ~할 텐데

  =But for~

  =Were it not for~

  =If it were not for~

7) Without~   , S+would have pp~ : ~이 없었더라면,~했을 텐데

  =But for~

  =Had it not been for~

  =If it had not been for~

[답] C

---

67. Please tell Anne that my private affairs have nothing to do _____ her.

  (A) with   (B) for   (C) over   (D) in

[해설] (앤에게 나의 사적인 일은 그녀와 아무 관계가 없다고 말하시오.)

have nothing to do with : ~와 아무 관계가 없다.

have something to do with : ~와 관계가 있다.

[답] A

---

68. He carried _____ his plan successfully.

  (A) over   (B) out   (C) by   (D) in

[해설] (그는 계획을 성공적으로 수행했다.)

carry out : 수행하다, 완수하다.

=perform

=accomplish

=complete

.carry on :~을 계속하다

=continue

[답] B

---

69. Please see to it _____ the door is locked.

  (A) and   (B) but   (C) that   (D) which

[해설] (문이 잠겼는지 잘 살펴보세요.)

see to it that ~ : ~인지 잘 살펴봐라

=make sure that~

=ensure that~

See to it that the door is fastened before you go to bed.

(자기 전에 문이 잠겼나 잘 살펴봐라.)

[답] C

---

70. _____ he refused our proposal was a real surprise to us.

  (A) If   (B) That   (C) What   (D) Which

[해설] (그가 우리의 제안을 거절한 것은 정말 놀라운 일이었다.)

※ 것(That, What)

=1) That(접속사)+완전문장(S+V~)

=2) What(선행사+관계대명사)+불완전문장

  ① what[선행사+관대(S)]+불완전문장(v~)

  ② what[선행사+관대(O)]+불완전문장(S+자동사+전치사)

  ③ what[선행사+관대(O)]+불완전문장(S+타동사)

< 접속사와 관계대명사의 차이 >

※ 접속사+완전분장(S+V~)

※ 관대+불완전문장

관대(S)+불완전문장(V~) : 동사 앞에 관대(S)

관대(O)+불완전문장(S~) : S 앞에 관대(O)

관대(S)+(S+생각V)+V~ : 동사 앞에 관대(S), (S+생각V)는 삽입구이다

관대(O)+S+생각V5+<u>to be</u>~ : S 앞에 관대(O), to be~는 OC이다

본문은 완전문장(he refused our proposal) 앞에 접속사 that이 온다.

참고로 동격접속사의 예를 보면 다음과 같다..

<u>The trouble</u> is <u>that</u>(동격 접속사)~ : 문제는 ~이다. 곤란하게도 ~이다.

=The difficulty is that(동격접속사)~

=<u>The problem</u> is <u>that</u>(동격 접속사)~

The trouble(The problem)과 that은 분열동격이다.

<u>The trouble is that</u> you <u>differ with</u> me.

(문제는 너와 내가 의견이 다르다는 점이다.)

<u>The chances are that</u> he will fail.(The chances = that은 분열동격)

=<u>Perhaps</u> he will fail.

differ with : ~와 의견이 다르다.   differ from :~와 다르다.

[답] B

71. He loves his enemies, _____ his friends.
  (A) still much   (B) much less   (C) still less   (D) much more

[해설](그는 적을 사랑한다. 하물며 친구는 더욱 더 사랑한다.)

much ┐+ 비교급 : 훨씬 더, 더욱 더

still │

even │

far ┘

(강조어)

much more : (긍정문)하물며[더군다나] ~는 더욱 더,B는 물론 A까지도

=still more

He can speak English, <u>much more</u> French.,

(그는 불어는 물론 영어도 말할 수 있다)

If he can do it well, <u>much more</u> can we.

(그가 그것을 잘 할 수 있다면, 우리야 훨씬 더 잘 할 수 있다.)

much less : (부정문) 하물며[더군다나] ~아니다.. B는커녕 A도 아니다.
=still less
He does <u>not</u> know English, <u>much less</u> French.
(그는 불어는커녕 영어도 모른다.)
He has <u>not</u> daily necessities, <u>much less</u> luxuries.
(그는 필수일용품조차 없다, 하물며 사치품이야.)
He could <u>barely</u> pay for his own lodging, <u>much less</u> for that of his friend.
(그는 자기 하숙비도 거의 낼 수가 없었다, 하물며[더군다나] 친구의 하숙비까지 낼 수는 없었다.)
I do<u>n't</u> suspect him of equivocation, <u>much less</u> of lying.
(나는 그가 말을 얼버무린다고는 생각지 않으며, 더구나 거짓말한다고는 보지 않는다.)
suspect A of B : A 를 B 라고 생각하다
=suspect A as B
We have <u>suspected</u> him <u>of</u> murder.(우리는 그가 살인지라고 생각했다.)

cf. suspect that~ : (긍정적) ~이라고 생가하다.
  doubt that~ : (부정적) ~아니라고 생각하다.
I <u>suspect that</u> he is a thief.(나는 그를 도둑이라고 생각한다.)
=I <u>suspect</u> him <u>of</u> a thief.
I <u>doubt that</u> he is a thief (나는 그가 도둑이 아니라고 생각한다.)

[답] D

---

72. It is none the _____ true although it sounds strange.
 (A) more   (B) better   (C) less   (D) very

[해설] (그 말은 이상하게 들릴지 모르지만 그래도 역시 그것은 사실이다.)
none the less : (~에도 불구하고) 그래도 역시
=nevertheless
I like him <u>none the less for</u> his faults.(~에도 불구하고 그래도 역시)

그가 결점이 있음에도 불구하고 그래도 역시 나는 그를 좋아한다.)

cf. all | + the + 비교급+| for~   : ~이니까 그만큼 더욱 더
  so much | 지시부사 | because~
(강조어)더욱   그만큼   더   ~이니까
I like him all[so much] the better for his faults.(~이니까 그만큼 더욱 더)
(그가 결점이 있기 때문에 그 만큼 더욱 더 나는 그를 좋아한다.)

[답] C

---

73. This is as good a map as _____ .
  (A) any   (B) neither   (C) none   (D) ever

[해설](이것은 가장 좋은 지도이다.)
as ~ as any + (명사) : (최상급 뜻) 가장~
=as+형용사+a+명사+as any
=as ~ as ever+동사
=as ~ as there is
=as ~ as can be

※ 다음 어순을 익혀두자
as | + 형용사 + a + 명사
so |
how |
too |
This tool is as useful as anything.(이 연장이 가장 유용하다.)
He is as bright a student as any in the class.
(그는 반에서 가장 영리한 학생이다.)
He is as great a scientist as any lived[was].
(그는 여태까지 가장 위대한 과학자이다.)
He is as good a boy as there is.(그는 가장 좋은 소년이다.)
I am as happy as can be.(나는 가장 행복하다.)
She is as kind as can be.(그녀가 가장 친절하다.)

---

74. He is not so much a novelist _____ a scholar.

(A) but   (B) like   (C) as   (D) some

[해설] (그는 소설가라기보다는 오히려 학자이다.)

not so much A as B : A라기보다는 오히려 B이다.

=B rather than A

cf. not[without] so much as~ing : ~조차 않다

   =not even

He left us without so much as saying goodbye.

(그는 작별인사조차 없이 우리 곁을 떠났다.)

[답] C

---

75. I don't know about the matter _____ than you do.

(A) not more   (B) no more   (C) any more   (D) not less

[해설] (네가 그 문제에 대해서 모르듯 나는 그 문제에 대해서 모른다.)

no=not+any

no more~than : [양자부정]

=not~any more than

A is no more B than X is Y. (B≡Y면 Y생략) (A≒B→X≒Y)

(A는 B 아니다. 그것은 마치 X가 Y 아닌 것과 같다.)

A whale is no more a fish than a horse is (a fish).

=A whale is not a fish any more than a horse is

(고래가 물고기가 아닌 것과 마찬가지로 말도 물고기가 아니다.)

no less~than : [양자긍정]

=quite as~as

A is no less B than X is Y. (B≡Y면 Y생략) (A≡B→X≡Y)

(A는 B이다. 그것은 마치 X가 Y인 것과 같다.)

A whale is <u>no less</u> a mammal <u>than</u> a horse is (a mammal).

=A whale is <u>quite as</u> a mammal as a horse is.

(고래는 포유동물인 것과 마찬가지로 말도 포유동물이다.)

① no more ~ than[양자부정] : ~이 ~아닌 것은 ~이 ~아닌 것과 같다.

  =not ~ any more than   [~이 ~아닌 것과 마찬가지로 ~도 ~아니다.]

② no less ~ than[양자긍정] : ~이 ~인 것은 ~이~인 것과 같다.

  =quite as ~ as   [~이 ~인 것과 마찬가지로 ~도 ~이다.]

③ <u>not more</u>~than : ~보다 덜~하다

  =less~than

④ <u>not less</u>~than : ~보다 더 ~하다

  =more~than

⑤ no more than : (많지 않다는 표현)~에 불과하다. 단지 ~에 지나지 않다.

  =only

⑥ no less than : (적지 않다는 표현) (원! 세상에!)~만큼이나

  =as much as

⑦ not more than

  =at most : 기껏해야, 고작, 많아야

  =less than : ~이하(≤)

⑧ not less than

  =at least : 적어도, 최소한

I have | <u>no more than</u> (=only,   ←———//——→) | 10 dollars.
| <u>no less than</u> (=as much as, >———//———<)
| <u>not more than</u> (=at most, less than   ≤   )
| <u>not less than</u> (=at least, more than   ≥   )

[답] C

---

76. Beautiful _____ she is, most of us don't like her.

 (A) but   (B) even   (C) however   (D) as

[해설] (그녀는 아름답지만 우리 대부부분은 그녀를 좋아하지 않는다.)

형용사   + as+ S+V
명사
부사
동사원형

=1) Though[Although] + S + V + 형용사
                                관사+명사
                                부사
                                동사원형

=2) Because + S + V + 형용사
                      관사+명사
                      부사
                      동사원형

Rich as she is, she is not happy.

=Though she is rich, she is not happy.

Honest as he was, he refused a bribe.(bribe : 뇌물)

=Because he was honest, he refused a bribe.

Woman as she was, she was brave.

=Though she was a woman, she was brave.

Much as I like you, I will not marry you.

=Although I like you much, I will not marry you.

Try as he would, he could not lift the rock.

=Although he would try, he could not lift the rock.

[답] D

---

77. No matter _____ business you are engaged in, you cannot
succeed without industry.
 (A) how   (B) what   (C) when   (D) where

[해설] (어떤 일에 종사하든지 간에 노력 없이는 성공할 수 없다.)
business가 명사이므로 명사 앞에 형용사가 와야 한다. 의문사 중 형용사는 what,
which가 있다. Who는 주어로 쓰이고, how, when, where, why는 부사이다.no ㅜ

no matter+의문사(절) : [양보부사절] ~하든지 간에
=의문사ever~
no matter what=whatever
no matter when=whenever
no matter where=wherever
no matter why=whyever
no matter who=whoever
no matter how=however
no matter which=whichever
no matter whom=whomever

[답] B

---

78. It will not be long _____ he comes back.
(A) before   (B) by   (C) when   (D) after

[해설] (그는 오래지 않아서 곧 돌아올 것이다.)
It will not be long before + S + 현재동사~: 오래지 않아서 곧 ~할 것이다.
before는 시간접속사이므로 시간의 부사절에서는 미래 대신에 현재 쓴다.

※ 다음 1) 2) 3) 구문을 익혀두자.
1) It was+시간+ before+S+과거동사~. : ~시간이 지난 뒤에야 ~했다.
It was years before the song was sung.
(수년이 지난 뒤에야 그 노래가 불려졌다.)

2) It will be+시간+before+S+현재동사~.
It will not be long before father returns.
(오래지 않아서 곧 아버지는 돌아오실 것이다.)
It will be long before we meet again.
(한참 지나서 우리는 다시 만게 될 것이다.)
It will be five years before we meet again.
(5년 후에 우리는 다시 만나게 될 것이다.)

3) It is+시간+since+S+과거동사~.

It is ten years since he died.(그가 죽은 지 10년이다.)

=He has been dead for ten years.

=Ten years have passed since he died.

=He died ten years ago.

[답] A

---

79. _____ had the car started when it broke down.

  (A) Seldom   (B) Not   (C) Hardly   (D) Sooner

[해설] (차가 출발하자마자 고장이 났다.)

On~ing : ~하자마자

=As soon as+S+V~

=The moment+S+V~

=The instant+S+V~

=Immediately+S+V~

=Instantly+S+V~

=Directly+S+V~

=No sooner+had+S+pp~than+S+과거동사~

=S+had+no sooner+pp~than+S+과거동사~

=Scarcely│+had+S+pp~│when│+S+과거동사~

  Hardly│   │before│

=S+had+│scarcely│+pp~│when│+S+과거동사

       │hardly│   │before│

As soos as he saw a policeman, he ran away.

=No sooner had he seen a policeman than he ran away.

=He had no sooner seen a policeman than he ran away.

=Scarcely[hardly] had he seen a policeman when[before] he ran away.

=He had scarcely[hardly] seen a policeman when[before] he ran away.

  (그는 경찰을 보자마자 달아났다.)

[답] C

80. I will help you _____ I live.
  (A) as long as   (B) unless   (C) as far as   (D) but for

[해설] (내가 살아 있는 한 너를 돕겠다.)

as long as I live : 내가 살아 있는 한

as[so] far as I know : 내가 아는 한에 있어서는

as[so] far as he is concerned : 그에 관한 한

as far as it goes : 그것에 관한 한. 그 나름대로(는)

as[so] long as : ~만큼 오래, ~하는 동안,

　　　　　　　~하는 한,

　　　　　　　~하기만 하면(on condition that~=provided that~=if~)

Stay here <u>as long as</u> you want to.(있고 싶은 만큼 여기 머물러 있어라.)

Stay <u>as long as</u> you like.(언제까지든 있고 싶은 만큼 있어라.)

You may stay here <u>so long as</u> you keep it quiet.

(조용히만 하면 여기 있어도 좋다.)

<u>As long as</u> you're going. I'll go too.(네가 가기만 한다면 나도 가겠다.)

You may borrow the book <u>so long as</u> you keep it clean.

(책을 깨끗이만 한다면 빌려가도 좋다.)

as far as+장소 : ~까지

=to the place mentioned

He walked <u>as far as</u> the post office.

as[so] far as : ~만큼 멀리

=the same distance as

We didn't go <u>so far as</u> the others (did).(우리는 남들만큼 멀리 가지 않았다.)

as[so] far as~ : ~하는 한에 있어서는. ~정도까지

=to the extent that

<u>As far as</u> I know, she is trust worthy.

(내가 아는 한 그녀는 믿음이 가는[믿을 만한] 사람이다.)

<u>So far as</u> I know, he will be away for three months.

(내가 알기에는 그가 석 달 동안 집을 나가있을 것이다.)

We have gone <u>so far as</u> to collect some useful statistics
(우리는 몇몇 유용한 통계를 수집하는 데까지 이르렀다.)

as~as one can : 가능한 한, 될 수 있는 한
=as~as possible
I will help him <u>as</u> far <u>as</u> I can. (내가 힘자라는 한 그를 도울 것이다.<u>)</u>
I swam <u>as</u> far <u>as</u> I <u>could</u>. (가능한 한 멀리까지 헤엄쳤다.)

<u>But for</u>~, S+would(do)~. : ~이 없다면, ~할 텐데
=<u>Without</u>~, S+would(do)~.
=<u>If it were not for</u>~, S+would(do)~.
=<u>Were it not for</u>~, S+would(do)~

<u>But for</u>~, S+would have pp~. : ~이 없었더라면 ~했을 텐데
=<u>Without</u>~, S+would have pp~.
=<u>If it had not been for</u>~, S+would have pp~.
=<u>Had it not been for</u>~, S+would have pp~.

[답] A

---

81. John can't drive, and _____.
　(A) so can't Mary　　　　　(B) Mary can't, too
　(C) Mary either can't　　　(D) neither can Mary

[해설] (존은 운전할 줄 모른다. 메리도 역시 그렇다.)
1) ~도 역시(=also)
　긍정문, <u>too</u>.
　부정문, <u>either</u>.
I like her, <u>too</u>.
I do<u>n't</u> like her, <u>either</u>.
2) ~도 (역시) 그래.
　긍정문, <u>so+조동사+S</u>.
　부정문, <u>neither+조동사+S</u>.

긍정문, <u>so do I</u>.

　부정문, <u>neither do I</u>

A : I went to the cinema yesterday.(나 어제 영화 보러 갔었다.)

B : Oh, did you? <u>So did I</u>.(오, 그랬니? 나도 그랬어.)

A : I was in Paris last summer.(나는 지난여름에 파리에 있었지.)

B : <u>So was I</u>.(나도 그랬어.)

He is tired, and <u>so am I</u>.(그는 피곤하다, 나도 그래.)

My father was a soldier, and <u>so am I</u>.(내 아버지는 군인이셨다, 나도 그래.)

She can speak French, and <u>so can her sister</u>.

(그녀는 프랑스어를 할 줄 알아, 그녀 자매도 역시 그래.)

If you don't want it, <u>neither do I</u>.(네가 그것을 원하지 않으면, 나도 그래.)

He can be there, and <u>neither can I</u>.(그는 거기 갈 수 없어, 나도 역시 그래.)

3) 정말로[참으로] 그래.

　so(=indeed)+S+V.

A ; It was cold yesterday.(어제는 추웠어.)

B : <u>So it was</u>.(정말 그랬어.)

A : We have all worked hard.(우리 모두 다 열심히 일했다.)

B : <u>So we have</u>.(정말 그렇지.)

A : The rain has stopped.(ㅂ지가 그쳤네.)

B : <u>So it has</u>.(정말 그러네.)

A : You look very happy.(네가 매우 행복해 보인다.)

B : <u>So am I</u>.(정말 행복해요.)

A ; Your little brother paints well.(네 동생 그림 잘 그리네.)

B : <u>So he does</u>.(정말 암, 잘 그리지.)

A : You promised to buy me a football!

(네가 축구공 사주겠다고 약속했잖아!)

B : <u>So I did</u>!(정말 아! 그랬었구나!(잊고 있었다))

A ; You said it was good.(네가 그것이 좋다고 말했어.)
B : <u>So it is.</u>(정말로 그것이 좋군 그래.)

[답] D

---

82. The meeting has been put _____ till next Tuesday.
  (A) off   (B) out   (C) on   (D) away

[해설] (그 회합이 다음 주 화요일까지 연기되었다.)
put off : 연기되다
=postpone
=adjourn
=delay
Never <u>put off</u> till tomorrow what you can do today.
(오늘 할 수 있는 일을 내일로 미루지 말라.)

[답] A

---

83. The manager said he wanted to go _____ the report before he signed it.
  (A) through   (B) by   (C) for   (D) under

[해설] (지배인이 그 보고서에 서명하기 전에 상세히 검토해 보고 싶다고 말했다.)
go through : 상세히 검토하다(조사하다)
=discuss or examine in detail.
Let's <u>go through</u> the arguments again.(다시 한 번 그 논의를 검토해 보자.)

[답] A

---

84. Jane is so heavy that when she sat in the chair it gave _____.
  (A) way   (B) in   (C) over   (D) away

[해설] (제인은 체중이 하도 무거워서 의자에 앉자 의자가 부러졌다.)

give way : 부서지다, 부러지다, 뚝 끊어지다, 무너지다
=break
=snap
=fall to support
The rope gave way(=snapped).(밧줄이 뚝 끊어졌다.)
The ice gave way we all went through into the water.
(얼음이 꺼져 우리 모두가 물속에 빠졌다.)

give away : 거져주다,넘겨주다,양도하다,분배하다,폭로하다,누설하다,드러나다
=give freely
=allow somebody else to have
=distribute
=disclose
=reveal
He gave away all his money.(그는 그의 돈 전부를 거져 줘버렸다.)
You have given away a good chanc of winning the match.
(너는 시합에 이길 기회를 놓쳐버렸다.)
The mayer gave away the prizes at the sports meeting.
(시장이 운동회에서 상을 나눠줬다,)
Don't give away my secret.(내 비밀을 폭로하지 말라.)
His accent gave him away.(그의 사투리로 그의 정체가 드러났다.)

give in : 제출하다, 건네주다. 굴복하다, 무너지다
=hand in (제출하다, 건네주다)
=submit (제출하다, 건네주다)
=surrender (굴복하다)
=collapse (무너지다)
Please give in your examination papers[answer sheet] now.
(자 답안지를 내도록 해요.)
The rebels were forced to give in.(반역자들이 강압에 의해 굴복했다.)
The floor give in under the weight of the heavy safe.
(금고의 무게로 인하여 마루가 꺼졌다.)

give in to :~에 응하다, ~에 따르다.

=comply with

=accept

He <u>gave in to</u> the demand.(그는 요구에 응했다.)

He <u>has given in to</u> my views.(그는 나의 견해에 따랐다.)

give over : 넘겨주다, (경찰에)인도하다, 그만두다

=hand over

=stop

They <u>gave</u> him <u>over</u> to the police.(그들은 그를 경찰에 인도했다.)

give over complaining.(불평을 그만두다.)

give over crying.(울음을 그치다.)

[답] A

---

85. Mr. Hobson had to give _____ his job because of ill-health.
 (A) in   (B) up   (C) out   (D) over

[해설] (홉슨씨는 건강이 나빠서 직장을 그만두어야 했다.)

give up : 그만두다, 끊다, 버리다, 포기하다, 굴복하다, 항복하다.

=stop

=abandon

=renounce

=surrender

He <u>gave up</u> smoking.(그는 담배를 끊었다.)

Doctors <u>gave up</u> him.(의사들은 그를 포기했다.)

King Edward <u>gave up</u> his throne in order to marry the woman he loved.

(에드워드 왕은 자기가 사랑하는 여인과 결혼하기 위하여 왕위를 버렸다.)

The enemy <u>gave up</u> without any resistance.

(적은 아무런 저항도 없이 항복했다.)

give out : 다 떨어지다, 고갈하다, (힘)이 다하다, 발표하다, 배포하다

=be worn out

=be tired out

=be exhausted,

=come to an end

=announce

=distribute

The fuel gave out.(연료가 다 떨어졌다.)

Our food supplies began to give out.(식량보급이 떨어지기 시작했다.)

After a long swim her strength gave out.

(오래 수영하였더니 그녀는 기운이 빠졌다.)

Her patient gave out.(그녀는 참을 수 없게 되었다.)

It was given out that Mr. Hull would be the chief speaker(

(헐씨가 주요 연설자라고 발표되었다.)

An usher stood at the door giving out programs

(수위가 문 앞에서 프로그램을 배포하고 있었다.)

[답] B

---

86. There is an index _____ the end of this book
  (A) in   (B) on   (C) at   (D) with

[해설] (색인은 이 책 끝에 있다.)

at the end of : ~의 끝에

[답] C

---

87. It _____ without saying that honesty is the best policy.
  (A) does   (B) goes   (C) is   (D) has

[해설] (정직이 최선의 정책임은 말할 나위도 없다.)

It goes without saying that~ : ~은 말할 나위도 없다.

=It is needless to say that~

=It is understood that~

[답] B

88. They never meet _____ quarreling.
  (A) but　　　(B) always　　　(C) without　　　(D) except

[해설] (그들은 만나기만 하면 반드시 싸운다.)

never[cannot] ~ without ~ing : ~하기만 하면 반드시 ~한다.

=never[cannot] ~but+S+V~

It never rains without pouring. (비만 왔다하면 반드시 퍼붓는다.)

=It never rains but it pours.

[답] C

89. Please excuse _____ being so late.
  (A) for　　　(B) me　　　(C) my　　　(D) to

[해설] (늦게 와서 죄송합니다.)

excuse+~ing

excuse+소유격+~ing

=excuse+O+for+~ing

excuse는 동명사를 목적어로 취한다.

동명사의 의미상 주어는 소유격을 쓴다.

Please excuse my coming late. (늦게 와서 죄송합니다.)

=Please excuse me for being late.

=Please excuse my late arrival.

Excuse my interrupting you. (말씀 도중 죄송합니다[실례합니다].)

=Excuse me for interrupting you.

Excuse me for not having answered your letter sooner.

(답장이 늦어 죄송합니다.)

excuse him for his fault : 그이 실수를 용서하다.

<동명사를 목적어로 취하는 동사 + ~ing>

abandon, acknowledge, admit, advise, allow, appreciate, anticipate, avoid, bear, be worth, cannot stand, consider, delay, deny, defer, dislike, have done with, discontinue, enjoy, escape, evade, excuse, fancy, favor, feel like, finish, get through (with), give up, go on, cannot help, cannot avoid, cannot resist, imagine, keep (on), leave off(=omit), leave out, look forward to, mention(=refer to), mind, miss, object to, permit, postpone(=put off), practice, prohibit, quit, recall, recollect, repeat, repent, resent, resist, risk, stop, suggest, There is no, understand

[답] C

---

90. You needn't tell me, if you don't want ＿＿＿.
   (A) doing　　　(B) so　　　(C) to　　　(D) it

[해설] (말하고 싶지 않으면 말할 필요는 없다[말하지 않아도 괜찮다].)
needn't(do)와 Need+S+동사원형~?에서와 같이 need는 조동사로 쓰인다.
즉, need는 부정문과 의문문에서 조동사로 쓰인다.
긍정문에서 need는 to(do)나 ~ing가 뒤에 온다.

need+ | to(do) : (능동)
　　　 | ~ing(=to be pp) : (피동)

want+ | to(do) : (능동)
　　　 | ~ing(=to be pp) : (피동)

The child wants to wash.(능동)(그 아이는 스스로 씻고 싶어 한다.)
The child wants washing(=to be washed). (피동)
(그 아이는 씻겨 지기를 바라고 있다. 누가 자기를 씻어 주기를 바라고 있다.)

위 본문에서 want의 목적어로 to tell me가 와야 하므로 앞 문장과 중복되는 tell me를 생략하고 대부정사 to만 쓴다. 즉 to tell me 대신에 대부정사 to를 쓴 것이다. 따라서 **대부정사 to는 앞문장의 동사 이하를 가리키는 말이다.**
You needn't tell me, if you want to(tell me).
또한 앞 문장을 대신하는 것으로 so와 not의 경우를 살펴보자.
I think so.(so=that+S+V~) (나는 그렇게 생각한다.)
I think not.(not=that~not~) (나는 그렇지 않다고 생각한다.)
I don't think so.
I hope so.(그렇기를 희망한다.)

I hope <u>not</u>.(그렇지 않기를 희망한다.)

so는 긍정문을 대신한 말이고, not는 부정문을 대신한 말이다.

[답] C

---

91. Mr. Lee has to live _____ a small pension now that he's retired.
  (A) on   (B) from   (C) with   (D) by

[해설] (미스터 리는 은퇴했으므로 얼마 되지 않은 연금으로 살아가야만 한다.)

live on : ~을 먹고 살다, ~으로 살아가다.

<u>live on</u> rice :쌀을 먹고 살다.

<u>live on</u> one's income : 소득(수입)으로 살아가다.

<u>live on</u> twenty dollars a week : 일주일에 20달러로 살아가다.

live up to : ~에 맞는 생활을 하다.

<u>live up to</u> one's principles : (훌륭하게) 제 주의를 관철하다.

<u>live up to</u> one's reputation : 자기 명성에 어긋나지 않다.

<u>live up to</u> people's expectation : 사람들의 기대에 어긋나지 않다.

now that~ : ~이므로

=seeing that~

=inasmuch as~

=since~

[답] A

---

92. How on earth do you account _____ the loss of $100?
  (A) to   (B) on   (C) of   (D) for

[해설] (도대체 100달러의 손실을 어떻게 설명하겠느냐?)

의문사 + <u>on earth</u>   ~ ?

             <u>in the world</u>

             <u>ever</u>

             the devil

             the hell

             <u>(도대체)</u>

Why <u>on earth</u> are you sitting there?(도대체 왜 거기 앉아있는 거야?)

What <u>in the world</u> does he mean?(도대체 그의 말은 무슨 뜻인가?)

What <u>ever</u> can it be?(도대체 그것은 무엇일까?)

Who <u>ever</u> is he?(도대체 그는 누구냐?)

account for : ~을 설명하다

=explain

[답] D

---

93. There isn't really any point _____ here in the rain.

  (A) standing   (B) to stand   (C) for standing   (D) stand

[해설] (비가 오는데 여기에 서있을 하등의 이유가 없다.)

There isn't really any point (in) ~ing :~할 하등의 이유가 없다.

<u>There is no[no much] point (in)</u> doing that.

(그 일을 할 하등의 이유가 없다.)

have trouble (in) ~ing : ~하느라 힘들다

I <u>had some trouble</u> (in) rea<u>din</u>g his handwriting.

(그의 필적을 읽느라 좀 힘들었다.)

Did you <u>have much trouble</u> (in) fin<u>din</u>g my house?

(저의 집 찾느라 상당히 힘드셨죠?)

I <u>had trouble</u> (in) sol<u>vin</u>g the problem.(그 문제를 푸느라 힘들었다.)

have difficulty ~ing : ~하느라 고생하다.

find difficulty in ~ing : ~하기 어려움을 알다

be busy (in) ~ing :~하느라 바쁘다

be worth~ing :~할 만한 가치가 있다

come[go] near ~ing : 하마터면 ~할 뻔하다

be long (in) ~ing : 좀처럼 ~하지 않다, ~하는 데 오래 걸리다.

be busy + ~ing

    late

    like

    long

    near

worth

She was busy (in) ironing this evening.
(그녀는 오늘 저녁에 다림질하느라고 바빴다.)
They are busy (in) preparing for the examination.
(그들은 시험 준비로 바쁘다.)
We must not be late (in) getting home.
(우리는 늦지 않게 집에 돌아가야 한다.)
The lovely weather doesn't look like lasting.
(좋은 날씨가 계속될 것 같지 않다.)
Spring is long (in) coming this year.(금년에 봄이 좀처럼 오지 않는다.)
I won't be long unpacking.(짐을 푸는 데 오래 걸리지 않을 것이다.)
He wasn't long (in) getting hungry.(이윽고 배가 고파졌다.)
I wasn't long (in) getting out the room.
(우리는 오래지 않아서 방에서 나갔다.)
His firm came near being ruined last year.
(그의 회사는 작년에 도산할 뻔 했다.)
She came[went] near being downed.(그녀는 하마터면 익사할 뻔 했다.)
Kyongju is worth visiting.(경주는 가볼 만하다.)

[답] A

94. The policeman saw _____ the criminal's lies immediately.
  (A) through   (B) out   (C) at   (D) for

[해설] (경찰관은 범인의 거짓말을 즉각 간파했다.)
see through :~을 간파하다

[답] A

95. He appointed _____ high offices men who distrusted him.
  (A) with   (B) to   (C) in   (D) on

[해설] (그는 자기를 신뢰하지 않는 사람을 고위직에 임명했다.)

appoint A to B : A를 B에 임명하다

=appoint to B+A(A가 긴 문장일 때)

[답] B

---

96. He is not my brother. But he is related _____ me.
 (A) of　　　　(B) to　　　　(C) by　　　　(D) with

[해설] (그는 나의 형제가 아니다. 그러나 그는 나의 친척이다.)

be relate to : ~의 친척이다

[답] B

---

97. "Should he try to study German?"
　"Yes, he _____."
 (A) does　　(B) should do　　(C) should study　　(D) should

[해설] (그는 독일어를 공부하여야 할까요? 네, 당연히 해야지요.)

조동사+S+동사원형~?

→Yes, S+조동사.

→No, S+ 조동사+not.

[답] D

---

98. "_____ do you think of this?"
　"I think it's fine."
 (A) What　　(B) How　　(C) Why　　(D) Can

[해설] (이것에 대해서 너는 어떻게 생각하느냐? 나는 좋다고 생각한다.)

어떻게 : 1) How(부사)

　　　　2) What(목적어)+ do you think(타동사)/+of this?

본문에서 think(타동사)의 목적어가 될 수 있는 것은 what뿐이다.

What do you think / of this?
What do you think / about him?

[답] A

---

99. He _____ the poor girl.
  (A) was married to   (B) was married with
  (C) married to   (D) married with

[해설] (그는 가난한 여자와 결혼했다.)
marry(타동사) : ~와 결혼하다
=be married to

[답] A

---

100. I _____ ignorant of the event up to that time.
  (A) have been   (B) had been   (C) shall have been   (D) shall be

[해설] (나는 그때까지 그 사건을 몰랐다.)
up to that time : 그때까지.
be ignorant of : ~을 모르다
up to that time(그때까지)은 과거까지이므로 과거완료가 와야 한다

[답] B

---

101. Taxes are necessary _____ they are unpopular.
  (A) as   (B) because   (C) though   (D) unless

[해설] (조세는 인기가 없지만 필요하다.)
논리상 양보절이 와야 하므로 though가 정답이다.

[답] C

102. He has wealth, and reputation _____.
  (A) as such　　　(B) as well　　　(C) as much　　　(D) as any

[해설] (그는 부뿐만 아니라 명예도 역시 가지고 있다.)
A, and B as well
=A, and B alike
=not only A but also B
=B as well as A

[답] B

103. Anything may happen _____.
  (A)a moment　(B)the moment　(C)every moment　(D)at any moment

[해설] (언제 어느 때 어떤 일이 일어날지 모른다.)
at any moment : 언제 어느 때
the moment : ～하자마자

[답] D

104. Things went badly _____ his efforts.
  (A) in spite of　　　(B) against　　　(C) to　　　(D) instead of

[해설] (그의 노력에도 불구하고 일이 잘 되지 못했다.)
In spite of : ～에도 불구하고
=Despite
=Notwithstanding
=For all
=With all

[답] A

105. A man stared at her with his eyebrows _____.
  (A) rising　　　(B) rose　　　(C) raising　　　(D) raised

[해설] (한 남자가 그의 눈썹을 치켜 뜬 채 그녀를 노려보았다.)

with + O + | ~ing(능동)   : [부대상황의 with] O가~하고서. O가~한 채
          | pp(피동)
          | 형용사
          | 부사

눈썹이 치켜떠진 것이므로 피동관계가 된다. 따라서 pp가 온다.

pp는 타동사의 피동이다.

rise(자동사)-rose-risen

raise(타동사)-raised-raised

[답] D

---

106. At last his dream came _____.
 (A) truly   (B) truely   (C) true   (D) really

[해설] (마침내 그이 꿈이 실현되었다.)

come true : ~이 실현되다

[답] C

---

107. Neither Jane nor Mary _____ my attention.
 (A) attracts   (B) attract   (C) to attract   (D) are attracting

[해설] (제인도 메리도 나의 관심을 끌지 못한다.)

attract[arrest, catch, draw] one's attention : ~의 주의·관심을 끌다(to)

neither A nor B (A도 B도 아니다)는 동사의 주어는 B가 받는다.

A or B와 either A or B, 그리고 not only A but also B는 동사의 주어는 B다

그러나 A as well as B에서 동사의 주어는 A가 된다.

본문에서는 Marry가 주어로 받아 3인칭 단수가 되므로 동사에 s가 붙는다. 따라서
attracts가 정답이다.

[답] A

---

108. He had _____ time to go home to change from his work clothes.
 (A) not   (B) no   (C) any   (D) never

[해설] (그는 작업복으로 갈아입기 위하여 집에 갈 시간이 없었다.)

time(명사) 앞에 형용사가 와야 한다.

no(형용사)=not(부사)+any(형용사)

have no time : 시간이 없다

[답] B

---

109. It is quite natural _____ him to get angry at the result.
  (A) of   (B) for   (C) in   (D) to

[해설] (그가 그 결과에 화를 내는 것은 지극히 당연하다.)

It is+형용사+for+사람+to(do)~: (동시·후시적, 객관적) ~가~하는 것은~하다.

≒사람(S)+is+형용사+to(do)~.(×) [for+의미상의 주어인 사람은 S로 못 감]

It is+행위판단 形+of+사람+to(do)~: (전시적, 감탄적) ~가~하다니 참~하다.

=사람(S)+is+행위판단의 形+to(do)~.(○) [of+의미상의 주어인 사람은 S로 감]

 It is kind(good, wise, unwise, thoughtful 등) of him to do so.

=He is kind(good, wise, unwise, thoughtful 등) to do so.

※< to 부정사의 소급적 용법 : "이 용법은 다른 책에 없는 내용임." >

It is impossible + for + 사람 + | 1) to+자동사+전치사 | + O(사람·사물)
    easy | 2) to+타동사

    hard

    difficult

    convenient

    essential

    pleasant

    natural

    necessary

    dangerous

    interesting

    감정심리동사ing

"to 부정사의 소급적 용법" (이 용법은 다른 책에 없는 내용임)

=O(사람·사물) is 형용사+for+사람+ 1) to+자+전. (○)

　　　　　　　　　　　　　　　　2) to+타동사.

　　　　　　　　　　　　　　[to 부정사의 소급적 용법이 적용됨]

≠사람(S) is 형용사+ | 1) to+자+전 | + O(사람, 사물). (×)

　　　　　　　　　 | 2) to+타동사 |

　　　　　　　　　[to 부정사의 소급적 용법이 적용 안 됨]

It is 형용사+for+사람 + to+자동사+전치사+O(사람·사물).

=O(사람·사물)(S)+is+형용사+for+사람+to+자동사+전치사. (○)

　(S가 전치사의 목적어가 되어, to부정사의 소급적 용법이 적용되므로 맞음)

≠사람(S)+is+형용사+to+자동사+전치사+O(사람·사물).(×)

　(전치사의 목적어가 있어, to 부정사의 소급적 용법이 적용되지 않음으로 틀림)

It is+형용사+for+사람+to+타동사+O(사람·사물).

=O(사람·사물)(S)+is+형용사+for+사람+to+타동사. (○)

　(S가 타동사의 목적어가 되어, to 부정사의 소급적 용법이 적용되므로 맞음)

≠사람(S)+is+형용사+to+타동사+O(사람·사물). (×)

　(타동사의 목적어가 있어, to 부정사의 소급적 용법이 적용되지 않음으로 틀림)

It is quite natural for him to get angry at the result.

=The result is quite natural for him to get angry at. (○)

　(to 부정사의 소급적 용법 ○)

≠He is quite natural to get angry at the result. (×)

　(to 부정사의 소급적 용법 ×)

It is hard for me to please her.

=She is hard for me to please. (○) [to부정사 소급적 용법]

≠I am hard to please her. (×)

It is interesting for me to talk to her.

=She is interesting for me to talk to. (○) [to 부정사 소급적 용법]

≒I am interesting to talk to her. (×)

It is difficult for me to study English.

=English is difficult for me to study. (○) [to 부정사 소급적 용법]

≒I am difficult to study English. (×)

<감정심리동사용법>

1) S(사물)+감정심리동사+O(사람).(능동)

　　The novel interests me.

2) S(사람)+be 감정심리동사ed+전치사+O(사물). (피동)

　　I am interested in the novel

3) S(사물)+be 감정심리동사ing+전치사+O(사람)

　　The novel is interesting to me

4) 감정심리동사ed+사람

　　excited girl (놀란 소녀)

5) 감정심리동사ing+사물

　　exciting game (신나는 게임)

get angry at : ~에 화를 내다

[답] B

---

110. We are _____ to leave tomorrow.

　(A) counted　　(B) regarded　　(C) thought　　(D) supposed

[해설] (우리는 내일 떠날 예정이다.)

be supposed to(do) : ~할 예정이다. ~하기로 되어 있다.

=be expected to(do)

You are supposed to be here at eight every day.

(너는 매일 8시에 출근하기로 되어 있다.)

[답] D

---

111. Nothing is so hard _____.

　(A) that it becomes easy by practice.

　(B) but it becomes easy by practice.

(C) becoming easy by practice.

(D) not becoming easy by practice.

[해설] (아무리 어려운 것이라도 연습하면 쉬워진다.)

No A so B but C : 아무리 B한 A라도 C한다.

Nothing is so hard but it becomes easy by practice.

There is nothing so difficult but (it) becomes easy by practice.

There is no man so wise but (he) sometimes makes errors.

(=The wisest man may sometimes make a mistake.)

(=Even the wisest man may sometimes make a mistake.)

No man is so old but he may learn.(but=that~not)

(=No man is too old to learn.)

[답] B

---

112. Using this method, men discovered laws of nature that otherwise
_____.

(A) remained unknowing   (B) remained unknown

(C) would have remained unknowing (D) would have remained unknown

---

[해설] (인간은 이 방법을 사용함으로써 자연의 법칙을 발견했다. 만약 이 방법을 사용하지 않았었더라면 자연의 법칙은 여전히 알려지지 않았을 것이다.)

직설법(현재)+otherwise+가정법(과거) [would (do)]

직설법(과거)+otherwise+가정법(과거완료) [would have pp]

discovered(직설법 과거)+otherwise+would have pp(가정법 과거완료)

laws of nature와 unknow의 관계는 피동관계이므로 unknown이 와야 한다.

[답] D

---

113. The number of the wounded soldiers was _____.

(A) great   (B) high   (C) many   (D) big

[해설] (부상병의 수가 다수였다.)

a number of(=many) ~ +복수(are, were)

the number of(~의 수) ~ +단수(is, was)

a large[great] number : 다수(多數)

a small number : 소수(少數)

high number : 큰 수, 대수(大數)

low number : 작은 수, 소수(小數)

[답] A

---

114. "Here's Helen. I didn't know she was coming."

　　"But you don't object _____, do you?"

(A) that she comes　　　　　　(B) for her coming

(C) to her coming　　　　　　(D) she would come

[해설] (헬렌이 오네. 나는 헬렌이 올 줄은 몰랐다. 그러나 너는 헬렌이 오는 것에 반대하는 것은 아니지? 그렇지?)

object to ~ing : ~하는 것에 반대하다

동명사의 의미상의 주어는 소유격을 쓴다.

[답] C

---

115. "Can I do anything for you in town?"

　　"Yes, I'd appreciate _____ these letters."

(A) you to mail　　　　　　(B) your mailing

(C) that you would mail　　　　　　(D) that you are mailing

[해설] (내가 시내에 나갈 텐데 나한테 시킬 일 없니? 응, 이 편지 부쳐주면 고맙겠다.)

appreciate + ~ing.

※ 동명사의 의미상 주어는 소유격을 쓴다.

appreciate one's ~ing

[답] B

116. "What do you think about John?"

　"I am bored _____ him."

　(A) in 　　(B) of 　　(C) towards 　　(D) with

[해설] (존에 대해서 어떻게 생각하니? 존은 이제 지겨워.)

be bored with : ~에 싫증(넌더리, 진저리)나다

=be fed up with

[답] D

117. "Would you take a risk?"

　"No, I wouldn't risk _____ that."

　(A) to do 　　(B) doing 　　(C) of doing 　　(D) to have done

[해설] (한 번 모험을 해 보겠어? 아뇨, 감히 해볼 생각이 나지 않는다.)

take[run] a risk : 모험을 해보다. 모험을 하다. 위험을 무릅쓰다

She's too sensible to take a risk when she's driving.

(그녀는 분별이 있어 운전할 때 모험을 하지 않는다.)

run[take] the[a] risk of~ing :~할 위험을 무릅쓰다.

run the risk of losing it.(그것을 잃을 위험을 무릅쓰다,)

We'll take the risk of being late.(지각을 각오하겠다.)

He was ready to run the risk of being taken prisoner by the enemy.

(그는 적의 포로가 되는 위험을 각오하고 있었다.)

take[make] a person prisoner : ~을 포로로 하다

be taken prisoner : 포로가 되다

risk ~ing : ~을 감행하다, 감히 ~하다.

I'm willing to risk losing everything.

(나는 모든 것을 잃는 한이 있어도 기꺼이 하겠다.)

[답] B

118. She wants to make her room _____ clean.

　(A) look 　　(B) looked 　　(C) looking 　　(D) to look

[해설] (그녀는 자기 방이 깨끗이 보이게 하고 싶었다.)

make(사역동사)+O+동사원형

[답] A

---

119. "Would you like to be a teacher?"

"I have never considered _____."

(A) to be a teacher (B) teacher (C) to teach (D) teaching

[해설] (장차 선생이 되고 싶은가? 나는 가르치는 일을 결코 생각해본 적이 없다.)

consider ~ing : ~하는 것을 생각하다. 고려하다.

I am considering writing to my uncle.

(나는 아저씨에게 편지를 쓸까 하고 생각하고 있다.)

[답] D

---

120. A bat is not a bird _____ a rat is.

(A) any more than   (B) much less

(C) as well as   (D) still more

[해설] (쥐가 새가 아닌 것처럼 박쥐는 새가 아니다.)

I have ① no more than (=only,   ←──//──→)   10 dollars.
       ② no less than (=as much [many] as, >──//──<)
       ③ not more than (=at most. less than,   ≤   )
       ④ not less than (=at least. more than,   ≥   )

① no more than(=only) : ~에 불과하다, ~에 지나지 않는다.

② no less than(=as much[many] as) : ~(만큼)이나

③ not more than(=at most, less than) : 기껏해야, ~이하

④ not less than(=at least, more than) : 적어도, ~이상

⑤ no more ~ than (양자 부정)

  =not ~ any more than

A is no more B than X is Y.(B=Y면, Y 생략)

(A ≠ B → X ≠ Y : A는 B 아니다. 그것은 마치 X가 Y 아님과 같다.)

A whale is <u>no more</u> a fish <u>than</u> a horse is (a fish).

(말이 물고기가 아니듯 고래도 물고기가 아니다.)

⑥ no less ~ than (양자 긍정)

　=quite as ~ as

A is <u>no less</u> B <u>than</u> X is Y.(B=Y면, Y 생략)

(A = B → X = Y : A는 B이다. 그것은 마치 X가 Y인 것과 같다.)

A whale is <u>no less</u> a mammal <u>than</u> a horse is (a mammal).

(말이 포유동물인 것처럼 고래도 포유동물이다.)

⑦ not more ~ than (=less ~ than)

⑧ not less ~ than (=more~ than)

[답] A

---

121. Where is Paul? I haven't the _____ idea.

　(A) better　　　　(B) least　　　　(C) less　　　　(D) little

[해설] (폴이 어디에 있지? 나는 전혀 모른다.)

haven't the <u>least</u> idea. : 전혀 모르다

=haven't the <u>vaguest</u> idea

=haven't the <u>haziest</u> idea

=haven't the <u>slightest</u> idea

=have no idea

I <u>haven't the vaguest idea</u> what to do.(어떻게 해야 할지 전혀 모르겠다.)

I <u>haven't the vaguest idea</u> where I left my umbrella.

(나는 어디에 우산을 놓고 왔는지 전혀 모르겠다.)

I <u>have no idea</u> what you mean.

(네가 말하는 것이 무슨 뜻인지 전혀 모르겠다.)

not the least : 전혀 ~ 아니다[않다]

=not in the least

=not at all

There is <u>not the least</u> wind today.(오늘은 바람 한 점 없다.)

I am <u>not in the least</u> afraid of it.(그런 것은 조금도 두렵지 않다.)

122. My abilities, such _____ they are, are at your service.
 (A) that   (B) though   (C) even   (D) as

[해설] (내 능력은 보잘 것 없지만 당신에게 도움이 된다.)
<u>Such as it is</u>[they are] : 변변치 못하지만, 보잘 것 없지만
=Though it is [they are] <u>poor</u>
<u>Such as I am</u> : 나는 변변치 못하지만[보잘 것 없지만]
=Though I am poor
<u>Such as I am</u>. I went to Harvard University.
(나 이래봬도 하바드대 출신이야.)
You can[may] use my car, <u>such as it is</u>.
(변변치 못한 차이지만, 제 차를 쓰십시오.)
The food, <u>such as it was</u>, satisfied our hunger.
(음식은 변변치 못했지만 우리의 허기를 채워주었다.

at one's service : ~에게 도움이 되는, 이용할 수 있는, ~이 원하는 대로,
                임의로, 제 멋대로
I am at your service.(무엇이든지 분부만 하십시오.)
                                                [답] D

123. Good medicine is bitter _____ the mouth.
 (A) at   (B) in   (C) on   (D) to

[해설] (좋은 약은 입에 쓰다.)
be bitter in the mouth : 입에 쓰다.
                                                [답] B

124. Good medicine tastes bitter _____ the mouth.
 (A) at   (B) in   (C) on   (D) to

[해설] (좋은 약은 입에 쓰다.)

taste bitter to the mouth : 입에 쓰다.

[답] D

---

125. It is sweet _____ the taste.
 (A) with   (B) of   (C) on   (D) to

[해설] (맛이 달다.)

be sweet to taste : 맛이 달다.

be bitter to the taste : 맛이 쓰다.

[답] D

※ 다음 주어진 문장과 뜻이 같게 빈 칸에 알맞은 말을 넣으시오(126~160).

---

126. I gave her what little money I had.
 = I gave her _____ little money _____ I had.

[해설] (나는 얼마 되지 않지만[약소하나마, 적지만] 내가 가진 돈을 모두 그녀에게 주었다.)

what little + 명사 ~ :얼마 되지 않지만[약소하나마, 적지만] ~을 모두

=the little + 명사 + that ~

[답] the, that

---

127. He died ten years ago.
 = It is ten years _____ he died

[해설] (그는 10년 전에 죽었다.)

He died ten years ago.

=He has been dead for ten years

=He has been dead these ten years.

=Ten years have passed since he died.

=It is ten years since he died.

It is+시간+since+S+과거.
It will be+시간+before+S+현재~
It was+시간+before+S+과거.
It will not be long before+S+현재~ : 오래지 않아서 곧 ~할 것이다.

It will not be long before we meet again.
It will not be long before he comes back.

[답] since

---

128. It goes without saying that honesty is the best policy.
  = It is _____ to say that honesty is the best policy.

[해설] (정직이 최상의 정책이라는 것은 말할 나위도 없다.)
It goes without saying that~ : ~라는 것은 말할 나위[필요]도 없다.
=It is needless to say that~
=It is understood that~

[답] needless

---

129. He is three years older than I.
  = He is three years senior _____ me.
  = He is my senior _____ three years.

[해설] (그는 나보다 세 살 많다.)
three years older than I.
= three years senior to me.
=my senior by three years.

[답] to, by

---

130. I have no other friend than you.
  = I have no friend _____ you.

[해설] (나는 친구라고는 너밖에 없다.)

have <u>no other</u> A <u>than</u> B : A라고는 B밖에 없다

=have <u>no</u> A <u>but</u> B

[답] but

---

131. I gave him all the money that I had with me.

    = I gave him _____ money I had with me.

[해설] (나는 내가 가지고 있는 돈을 모두 그에게 주었다.)

<u>all the</u> + 명사 + <u>that(관대)</u> : 모든~

=<u>what(관계형용사)</u> + 명사

<u>all the</u> money(<u>that</u>(관대 O)I had(타동사)/with me.) (내 수중에/내가 가지고 있는 모든 돈)

=<u>what</u> money(목적어) (I <u>had</u>(타동사) /with me.)

the little + 명사 + that(관대) ~ : 약소하나마 [적으나마] 모두

=what little + 명사 ~

I gave her <u>the little</u> money <u>that</u> I had

=I gave her <u>what</u> money I had.

(얼마 되지 않지만 내가 가진 돈 모두를 그녀에게 주었다.)

[답] what

---

132. It seems that the fire broke out while she was doing her shopping.

    =The fire seems to _____ while she was doing her shopping.

[해설] (그녀가 쇼핑하는 동안에 화재가 난 것 같다.)

이 문제는 seem 용법과 시제관계 동시·후시 및 전시를 알아야 풀 수 있는 문제이다.

It <u>seems</u>(현재)+that+S+<u>현재</u>~. (현재→현재 : <u>동시→to+동사원형</u>)

→S+<u>seems+to+동사원형</u>~.

It <u>seems</u> that he <u>is</u> rich. (현재→현재 : <u>동시→to+동사원형</u>)

→He <u>seems to be</u> rich.

It seems(현재)+that+S+과거~. (현재→과거 : 전시→to+have pp)

→S+seems+to+have p.~.

It seems that he was rich.

→He seems to have been rich.

이와 비슷한 say 용법도 알아두자

They say that+S+현재~(능동태)

=It is said (by them) that+S+현재~(피동태)

=S+ is[are] said to+동사원형(동시)~

They say that he is honest.(능동태, 동시))

=It is said that he is honest.(피동태)

=He is said to be honest.(동시→to+동사원형)

They say that+S+과거~

=It is said that+S+과거~

=S+is[are] said to+have pp(전시)~

They say that she was rich.(능동태, 전시)

=It is said that she was rich.(피동태)

=She is said to have been rich.(전시→to have pp)

while 다음에는 진행형이 온다. while+S+be+~ing: ~하는 동안에

do one's shopping : 쇼핑하다.

[답] to have broken out

---

133. There is no mother that does not love her own children.
 = There is no mother _____ loves her won children.

[해설] (자신의 아이를 사랑하지 않는 어머니는 없다.)

There is no+명사+but~ : ~하지 않는 ~는 없다.

=There is no+명사+that~not~

---

134. A bat is not a bird any more than a rat is.
  = A bat is _____ a bird than a rat is.

[해설] (박쥐나 쥐 모두 새가 아니다.)

no=not+any

no more~than : [양자부정]

=not~any more than

A is <u>no more</u> B <u>than</u> X is Y.(B=Y면, Y 생략)

=A is <u>not</u> B <u>any more than</u> X is Y.

(A ≠ B → X ≠ Y)

(A는 B 아니다. 그것은 마치 X가 Y 아님과 같다.)

[답] no more

---

135. This is the best map.
  = This is as good a map as _____.

[해설] (이것은 가장 좋은 지도다.)

<최상급 뜻 표현>

the+최상급 ~ : 가장~

=<u>as</u> + 형용사 + a + 명사 +<u> as any.</u>

=as ~ as any + 명사.

=as ~ as anything

=as ~ as ever + 과거동사.

=as ~ as ever lived[was].

=as ~ as can be.

=as ~ as there is.

He was <u>as</u> brave a man <u>as any</u> in the world.

He was <u>as</u> brave <u>as any</u> man in the world.

(그는 세계에서 가장 용감하였다.)

This tool is <u>as</u> useful <u>as anything</u>.

{이 연장은 가장 유용하다.)

He is <u>as</u> great a scientist <u>as ever lived</u>.
(그는 가장 위대한 과학자이다.)
I am <u>as</u> happy <u>as can be</u>. (나는 가장 행복하다.)

[답] any

---

136. Time is more precious than anything else.
   = _____ is so precious as time.

[해설] (시간이 가장 중요하다.)
<최상급 뜻 표현 공식>
1) 긍정최상급 :
 S + V + the + 최상급 + │ ① 명사 + (of all [in + 단수]).
            │ ② (thing) + (of all [in + 단수]).
2) 긍정비교급
 S + V + 비교급 + than+ │ ① any other+ 단수명사[(all) the other 복수].
            │ ② anything else.
3) 부정비교급
 ① No other + 명사 + (of all [in + 단수])+ V + 비교급 + than + S.
 ② Nothing + (of all [in + 단수]) + V + 비교급 + than + S.
4) 부정원급
 ① No other + 명사 + (of all [in + 단수])+ V + so + 원급 + as + S.
 ② Nothing + (of all [in + 단수]) + V + so + 원급 + as + S.
5) the 최상급 ~ + 관계대명사
 S + V + the 최상급 + 명사 + 관계대명사 + S' + have ever pp.
 = S' + have never pp+ so + 원급+ a + 명사 + as + S.

Iron is the most useful metal (of all).
Iron is more useful than any other metal [(all) the other metals].
No other metal (of all) is more useful than iron.
No other metal (of all) is so useful as iron.

Time is the most precious (thing of all).
Time is more precious than anything else.

Nothing (of all) is more precious than time

Nothing (of all) is so precious as time

This is the most interesting novel that I have ever read.

= I have never read so interesting a novel as this

= I have never read such an interesting novel as this.

[답] nothing

---

137. Iron is the most useful metal.

　= Iron is more useful than ＿＿＿＿＿＿＿＿＿＿ .

[해설] (철이 가장 유용한 금속이다.)

Iron is the most useful metal (of all).

=Iron is more useful than any other metal [(all) the other metals].

=No other metal (of all) is more useful than iron.

=No other metal (of all) is so useful as iron.

[답] any other metal

---

138. This is the most interesting book that I have ever read.

　=I have ＿＿＿＿ read ＿＿＿＿ interesting a book ＿＿＿＿ this

[해설] (이것은 내가 지금까지 읽은 가장 재미있는 책이다.)

　S + V + the 최상급 + 명사 + 관계대명사 + S' + have ever pp.

= S' + have never pp+ so +원급+ a + 명사 + as + S.

[답] never, so, as

---

139. This is the biggest apartment in the building.

　= No other apartment in the building is ＿＿＿＿＿＿＿＿＿＿ .

[해설] (이것이 빌딩 중에서 가장 큰 아파트이다.)

This is the biggest apartment in the building.

=This is bigger than any other apartment in the building.

=No other apartment in the building is bigger than this.

=No other apartment in the building is so big as this.

[답] bigger than this 또는 so big as this

---

140. This is the oldest mask in the exhibition.
  = This is older _____.

[해설] (이것은 전시물 중에서 가장 오래된 마스크이다.)

This is the oldest mask in the exhibition.

=This is older than any other mask in the exhibition.

=No other mask in the exhibition is older than this.

=No other mask in the exhibition is so old as this.

[답]than any other mask in the exhibition

---

141. No other mask in the exhibition is older than this.(원급으로 고치시오)
  = No other mask in the exhibition is _____.

[해설] (전시물 중 어떤 다른 마스크도 이것 보다 더 오래된 것은 없다.)

No other mask in the exhibition is older than this.

=No other mask in the exhibition is so old as this.

[답] so old as this

---

142. He is a statesman rather than a scholar
  = He is _____ a scholar _____ a statesman.

[해설] (그는 학자라기보다는 오히려 정치가이다.)

not so much A as B : A라기 보다는 오히려 B

=B rather than A

[답] not so much, as

---

143. It is impossible to tell what may happen.
  = There is no_____ what may happen.

[해설] (무슨 일이 일어날지 도저히 알 수 없다.)

There is no ～ing : 도저히 ～할 수 없다

=It is impossible to (do)

There is no telling : 도저히 알 수 없다

=It is impossible to tell

[답] telling

---

144. Because she is beautiful, most of us like her.
  = Beautiful _____ she is, most of us like her.

[해설] (그녀가 아름답기 때문에 우리들 대다수가 그녀를 좋아한다.)

형용사 + as + S + V : ～이지만[～ 때문에]

=Though[because] + S + V + 형용사

형용사 | + as+ S+V
명사
부사
동사원형

=1) Though[Although] + S + V + | 형용사
  관사+명사
  부사
  동사원형

=2) Because + S + V + | 형용사
  관사+명사
  부사
  동사원형

[답] as

---

145. Though she is beautiful, most of us don't like her.
  = Beautiful _____ she is, most of us don't like her.

[해설] (그녀가 아름답지만 우리들 대다수는 그녀를 좋아하지 않는다.)

문144번 참조할 것임.

[답] as

---

146. He hoped to have passed the examination.

  =he hoped to _____ the examination, _____ he _____.

[해설] (그는 시험에 합격하기를 희망했지만 ,그러지 못했다.)

<과거 비실현 표현>

(소망) : hoped   + to have pp ~

        wanted

        wished

(기대) : expected

        promised

(의도) : intended

= hoped   + to + 동사원형 ~ , but +S + did not.[could not]

wanted

wished

expected

promised

intended

He <u>intended to have finished</u> it in a week.

= He <u>intended to finish</u> it in a week, <u>but</u> he <u>could not</u>.

(그는 그것을 일주일 내에 끝낼 작정이었는데 그리 못했다.)

[답] pass, but, did not

---

147. Not till then did he realize the danger of the situation.

  = He _____.

[해설] (그때야 비로소 그 상황의 위험을 깨달았다.)

※ not A till[until] B : B해서야 비로소 A하다

S+V+<u>not A till[until] B</u> : B해서야 비로소 A하다.

=Not till[until] B+did+S+ 동사원형~(A): 부정어가 문두에 오면 도치된다.

=It was not till[until] B that+S+과거동사~(A): 강조구문

I did <u>not</u> realize the danger of the situation <u>till then</u>.

=<u>Not till then</u> did I realize the danger of the situation.

=It was <u>not till then</u> that I realized the danger of the situation.

(나는 그때야 비로소 그 상황의 위험을 깨달았다.)

<u>It was</u>+강조어(S, O, 부사, 부사구)+<u>that</u>~: 강조구문

It was+S(강조어)+<u>that</u>+V~.

It was+O(강조어)+that+S+V+부사(구).

It was+부사(구)+that+S+V+O.

<u>It was</u> I <u>that</u> did not realize the danger of the situation till then.(S 강조)

<u>It was</u> the danger of the situation <u>that</u> I did not realize till then.(O 강조)

<u>It was</u> not till then <u>that</u> I realized the danger of the situation.(부사구강조)

[답] did not realize the danger of the situation till then

---

148. This article is interesting, informative, and easy to read.
  = It _____.

[해설] (이 기사는 읽기에 흥미 있고, 유익하고, 쉽다)

It is+형용사+<u>to</u>+타동사+O.

=<u>O(S)</u> is+형용사+<u>to</u>+타동사.[to 부정사의 소급적 용법]

It is+형용사+<u>to</u>+자동사+전치사+O.

=<u>O(S)</u> is +형용사+<u>to</u>+자동사+전치사.[to 부정사의 소급적 용법]

It is interesting, informative, and easy <u>to read this article</u>..

=<u>This article</u> is interesting, informative, and easy <u>to read</u>.

[답] is interesting, informative, and easy to read this article

---

149. They say that he was rich.
  = He _____

[해설] (그는 부자였다고 한다)

They say that+S+현재~.(능동태)

=It is said (by them) that+S+현재~.(피동태)

=S+is said+to+동사원형~(동시 : to+동사원형)).

[윗 문장에서 It~that을 제거하고 난 후, 동사(is said)와 동사(현재)의 충돌을 방지하기 위해 to 부정사를 넣고, 앞의 동사와 뒤의 동사의 시제관계가 동시이므로 to+동사원형을 쓴다.]

They say that+S+과거~.(능동태)

=It is said (by then) that+S+과거~.(피동태)

=S+is said+ to+have pp~.(전시 : to+have pp))

[윗 문장에서 It~that을 제거하고 난 후,, 동사(is said)와 동사(과거)의 충돌을 방지하기 위해 to 부정사를 넣고, 앞의 동사(is said) 보다 뒤의 동사(과거)의 시제관계가 전시이므로 to+have pp를 쓴다.]

[답] is said to have been rich

---

150. She is hard to dance with.
   = It_____.

[해설] (그녀와 함께 춤추기는 힘들다.)

It is hard for me to dance with her.

[It 자리에 me는 못 가나 her는 갈 수 있음]

=She is hard for me to dance with.(○) [to 부정사의 소급적 용법]

(She는 이 문장의 S이자 to 부정사의 소급적 용법에 의하여 with 전치사의 O임)

≒I am hard to dance with her.(×) [to 부정사의 소급적 용법이 안 됨]

[답] is hard to dance with her

---

151. It is natural for him to get angry at her.
   = She _____.

[해설] (그가 그녀에게 화를 내는 것은 당연하다.)

It is natural for him to get angry at her.

=She is natural for him to get angry at.(○) [to 부정사의 소급적 용법]

≒He is natural to get angry at her.(×) [to 부정사의 소급적 용법이 안 됨]

152. It is interesting to watch btrds.
  = Birds _____ .

[해설] (조류 관찰은 재미있다.)

It is interesting for me to watch birds.

=Birds are interesting for me to watch.(○) [to 부정사의 소급적 용법]

≒I an interesting to watch birds.(×) [to 부정사의 소급적 용법이 안 됨]

[답] are interesting to watch

153 The shore patrol has found the body of a man _____ they believe is the missing marine biologist.

[해설] (해안순찰대가 그들이 믿기에 행방불명된 해양생물학자의 시체를 발견했다.)

※< 관계대명사 주격, 목적격, 소유격 구별법 >

• 관대(S)+V~ [동사 앞에 관대(S)]

• 관대(S)+(S+생각V)+V~ [삽입구 생략하고, 동사 앞에 관대(S)]

• 관대(O)+S+생각V_5+to be~ [주어 앞에 관대(O)]

  [관대(O)는 생각V_5에 대한 O이며, to be~는 OC(목적보어)임]

• 관대(O)+S~ [주어 앞에 관대(O)]

• 관대(O)+S+자동사+전치사. [S 앞에 관대(O). 전치사에 대한 관대(O)]

• 관대(O)+S+타동사. [S 앞에 관대(O). 타동사에 대한 관대(O)]

• 관대(소유격)+명사+S[V] ~ [명사 앞에 관대(소유격)]

• 선행사+관대(소유격)+명사

 =선행사(사람)+whose+명사

 =선행사(사물)+whose+명사

 =선행사(사물)+of which the+명사

 =선행사(사물)+the+명사+of which

I know the man who is standing there.

She who I thought was his girl friend married his friend.

The man who I believed was my best friend deceived me.

She <u>whom</u> I thought <u>to be</u> his girl friend married his friend.

The man <u>whom</u> I believed <u>to be</u> my best friend deceived me.

The man <u>whom</u> you met yesterday is coming to tea.

The man <u>whose</u> name I always forget is coming to tea.

There is a river <u>whose</u> banks are covered with trees.

There is a river <u>of which the</u> banks are covered with trees.

There is a river <u>the</u> banks <u>of which</u> are covered with trees.

the body of a man _____ (they believe) is~.[V 앞에 관대(S)]

they believe는 삽입구이므로 is 앞에 관대(S)이 온다. 선행사가 사람이므로 관대 (S)은 who이다.

[답] who

---

154. Which do you like _____ , spring _____ autumn?

[해설] (너는 봄 가을 중에서 어느 것을 더 좋아 하느냐?)

부사의 비교급과 최상급에는 the가 없다.

따라서 like 다음에 the 없는 비교급 부사 better가 온다.

둘 중에서는 of A and B이거나 A or B를 쓴다.

여기서는 A or B를 쓴다.

<u>Which</u> do you like <u>better, A or B</u> ? 구문을 꼭 익혀두자.

[답] better, or

---

155. The shore patrol has found the body of a man _____ they believe to be the missing marine biologist.

[해설] (해안순찰대는 행방불명된 해양생물학자라고 믿는 시체를 발견했다.)

the body of a man <u>who</u> (they believe) <u>is</u> ~ .[V 앞에 관대(S)]

the body of a man <u>whom</u> they believe <u>to be</u> ~ .[S 앞에 관대(O)]

[답] whom

156. He laughs best _____ laughs last.

[해설] (나중에 웃는 자가 가장 잘 웃는다.)

He who laughs last laughs best. (동사 앞에 관대(S))

=He laughs best who laughs last.

※ 부사의 비교급과 최상급에는 the가 없다.

[답] who

157. _____ gold and silver, the former is the more precious.

[해설] (금과 은 중에서, 전자가 더 귀중하다.)

Of the two ~ the+비교급(형용사)

Of A and B ~the+비교급(형용사)

Of the two ~ 비교급(부사)

Of A and B ~ 비교급(부사)

A or B ~ 비교급 (부사)

Of gold and silver, the former is the more precious.

Which do you like better, summer or winter?

[답] Of

158. Give the telegram to _____ comes to the door.

[해설] (누구든지 문간에 나오는 사람에게 이 전보를 주세요)

전치사 + 복합관대(S) + V ~

전치사 + 복합관대(O) + S ~

to + whoever(=anyone who) + V ~

to + whomever(=anyone whom) + S ~

to + whoever(=anyone who) + (S + 생각V) + V~

to + whomever(=anyone whom) + S + 생각V + to be~

[답] whoever

159. His salary as a bus driver is much higher than_____of a teacher.

[해설] (버스기사의 봉급이 선생의 봉급 보다 더 많다.)
The+명사+of~ +V+ 비교급+than+ that+ of~
소유격+명사+of~+V+비교급+than+that+of~
소유격+명사+as~+V+비교급+than+that+of~

What[How much] salary does he get?(그는 봉급을 얼마 받고 있느냐?)
draw one's salary : 봉급을 타다
a small[low] salary : 박봉

[답] that

160. The population of New York is eight times as _____ as _____
     of Seoul.

[해설] (뉴욕의 인구는 서울 인구의 여덟 배나 된다.)
The+명사+of~+V+ ~times as ~as+that+of~
The+복수명사+of~+V+ ~times as ~as+those+of~

a large │ income : 많은 소득
        │ population : 많은 인구
a great │ distance : 아주 먼 거리
        │ length ; 상당한 길이
        │ depth ; 상당한 깊이

[답] large, that

161. A speaker reacts _____ applause.
   = Applause reacts ____ a speaker.

[해설] (연사는 박수갈채에 반응을 나타낸다. 박수갈채는 연사에게 영향을 미친다.)
react to : ~에 반응하다, 반응을 나타내다.
= respond to

= be sensitive to

react on : ~에 영향을 미치다
= have an effect on
= have an influence on

• S + react to + O. [반응을 보임 → S(반응을 보이는 주체)]

• S + react on + O. [반응을 보임 → O(반응을 보이는 주체)]

A reacts to B : A는 B에 반응하다[반응을 나타내다].
= B reacts on A : B는 A에 영향을 미치다.

The eye reacts to light. 눈은 빛에 반응한다.
= Light reacts on the eye. 빛은 눈에 영향을 미친다.
An orator reads to applause. 웅변가는 박수갈채에 반응을 나타낸다.
= Applause reacts on an orator. 박수갈채는 웅변가에게 영향을 미친다.

An audience usually reacts readily to a good lecturer.
청중은 훌륭한 연사에게 곧 반응하기 마련이다.
Your applause will react on the speaker.
너의 박수가 연사에게 영향을 미치는 법이다.
Cause and effect react upon each other. 원인과 결과는 서로 마주 작용한다.
Tyranny reacts upon the tyrant.
폭정은 폭군을 반역한다.(폭력은 본인에게 돌아온다.)
Do children react to kind treatment by becoming more self-confident?
아이들은 친절히 대해주면 그 반응으로서 더 자신감을 가지는가?

react to a shock by jumping : 충격에 반응해 뛰어오르다.
react to a drug : 약에 반응하다.
respond to : ~에 반응하다
be sensitive to : ~에 민감하게 반응하다

Nerves <u>respond to</u> a stimulus. 신경은 자극에 반응한다.

The illness quickly <u>responded to</u> treatment.

병에 대한 치료효과가 급속히 나타났다.

The plane <u>responds well to</u> the controls.

비행기는 조종하는 대로 잘 반응하고 있다.

.

<u>be sensitive to</u> heat[cold] : 더위[추위]를 잘 타다.

eyes <u>sensitive to</u> light : 빛에 예민한 눈

a skin that <u>is sensitive to</u> heat : 열에 민감한 피부

[답] to, on

---

162. He is the last man to tell a lie.
  = He is _____ telling a lie.

[해설] (그는 결코 거짓말할 사람이 아니다.)

be the last man to(do) : 결코 ~할 사람이 아니다.

= be above ~ing

[답] above

---

163. A good idea occurred to me.
  = I hit _____ a good idea.

[해설] (네게 좋은 생각이 떠올랐다.)

A good idea <u>occurred to</u> me
            (= struck)
            (= hit)
= I <u>hit on</u> a good idea.
   (=had)

[답] on

---

164. It is up _____ you to prove it.

[해설] (그것을 증명하는 것은 네 책임이다.)

It is up to you to(do) ~ : ~하는 것은 네 책임이다.

It is up to you to suppose your mother.

네 어머니를 부양하는 것은 네 책임이다.

It is up to you to finish the job.

그 일을 끝마치는 것은 네 책임이다.

[답] to

---

165. It took him two hours to finish his homework.
   = He was two years _____ his homework.

[해설] (그는 숙제를 마치는 데 두 시간이 걸렸다.)

It takes + 시간 + for + 사람 + to(do) ~.: ~가 ~하는 데 ~시간이 걸리다.

= It takes + 사람 + 시간 + to(do) ~ .

= S(사람) + be + 시간 + in ~ing ~ .

나는 숙제를 마치는 데 두 시간이 걸렸다

=It took two hours for me to finish my homework.

= It took me two years to finish the work.

= I was two years in finishing the work.

It took me three years to complete it.

내가 그것을 완성하는 데 3년 걸렸다.

It takes an hour to go to the station.

정거장에 가는 데는 한 시간이 걸린다.

[답] in finding

---

166. It looks like rain.
   = It _____ to rain.

{해설] (비가 올 것 같다.)

It threatens │ to rain. 비가 올 것 같다.
             │ rain.

A storm <u>threatens</u>. 폭풍우가 올 것 같다.

The clouds <u>threaten</u> rain. 구름을 보니 비가 올 것 같다.

[답] threatens

---

167. 남들이 내일에 간섭하는 것을 원하지 않는다.
  = I don't want others _____.

[해설] don't want + O + ~ing : O가 ~하는 것을 원하지 않는다.

I <u>don't want</u> others <u>interfering</u>.

I don't want women meddling in my affairs.

여자들이 내 일에 간섭하는 것을 원하지 않는다.

want | to(do): 능동
     | ~ing : 피동

want+O+ | to(do) : 능동
        | pp   : 피동

<u>don't want+O+~ing</u> : (능동) O가 ~하는 것을 원하지 않는다.

The child <u>wants</u> <u>to wash</u>.(능동) 그 아이는 씻기를 원한다.

The child <u>wants</u> <u>washing</u>.(피동) 그 아이는 씻겨줘야 한다.

I <u>want</u> you <u>to go</u>.(능동) 나는 네가 가기를 원한다.

I <u>want</u> the work <u>done</u>.(피동) 나는 그 일이 끝마쳐지기를 원한다.

I <u>want</u> this work <u>finished</u> without delay.(피동)

이 일은 지체 없이 끝냈으면 좋겠다.

want that~ (×)

[답] interfering

제2편

필수어귀
분석

1. It is you _____ are to blame.

[해설] (잘못의 책임이 있는 것은 바로 너다.)
It was+강조어(S, O, 부사, 부사구)+that~ : 강조구문
It was+S(강조어)+that+V~.
It was+O(강조어)+that+S+V+부사(구).
It was+부사(구)(강조어)+that+S+V+O.

It was I that did not realize the danger of the situation till then.(S 강조)
It was the danger of the situation that I did not realize till then.(O 강조)
It was not till then that I realized the danger of the situation.(부사구강조)

be to blame : 책임이 있다. 책임을 져야 한다.
Who is to blame for the disaster?(그 재난은 누구의 책임이냐?)
Who is to blame for starting the fire?(화재를 일으킨 책임은 누가 지나?)
I am in no way to blame.(나는 아무 책임도 없다.)

in no way : 전혀 ~아니다. 결코 ~않다.
=not at all
=never
전치사 + no + 명사
= not at all
= never
They are in no way similar.(그들은 전혀 닮은 데가 없다.)

[답] that

2. It is doubtful _____ she will come to the party.

[해설] (그 여자가 파티에 올지 의심스럽다.)
doubtful : 의심스러운
It is doubtful whether~ : ~일지 어쩔지 의심스럽다.

It is doubtful <u>whether</u> the rumor is true <u>or not</u>.
(그 소문이 사실인지 아닌지 의심스럽다.)
I doubt <u>whether</u> he will come.(그가 올지 안 올지 확실치 않다.)
There is some doubt <u>whether</u> he will be elected.
(그가 당선될지 어쩔지 다소 불확실하다.)

[답] whether

---

3. Read such books ____ will benefit you.

[해설] (너에게 이로운 그런 책을 읽어라.)
such ~ <u>as</u>(관대)+불완전문장 : ~와 같은 그런~
<u>such</u> friends <u>as</u> will benefit you : 너에게 유익한 그런 친구들
<u>Such</u> men <u>as</u> heard him praised him.
(그의 얘기를 들은 사람들은 그를 칭찬했다.)

[답] as

---

4. Leaves are to the plant _____ lungs are to the animal.

[해설] (나무 잎과 식물의 관계는 허파와 동물의 관계와 같다.)
A <u>is to</u> B <u>what</u>[as](관대) C <u>is to</u> D : A : B=C : D
Air <u>is to</u> us <u>what</u> water <u>is to</u> fish.
(공기와 인간의 관계는 물과 물고기의 관계와 같다.)
<u>What</u> lungs <u>are to</u> the human, leaves <u>are to</u> the plant.
(식물에 있어서의 잎은 인간에게 있어서의 폐와 같은 것이다.)

[답] what

---

5. He is what is_____a walking dictionary.

[해설] (그는 소위 산 사전이다.)
소위, 이른바.
=what is called
=what we[they, you] call

=what one calls

=so-called

This is <u>what is called</u> a present in some countries and a bribe in others.
(이것은 어떤 나라에서는 소위 선물이요, 다른 나라에서는 뇌물이라는 것이다.)

[답] called

---

6. We were hungry, and _____ was worse, penniless.

[해설] (우리는 배가 고팠다, 더구나 돈 한 푼 없었다.)

(and) what is[was] worse : 설상가상으로. 더욱 곤란하게도.

=to make matters worse

=worse than all

It began to rain <u>and, what is worse</u>, we lost our way in the dark.
(비가 내리기 시작했고 설상가상으로 어둠 속에서 우리는 길까지 잃었다.)

what is better[more] : 게다가, 더욱이, 더군다나, 금상첨화로

=moreover

The book is interesting <u>and, what is more</u>, very instructive.
(그 책은 재미있고, 게다가 교훈적이기도 하다.)

What was more, he was awarded the grand prix.
(게다가, 그는 큰 상까지 받았다.)

[답] what

---

7. _____ I am is not what I was.

[해설] (오늘의 나는 과거의 나가 아니다.)

what I am : 오늘의 나, 현재의 나

what I was[used to be] : 과거의 나

[답] what

---

8. This is the same watch ____ I lost.

[해설] (이것은 내가 잃은 것과 비슷한 시계이다.)

the same ~ as ~ ; ~과 비슷한[동종류, 유사물]

the same ~ that ~ : ~과 동일한[동일물]

I have the same watch as you have[yours].

(나는 네 것과 같은 종류의 비슷한[유사한] 시계를 가지고 있다.)

Your shoes are the same size as mine.

(네 신발 크기는 내 것과 같다.)

The same man that came yesterday is here again.

(어제 왔던 그 사람이 또 왔다.).

the same watch that I lost : 내가 잃어버린 바로 그 시계

[답] as

---

9. He gave me _____ money he had with him.

[해설] (그는 몸에 지니고 있던 모든 돈을 나에게 주었다.)

money는 명사이므로 money 앞에 형용사가 와아 한다. 그러나 money 뒤의 문장이 불완전문장이므로 앞에 관계사가 와야 한다. 따라서 money 앞에 관계형용사 what이 온다. what money는 뒤에 오는 had(타동사)의 목적어가 된다.

what(관계형용사)+명사+불완전문장 : ~하는 모든~

=all the+명사+that(관계대명사)+불완전문장

He gave me what money he had with me.

=He gave me all the money that he had with me.

[답] what

---

10. _____ that I'm older, I've changed my mind.

[해설] (이제는 나도 더 나이가 들었으니 생각이 달라졌다.)

Now that~ : ~이므로

=Seeing that

=Inasmuch as

=Since

Now that the rain has come, we won't starve.

(비가 왔으므로 굶지는 않겠지.)

[답] Now 또는 Seeing

---

11. I shall never forget your kindness as _____ as I live.

[해설] (내가 살아 있는 한, 당신의 친절을 잊을 수 없군요.)

as long as I live : 내가 살아 있는 한

[답] long

---

12. She is now gay, _____ sad.

[해설] (그 여자는 때로는 즐겁고 때로는 슬프다.)

now ~, now [(and) then] ~ : 때로는 ~ 또 때로는 ~

=now ~, and again ~

=at one time ~, at another time ~

What mixed weather, now fine, now showery!

(참 종잡을 수 없는 날씨군, 갰다가는, 또 소나기가 오고!)

[답] now

---

13. No _____ had he seen me than he ran away.

[해설] 그는 나를 보자 도망갔다.)

On ~ing : ~ 하자마자

=As soon as+S+V~

=The moment+S+V~

=The instant+S+V~

=Immediately+S+V~

=Instantly+S+V~

=Directly+S+V~

=No sooner+had+S+pp~than+S+과거동사~

=S+had+<u>no sooner</u>+pp~<u>than</u>+S+과거동사~
=<u>Scarcely[Hardly]</u>+had+S+pp~+<u>when[before]</u>+S+과거동사~
=S+had+<u>scarcely[hardly]</u>+pp~ when[before]+S+과거동사
run away : 도망치다, 도망가다, 달아나다, 급히 떠나다
=flee
=escape
=leave rapidly
=leave home
The boy <u>ran away</u> and <u>went to sea.</u>
(소년이 가출하여 선원이 되었다.)
go to sea : 선원이 되다.

[답] sooner

---

14. _____ you understand this rule, you will have no further difficulty.

[해설] (일단 네가 이 규칙을 이해한다면 앞으로 더는 어려움이 없을 것이다.)
Once~ : 일단 ~하면
<u>Once</u> that is accomplished, all will be well.
(그 일이 성취되기만 하면 그 다음은 문제없다.)
<u>Once</u> you hesitate, you are lost. (망설이다간 볼장 다 본다.)

[답] Once

---

15. He is working hard _____ to support his family.

[해설] (그는 가족을 부양하기 위해서 부지런히 일하고 있다.)
in order to(do) : ~하기 위해서
=so as to(do)
He worked hard <u>in oder to</u> pass the examination.
(시험에 합격하기 위하여 열심히 공부했다.)
You must get up at 5 a.m. <u>so as to</u> be in time for the first train.
(기차 첫차를 타기 위하여 새벽 5시에 일어나야만 한다.)

We came early <u>so as to</u> have plenty of time.
(우리는 시간의 여유를 많이 갖기 위하여 일찍 왔다.)

[답] in order

---

16. He got up ＿＿＿ early as to be in time for the first train.

[해설] (그는 일찍 일어나서 첫 차 시간에 댔다/ 기차 첫차를 타기위하여 일찍 일어났다..)

so ~ as to(do) ~ : ~할 만큼 그렇게~,~하도록 그렇게~,대단히~해서~하다.

He was <u>so</u> angry <u>as to</u> be unable to speak..
(그는 말도 못할 만큼 그렇게 화가 났다./그는 대단히 화가 나서 말도 못했다.)
The house is <u>so</u> designed <u>as to</u> be invisible from the road.
(그 집은 도로에서 보이지 않도록 그렇게 설계되었다.)
Would you be <u>so</u> kind <u>as to</u> help me?
=Will you please help me?(저를 도와주시겠습니까?)
He is <u>not so</u> stupid <u>as to</u> do that.(그런 짓을 할 만큼 어리석지는 않다.)

[답] so

---

17. He works hard ＿＿＿ that his family may live in comfort.

[해설] (그는 가족이 안락하게 살 수 있도록 부지런히 일한다.)

so that ~may[can]~ : ~할 수 있도록

Speak clearly, <u>so that</u> they <u>may</u> understand you.
(그들이 네 말을 이해할 수 있도록 똑똑히 말해라.)
Speak a little louder, <u>so (that)</u> we <u>can</u> all hear you
(우리가 네 말을 모두가 알아들을 수 있도록 조금 더 크게 말해라.)
Finish this <u>so that</u> you <u>can</u> start another.
(다음 일을 시작할 수 있도록 이것을 끝내라.)

[답] so

---

18. He studied hard ＿＿＿ he should fail."

[해설] (그는 실패하지 않도록 열심히 공부했다.)

<u>lest</u> ~ <u>should</u> ~ : ~ 하지 않도록

Be careful <u>lest</u> you <u>should</u> fall from the tree.

(나무에서 떨어지지 않도록 조심해라.)

He ran away <u>lest</u> he <u>should</u> be seen.

(그는 들키지 않도록 달아났다.)

<u>fear[be afraid] lest</u> ~ <u>should</u> : ~하지 않을까 걱정이다

I <u>fear lest</u> he <u>should</u> die.(그가 죽지 않을까 걱정이다.)

I <u>was afraid lest</u> he <u>should</u> come too late.

(그가 너무 늦게 오지 않을까 걱정하였다.)

<u>There is danger lest</u> ~ <u>should</u> ~ : ~하지 않을까 히는 위험이 있다.

<u>There was danger lest</u> he <u>should</u> be murdered.

(그가 살해되지 않을까 하는 위험이 있었다.)

[답] lest

---

19. The night was _____ hot that I could not sleep well.

[해설] (밤이 너무 더워서 나는 잘 잘 수 없었다.)

so ~ that ~ cannot ~ (it): 너무나 ~해서 ~할 수 없다.

(it는 to부정사의 소급적 용법일 경우에 쓴다)

＝too ~ for ~ to(do) ~

<u>This house</u> is too small for us <u>to live in</u>.(to 부정사의 소급적 용법)

＝This house is <u>so</u> small <u>that</u> we <u>cannot</u> live in <u>it</u>.

(이 집은 너무 작아서 우리가 살 수 없다.)

[답] so

---

20. I am not so rich _____ I can buy a big car.

[해설] (나는 큰차를 살 수 있을 만큼 그렇게 잘살지 못한다.)

not so ~ that ~ can ~ : (←)~할 수 있을 만큼 그렇게 ~하지 않다.

[답] that

21. He ran ＿＿ fast ＿＿ us to catch up with him.

[해설] (그는 너무 빨리 달려서 우리는 그를 따라 가지 못했다.)

too ~ for ~ to(do) ~ : 너무나 ~해서 ~가 ~하지 않다.

catch up with : ~을 따라잡다, 뒤따라 잡다.

=overtake

Go on in front, I'll soon <u>catch up with</u> you.

(앞서 가라, 내 곧 뒤 좇아 갈께.)

Tom was away from school for a month so now he's got to work hard to <u>catch up with</u> the rest of the class.

(톰은 한 달간 결석했기 때문에 다른 급우들을 따라가기 위해 열심히 공부해야 한다.)

His car <u>overtook</u> the train. (그의 차는 열차를 따라잡았다.)

[답] too, for

22. He tried ＿＿＿＿ to fail.

[해설] (그는 노력해 보았으나 실패했다.)

only to(do) : [결과] ~하였으나 결국 ~하였다.

=but+S+V

He studied hard for the exam <u>only to</u> fail.

(그는 시험을 위하여 열심히 공부하였으나 결국 실패하였다.)

[답] only

23. He must be mad ＿＿ say such a thing.

[해설] (그가 그런 소리하다니 미쳤음에 틀림없다.)

<u>to</u>(do)~ : [판단의 기준, 판단의 근거] ~하다니

=that ~should(do)

He must be out of his mind <u>to act</u> in that way.

(그가 그런 식으로 행동하다니 제정신이 아님에 틀림없다.)

What a fool he must be <u>to say</u> such a thing!

(그가 그런 말을 하다니 참 어리석음에 틀림없군!)

[답] to

---

24. He must be mad _____ he should say such a thing.

[해설] (그가 그런 소리 하다니 미쳤음에 틀림없다.)

that ~ should(do) : [판단의 기준} ~하다니

You are crazy <u>that</u> you <u>should</u> lend money to him.

(그에게 돈을 빌려주다니 너 미쳤구나.)

Who is he, <u>that</u> he <u>should</u> come at such an hour.

((무엄하게도) 이런 시간에 오다니 그는 도대체 어떤 사람이냐?)

Are you mad <u>that</u> you <u>should</u> do such a thing?

(그런 짓을 하다니 너 미쳤냐?)

We are not pigeons <u>that</u> we <u>should</u> eat dry peas.

(마른 콩을 먹다니 비둘기도 아닌데.)

[답] that

---

25. _____ that he says nothing about it, he must be ignorant of it.

[해설] (그가 그것에 대해서 아무 말도 하지 않는 것으로 보아 그가 그것을 모르고 있음에 틀림없다.)

Seeing that : ~이므로

=Now that

=Inasmuch as

=Since

Seeing that it is 10 o'clock, we will wait no longer.

(10시가 되었으므로, 우리는 더 이상 기다리지 못하겠다.)

[답] Seeing

---

26. _____ with hunger and _____ with cold, we could not walk any
more.

[해설] (배도 고프고 춥기도 해서 우리는 그 이상 더 걸을 수 없었다.)
What with ~ and what with ~ : ~ 하기도 하고~하기도 해서, ~다~다 하여
=What between ~ and what between ~

<u>What with</u> drink <u>and what with</u> fright he did not know much about the facts. (취하기도 했고 무섭기도 해서 그는 그 사실을 잘 알지 못했다..)
<u>What with</u> overwork <u>and what with</u> undernourishment he fell ill.
(한편으로 과로다, 한편으로 영양부족이다 하여 그는 병에 걸렸다.)
<u>What with</u> school <u>and what with</u> work to earn my living, I had little time to play. (한편으로는 학업이다 한편으로는 생계를 위한 일이다 하여, 나는 놀 틈이 거의 없었다.)
<u>What with</u> overwork <u>and what with</u> poor meals, he broke down.
(과로에다 형편없는 식사 때문에 그는 쓰러졌다.)

[답] What, what

---

27. So _____ as I am concerned, I have no objection.

[해설] (내가 관계되는 한 반대는 않습니다.)
So far as I am concerned : 내가 관계되는 한, 나에 관한 한
As far as I know : 내가 아는 한
As far as I know, she is trust worthy.
(내가 아는 한 그녀는 믿음이 가는 사람이다.)
As far as I know he will be away for three months.
(내가 아는 한 그는 석 달 동안 집을 나가 있을 것이다.)

[답] far

---

28. It is true he is clever, _____ he is not honest.

[해설] (과연 그는 영리하지만 그러나 정직하지 못하다.)
It is true (that) ~ , but ~ : 과연 ~ 이지만, 그러나 ~

[답] but

29. Young ＿＿ he is, he is careful.

[해설] (그는 젊지만 신중하다.)

형용사
명사 ｜ + as+ S+V
부사
동사원형

=1) Though[Although] + S + V + ｜ 형용사
관사+명사
부사
동사원형

=2) Because + S + V[조V] + ｜ 형용사
관사+명사
부사
동사원형

Young as he is, he is careful.
=Though he is young, he is careful.
Honest as he was, he refused a bribe
=Because he was honest, he refused a bribe.
(그는 정직했기 때문에 뇌물을 거절했다.)
Woman as she was, she was brave.
=Though she was a woman, she was brave.
Pretty as the flower is, it has many thorns
=Though the flower is pretty, it has many thorns
Try as she would, she could not remember his phone number.
=Though she would try, she could not remember his phone number.
(아무리 애써 보았지만, 그녀는 그의 전화번호가 기억나지 않았다.)

[답] as

30. Much ＿＿ I worked, he did not reward me.

[해설] (나는 일을 많이 했지만 그는 나에게 보수를 주지 않았다.

Much <u>as</u> I worked, he did not reward me

=<u>Though</u> I worked much, he did not reward me.

[답] as

---

31. He seldom, if _____ comes to my house.

[해설] (그는 우리 집에 오는 일이 있다고 해도 드물다.)

seldom, if ever+V : (설사) ~있다고 해도 극히(매우) 드문, 거의 없는.

좀처럼 ~않다[드물다].

He <u>seldom, if ever</u>, goes out.(그가 외출하는 일이란 극히 드물다.)

He <u>seldom, if ever</u>, goes there.

(그가 설사 그곳에 가는 일이 있다 해도 좀처럼 드물다.)

He <u>seldom, if ever</u>, speaks ill of others.(남을 좀처럼 헐뜯지 않는다.)

She <u>seldom, if ever</u>, goes to the cinema.

(그녀는 영화를 보러 가는 일이 있다 해도 좀처럼 드물다.)

※ 「any+명사 」와 「ever+V」를 꼭 기억해두자

[답] ever

---

32. There is little, if _____ fear of his failure.

[해설] (그가 실패할 염려는 있다 해도 별로 없다.)

little[few], if any+명사 : 있다 해도 거의 없는[별로 없는]

little[few]+명사, if any

=little or no~

little[few], if any

=little[few], (even) if (there is) any

I have <u>little</u> hope, <u>if any</u>.

=I have <u>little or no</u> hope.

(가망은 거의 없다.)

There is <u>little or no</u> hope.(거의 가망이 없다.)

There is <u>little</u>[There are few], <u>if any</u>.(있다 해도 극히 적다.)

There is <u>little, if any</u>, hope.(희망은 거의 없다.)

There are _few_ trees, _if any_.(나무가 있다 할지라도 매우 적다.)
There are few, if any, mistakes.(틀림이 있다 해도 별로 없다.)

※ little+단수명사, few+복수명사
※ 「any+명사 」와 「ever+V」를 꼭 기억해두자

[답] any

---

33. If _____ he were alive!

[해설] (그가 살아있으면 좋으련만)
If only+S+가정법V ~ : ~라면 좋으련만
=I wish+S+가정법V ~
If only he arrives in time!(그가 제때에만 온다면!)
If only she would marry me!(그녀가 나와 결혼만 해준다면!)
If only he would come.(와주기만 하면 좋겠는데)
If only he would stop talking!(그가 지껄이지만 말았으면 좋겠는데!)
If only she had known about it!(그녀가 그것에 대해서 알고 있었더라면!)
If only you could have seen it!(네가 그것을 봤었더라면!)
If only I knew!(알기만 한다면!)

[답] only

---

34. If it _____ not for the sun, nothing could live.

[해설] (태양이 없다면 아무것도 살지 못할 것이다.)
If it were not for~ : ~이 없다면
=Were it not for
=But for
=Without

If it had not been for~ : ~이 없었더라면
=had it not been for
=But for
=without

[답] were

---

35. Work harder, _____ you will succeed in life.

[해설] (더 열심히 일해라, 그러면 너는 출세할 것이다.)
명령문, and ~ will(do) : ~해라, 그러면 ~할 것이다.
명령문, or ~ will(do) : ~해라, 그렇지 않으면 ~할 것이다.
succeed in life : 출세하다

[답] and

---

36. The train left at five ___ the minute.

[해설] (기차는 정각 5시에 떠났다.)
to the minute : 정각에
=on time
=punctually
The train arrived at 5 o'clock to the minute.
(기차는 다섯 시 정각에 도착했다.)

[답] to

---

37. He has spent more than half the money, ____ not all.

[해설] (그는 그 돈을 전부는 아니라 하더라도 반 이상을 써 버렸다.)
If not~ : 1) 만일 ~은 아니라 하더라도[할지라도] 2) 만약~ 이 아니라면
It is highly desirable, if not essential, to tell him the truth.
(그에게 진실을 이야기해 주는 것은 꼭 필요한 것은 아닐지라도, 아주 바람직한 일
이다.)
Is anybody feeling cold? If not, let's open the windows.
(추운 사람 있어요? 만약 없다면, 창문 좀 엽시다.)
Where should I go, if not to your house?
(너의 집이 아니라면 어디로 가면 좋겠니?(너의 집 말고는 갈 데가 없다.))

[답] if

38. No _____ what you may do, do it well.

[해설] (무슨 일을 하더라도 잘 하라.)
 No matter+의문사 : 비록 ～할지라도[일지라도]
=의문사+ever
No matter what(=Whatever) he says, don't go.
(비록 그가 뭐라 해도 가지 마라.)
It is not true, no matter who may say so.
(설령 누가 그렇게 말할지라도 그것은 사실이 아니다.)
You should go to the country for a change, no matter where.
(너는 어디든 좋으니 기분 전환으로 시골로 가야 한다.)
for a change : 기분 전환으로, 변화를 위하여
no matter what it may be : 그것이 무엇이건 간에
no matter how we try : 우리가 아무리 시도해도
no matter how rich he is : 그가 아무리 부자라도

[답] matter

39. Whether it is black ___ white, I don't mind it.

[해설] (그것이 검건 희건 상관없다.)
whether ～ or
whether for good or for evil : 좋건 나쁘건
for good or for evil : 좋든 나쁘든
It matters little whether we go or stay
(우리가 갈지 머물지는 그다지 중요하지 않다.)
He was completely ignored whether by accident or design.
(그는 우연이든 고의로든 완전히 무시당했다.)
by accident :우연히, by design : 고의로
It is no matter whether he is here or in London.
(그가 여기에 있든 런던에 있든 그것은 문제가 아니다.)
I don't know whether to go away or stay where I am.
(내가 가야 할지 지금 있는 곳에 머물러야 할지 모르겠다.)
Whether we shall go to him or he will come to us will not matter much.

(우리가 그에게 가든지 또는 그가 우리에게 오든지 하는 것은 큰 문제가 아닐 것이다.)

whether ~ or not

Whether he comes or not, the result will be the same.
(그가 오든 안 오든 결과는 같을 것이다.)
Whether we help or not, the enterprise will fail.
(우리가 도와주든 도와주지 않든, 사업은 실패할 것이다.)
Tell me whether he is at home or not.
(그가 집에 있는지 없는지 내게 말해 주시오.)
A question rose (as to) whether it is true or not.
(그것의 사실 여부에 대하여 문제가 일어났다.)
I am doubtful (as to) whether it is true or not.
(그것이 사실인지 아닌지 의심스럽다.)

whether or no : 하여간, 어떻든 간에

He threatens to go whether or no. (하여간 가겠다고 그는 위협하고 있다.)
We must stick to it whether or no. (어떻든 간에 그것을 고수하여야 한다.)
I hate officiousness at all times, whether or no.
(나는 언제든지 간섭하는 것은 질색이다.)
Whether or no these books are satisfactory as textbooks depends on the way the teacher makes use of them.
(이 책들이 교과서로서 만족할 만한 것이냐 아니냐 하는 것은 교사의 사용법 여하에 달려있다.)

[답] or

---

40. I will come _____ that I am well enough.

[해설] (아주 건강해지면 오겠습니다.)
provided (that) : 만약 ~ 이라면
=providing (that)
=if
She will go, provided (that) her friends can go also.

(친구들이 간다면, 그녀도 갈 것이다.)

Provided[Providing] (that) all your task is done, you may go home.
(일이 다 끝나면 귀가해도 좋다.)

You can go to the movies, providing (that) you finish your homework first.(우선 숙제를 끝내면 영화 보러 가도 좋다.)

I will go providing (that) my expenses are paid.
(내 비용을 대준다면 가겠다.)

[답] provided 또는 providing

---

41. It never rains _____ it pours.

[해설] (비가 오기만 하면 억수로 쏟아진다.- '불행은 연속적으로' '엎친 데 덮치다 ' 뜻의 속담)

never ~   but+S+V ~ : ~ 하기만 하면 반드시 ~ 한다.

       without ~ ing

I never go pass my old school but I think of Wilkins, the headmaster.
(나는 모교 앞을 지나가기만 하면 반드시 윌킨스 교장선생님 생각이 난다.)

[답] but

---

42. He never comes up to Seoul _____ visiting me.

[해설] (그는 서울에 오면 반드시 나를 찾아 준다.)

He never goes out without losing his umbrella.
(그는 외출만 하면 반드시 우산을 잃어버린다.)

They never meet without quarreling.(그들은 만나기만 하면 꼭 다툰다.)

[답] without

---

43. Nothing is ___ valuable as time.

[해설] (시간처럼 귀중한 것이 없다.)

Time is the most valuable (thing of all).

=Time is more valuable than anything else.

=<u>Nothing</u> (of all) is <u>more</u> valuable <u>than</u> time

=Nothing is so valuable as time.

[답] so

---

44. _____ is more precious than freedom.

[해설] (자유보다 더 귀중한 것이 없다.)

Freedom is <u>the most</u> precious (of all).

=Freedom is <u>more</u> precious <u>than anting else</u>.

=<u>Nothing</u> is <u>more</u> precious <u>than</u> freedom.

=<u>Nothing</u> is <u>so</u> precious <u>as</u> freedom.

[답] Nothing

---

45. We do not know the blessing of health _____ we lose it.

[해설] (우리는 건강을 잃고 나서야 비로소 건강의 복됨을 안다.)

not A till[until] B : B 해서야 비로소 A 하다

He did <u>not</u> realize the danger of the situation <u>till then.</u>

=<u>Not till then</u> did he realize the danger of the situation

=<u>It was</u> <u>not till then</u> <u>that</u> he realized the danger of the situation.

[답] till 또는 until

---

46. He is no _____ than a beggar.

[해설] (그는 거지나 거의 마찬가지이다.)

no better than~ : ~나 다름없다

He is <u>no[little] better than</u> a beggar.

cf. not better than :기껏해야

He is <u>not better than</u> a student. (그는 기껏해야 학생이다.)

[답] better

47. She gave me no _____ than five dollars.

[해설] (그 여자는 나에게 5달러나 주었다.)

I have	no more than	(=only,	<———//———>	)	10 dollars.
	no less than	(=as much as,	>———//———<	}	
	not more than	(=at most, less than	≤	)	
	not less than	(=at least, more than	≥	)	

no more than : [많지 않다는 뜻] 단지~에 불과하다, ~에 지나지 않다
=only
no less than : [적지 않다는 뜻] (원! 세상에) ~만큼이나
=as much as
not more than ; [많지 않다는 뜻] 기껏해야, 고작, ~이하
=at most
=less than
not less than : [적지 않다는 뜻} 적어도, 최소한도, ~이상
=at least
=more than

[답] less

48. A whale is no more a fish _____ a horse is

[해설] (고래가 물고기가 아닌 것은 말이 물고기가 아닌 것과 같다.)
no more ~ than : [양자부정]
=not ~ any more than
A is no more B than X is Y.(B=Y면, Y 생략)
(A ≠ B → X ≠ Y : A는 B 아니다, 그것은 마치 X가 Y아닌 것과 같다.)

[답] than

49. She is no _____ beautiful than her sister.

[해설] (그 여자는 언니에 못지않게 아름답다.)

no less ~ than : [양자긍정]
=quite as ~ as

A is <u>no less</u> B <u>than</u> X is Y.(B=Y면, Y 생략)
(A ＝ B → X ＝ Y : A는 B이다. 그것은 마치 X가 Y인 것과 같다.)

[답] less

---

50. He worked all _____ harder because his master praised him.

[해설] (그는 주인이 칭찬해 주었기 때문에 그만큼 더 열심히 일했다.)
all[so much] + the + 비교급 + | for ~   : ~이니까[때문에] 그만큼 더욱 더
더욱[훨씬]   그만큼   더 | because ~
(강조어)   (지시부사)   ~이니까
I like him <u>all the better</u> <u>for</u> his faults.
                        <u>because</u> he has faults.
(그가 결점이 있으니까[있기 때문에] 그만큼 더욱더 그를 좋아한다.)

[답] the

---

51. I do not love him the _____ for his faults.

[해설] (그가 결점이 있음에도 불구하고 그래도 역시 나는 그를 사랑한다.)
none[not] + the + less + | for ~   : (~에도 불구하고) 그래도 역시
  않다   그만큼   덜 | because ~
                       ~이니까
I love him <u>none the less for</u> his faults.

[답] less

---

52. You should not despise a man _____ he is poor.

[해설] (사람을 가난하다고 멸시하면 안 된다.)
not ~ because~ : ~하다고 해서 ~해서는 안 된다.
You should <u>not</u> look down upon them simply <u>because</u> they are poor.

(너는 그들이 가난하다고 해서 단순히 그들을 멸시해서는 안 된다.)
look down upon[on] : ~을 멸시하다, ~을 업신여기다.
＝despise

[답] because

---

53. Leaves are _____ necessarily green.

[해설] (나무 잎이 반드시 초록색만은 아니다.)
no necessarily : 반드시 ~ 인 것은 아니다
Learned men are not necessarily wise.
(학자라고 반드시 현명한 것은 아니다.)

[답] not

---

54. He is not a poet _____ a novelist.

[해설] (그는 시인이 아니라 소설가 이다.)
not A but B : A가 아니라 B이다
It is <u>not</u> red <u>but</u> black.(그것은 붉은색이 아니라 검은색이다.)
He did<u>n't</u> go to school <u>but</u> stayed at home.
(그는 학교에 가지 않고 집에 있었다.)

[답] but

---

55. Not _____ I dislike the task, but that I am not equal to it.

[해설] (내가 그 일을 싫기 때문이 아니라, 그것을 감당할 수 없기 때문이다.)
not that ~ but that~ : 이 아니라 ~ 때문이다
<u>Not that</u> I disliked the work, <u>but that</u> I have no time.
(나는 그 일이 싫어서가 아니라, 시간이 없기 때문이다.)
<u>Not that</u> I loved Caesar less, <u>but that</u> I loved Rome more.
(나는 시저를 사랑함이 덜해서가 아니라 로마를 더욱 사랑했기 때문이다.)

[답] that

56. He is not so _____ a poet as a scholar.

[해설] (그는 시인이라기보다는 오히려 학자이다.)
not so much A as B : A라기[했다기]보다는 오히려 B이다[했다]
=B rather than A
He is not so much a scholar as a writer.
(그는 학자라기보다는 오히려 문인이다.)
She didn't so much dislike me as hate.
(그녀는 나를 싫어했다기보다는 오히려 미워했다.)

[답] much

57. It was not long _____ he turned up.

[해설] (오래지 않아 그는 나타났다.)
It was+ 시간 + before + S + 과거 :시간이 지나서 ~했다
It is + 시간 + since + S + 과거 : ~한 지 ~시간이다.
It will be + 시간 + before + S + 현재동사 : ~하지 않아 곧 ~하다
It was not long before he turned up. (오래지 않아 그가 나타났다).
It is ten years since he died. (그가 죽은 지 10년이다.)
It will not be long before he comes back
(오래지 않아 곧 그가 돌아 올 것이다.)

[답] before

58. He is not ___ foolish ___ to believe her.

[해설] (그는 그 여자의 말을 믿을 만큼 그렇게 어리석지는 않다.)
not so ~ as to(do) : 할 만큼 그렇게 ~하지 않다

[답] not, so

59. He is the _____ man to do such a thing.

[해설] (그는 그런 일을 할 사람이 결코 아니다.)
the last man to(do) : 결코 ~ 할 사람이 아니다
= above ~ ing
He is <u>the last man to</u> tell a lie(그는 결코 거짓말할 사람이 아니다.).
=He is <u>above</u> telling a lie.

[답] last

---

60. There is ____ telling what may happen.

[해설] (무슨 일이 일어날지 도저히 알 수 없다.)
There is no ~ ing ; 도저히 ~ 할 수 없다.
=It is impossible to(do)
<u>There is no</u> telling what may happen.
<u>It is impossible to</u> tell what may happen.

[답] no

---

61. I can speak neither English _____ French.

[해설] (나는 영어도 불어도 하지 못한다.)
neither ~ nor ~ : ~ 도 ~도 아니다
We <u>neither</u> moved <u>nor</u> made any noise
(우리는 꼼짝도 안 했고 아무 소리도 내지 않았다.)
Neither he nor I am responsible for the accident.
(그도 나도 그 사고에 책임이 없다.)
He neither gambled, drank, nor smoked
(그는 도박도 안 하고, 술도 안 마시고, 담배도 피우지 않았다.)
Neither John nor betty is at home, both have gone shopping.
(존도 배티도 집에 없다. 둘 다 쇼핑하러 갔다.

[답] nor

---

62. I cannot ____ laughing at the sight.

[해설] (나는 그 광경을 보고 웃지 않을 수 없다.)

cannot help ~ ing : ~하지 않을 수 없다.

=cannot avoid ~ing

=cannot resist ~ing

=cannot but (do)

=cannot help but (do)

=cannot choose but (do)

=have no choice but to (do)

=have no alternative but to (do)

=There is nothing for it but to (do)

I can't help it.(어쩔 수 없다.)

=It cannot be helped

[답] help

---

63. You cannot be ____ careful in choosing books to read.

[해설] (읽을 책을 고를 때 아무리 조심해도 지나치지 않는다.)

cannot ~ too : 아무리 ~ 해도 지나치지 않다

You cannot be too diligent[You cannot work too hard].

(공부는 아무리 열심히 해도 지나치지 않다.)

[답] too

---

64. It is no ____ crying over the spilt milk.

[해설] (우유를 엎지르고 나서 울어도 아무 소용없다.)

It is no use ~ ing[to (do)] : ~해도 아무 소용없다.

=It is of no use ~ing[to (do)]

=There is no use (in) ~ing

There is no use (in) talking.(말해도 아무 소용없다.)

=It is no use talking[to talk].

=It is of no use talking[to talk].

[답] use

---

65. He is ____ telling lies.

[해설] (그는 결코 거짓말할 사람이 아니다.)

He is above ~ ing : 그는 결코 ~ 할 사람이 아니다.

=He is the last man to (do)

He is above telling lies.

=He is the last man to tell lies.

[답] above

---

66. As the desert is like a sea, ____ is the camel like a ship.

[해설] (사막이 바다와 같듯이,*그렇게* 낙타는 배와 같다.)

As ~ , so ~ : ~이듯이 그렇게~

As rust eats (into) iron, so care eats (into) the heart.

(녹이 쇠를 갉아먹듯이, 그렇게 근심은 마음을 갉아먹는다.)

As a man lives, so he dies.(삶이 있듯이 그렇게 죽음도 있다.) :

As you treat me, so will I teat you.

(네가 나를 대하듯이 그렇게 나도 너를 대하겠다.)

[답] so

---

67. There are as ____ minds as there are men.

[해설] (사람이 있는 만큼의 수의 마음이 있다.)

as many ~ as : ~그만큼의 수의~

as much ~ as : ~그만큼의 양의~

as many : 동수의, 그만큼한 수의

Take as many candies as you want.(먹고 싶은 대로 사탕을 가져가라.)

She has as many[twice as many] foreign stamps as I have.

(그녀는 나만큼이나[갑절만큼이나] 외국우표를 갖고 있다.)

I found six mistakes in as many lines.

(여섯 줄에서 여섯 군데 틀린 곳을 발견하였다.)

There were ten accidents in as many days.

(10일 동안에 10건의 사고가 일어났다.)

[답] many

---

68. He is as diligent as ＿＿ boy in his class.

[해설] (그는 반 안의 어떤 소년에도 못지않게 근면하다.)

<최상급 뜻 표현>

the+최상급 ~ : 가장~

=as + 형용사 + a + 명사 + as any.

=as ~ as any + (명사).

=as ~ as anything

=as ~ as ever + 과거동사.

=as ~ as ever lived[was].

=as ~ as can be.

=as ~ as there is.

He was as brave a man as any in the world.

He was as brave as any man in the world.

(그는 세계에서 가장 용감하였다.)

This tool is as useful as anything.

{이 연장은 가장 유용하다.)

He is as great a scientist as ever lived.

(그는 가장 위대한 과학자이다.)

I am as happy as can be. (나는 가장 행복하다.)

This is as good a map as any.

=this is the best map

[답] any

---

69. He was as great a poet as ＿＿ lived.

[해설] (그는 지금까지 살았던 어떤 사람에도 못지않게 위대한 시인이다.)

as ~ as ever + V

He is as great a scientist as ever lived.

(그는 가장 위대한 과학자이다.)

[답] ever

70. He is as poor as ____ be.

[해설] (그는 더할 나위 없이 가난하다.)

as ~ as can be : 더할 나위 없이[가장]

=as~ as any + 명사

=as ~ as ever + V

=as ~ as there is

=the + 최상급

They are as happy as can be. (그들은 더할 나위 없이 행복하다.)

This is as good a map as any.

He is as great a scientist as ever lived.

He is as good a boy as there is. (그는 누구 못지않은 좋은 소년이다.)

[답] can

71. He speaks as ___ he knew everything.

[해설] (마치 모든 것을 알고 있는 것처럼 그는 말한다.)

S+직설법+as if+S+가정법V │ ① 과거(were) : 동시
　　(마치~처럼)　　　　　│ ② would (do) : 후시
　　　　　　　　　　　　　│ ③ had pp [would have pp] : 전시

He speaks as if he │ ① knew(현재와 동시)　　　│ everything.
　　현재　　　　　　│ ② would know(현재에 대한 후시)│
　　　　　　　　　　│ ③ had known (현재에 대한 전시)│

① 그는 마치 현재 모든 것을 알고 있는 것처럼 말한다.

② 그는 마치 앞으로 모든 것을 알게 될 것처럼 말한다.

③ 그는 마치 이미 (과거에)모든 것을 알았던 것처럼 말한다.

He spoke as if he │ ① knew(과거와 동시)　　　│ everything
　　과거　　　　　　│ ② would know(과거에 대한 후시)│
　　　　　　　　　　│ ③ had known(과거에 대한 전시)│

① 그는 마치 과거에 모든 것을 알았던 것처럼 말했다.

② 그는 마치 앞으로(과거 이후에) 모든 것을 알게 될 것처럼 말했다.

③ 그는 마치 이미(과거 이전에) 도든 것을 알았었던 것처럼 말했다.

[답] if

---

72. He cannot speak English, still _____ French.

[해설] (그는 영어도 모른다, 더구나 불어는 물론이다.) 0
부정문 , still[much] less (하물며, 더군다나 ~아니다)
긍정문 , still[much more (하물며, 더군다나)
He has no daily necessities, much[still] less luxuries.
(그는 필수 일용품조차 없다, 하물며 사치품이야)
If he can do it well, much[still] more can we.
(그가 그것을 잘 할 수 있다면,우리야 훨씬 더 잘 할 수 있다.)

[답] less

---

73. The _____ man does not know everything.

[해설] (아무리 현명한 사람이라도 모든 것을 다 알 수는 없다.)
The+최상급+명사(S)+V~ : 아무리 ~한 ~이라도~
=Even+the+최상급+명사+V~
The wisest man will not be able to understand it.
=Even the wisest man will not be able to understand it.
(아무리 현명한 사람이라도 그것을 이해하지는 못할 것이다.)

[답] wisest

---

74. _____ more you have, _____ more you want.

[해설] (가지면 가질수록 그만큼 더 바란다.)
The+비교급~ , the+비교급~ : ~하면 할수록 그만큼 더
(관계부사)   (지시부사)그만큼
The sooner start, the sooner you will be back.
(출발이 빠르면 빠를수록 그만큼 빨리 돌아올 것이다.)
The higher prices rose, the more money the workers asked for.

(물가가 오르면 오를수록, 노동자들의 임금 요구도 중대했다.)

The more learned you become, the more will you be convinced of your ignorance.(알면 알수록 자신의 무지를 깨닫게 되는 법이다.)

[답] The, the

---

75. He made seven mistakes in as ＿＿＿ lines.

[해설] (그는 7줄에 7개의 실수를 했다.)

as many ; 동수의

I found <u>six</u> mistakes in <u>as many</u> lines.

(여섯 줄에서 여섯 군데 틀린 곳을 발견하였다.)

There were <u>ten</u> accidents in <u>as many</u> days.

(10일 동안에 10건의 사고가 일어났다.)

[답] many

---

76. Leave the flower ＿＿＿ it is.

[해설] (현재 그대로 꽃을 내버려 두어라.)

as it is : [문미에 있을 경우] 있는 그대로

Don't touch it, just leave <u>as it is</u>.

(그것을 만지지 말고, 있는 그대로 놔두어라.)

Take things <u>as they are</u>.(사물은 있는 그대로 받아 들여라.)

We are already late <u>as it is</u>!(있는 그대로 이미 늦었다!)

Don't take on any more. You have too much to do <u>as it is</u>.

(일은 더 이상 맡지 마시오. 있는 그대로 일이 너무 많으니까.)

take on : 떠맡다(=take over)

[답] as

---

77. If I were rich, I would go abroad but ＿＿＿ it is I can't do so.

[해설] (만일에 부자라면 나는 해외에 나가겠는데, 그런데 사실은 그렇게 할 수 없다.)

as it is : [문두에 있는 경우] (그러나) 실제로는, 실상은, 사실은

I thought things would get better, but <u>as it is</u> they are getting worse.

(사정이 점차 나아질 것이라고 생각했지만, 실제로는 점점 나빠지고 있다.)

as it is[stands] : [문중에 있는 경우] 현재상태로는, 실제문제로서

The law, <u>as it stands</u> at present, is severe on authors.

(현행 법률은 저자에게는 엄격하다.)

be severe on : ~에 대하여 엄격하다, ~에게 가혹하게 대하다.

[답] as

---

78. On the ＿＿ hand I have a lot to do: on the ＿＿ hand I have a lot of visitors to see.

[해설] (한편으로는 할 일이 많고, 또 한편으로는 만나볼 방문객이 많다.)

On the one hand ~ , on the other hand ~ :한편으로는~, 또 한편으로는

[답] one, other

---

79. To know is one thing, to do is ＿＿＿＿.

[해설] (안다는 것과 행한다는 건 다르다.)

A is one thing, B is another : A와 B는 별개이다.

To know is <u>one thing</u>, to teach is <u>another</u>.

(안다는 것과 가르친다는 것은 별개이다.)

[답] another

---

80. We keep a cat and a dog; ＿＿＿ one is white and the other is black.

[해설] (우리는 고양이 한 마리와 개 한 마리를 기른다. 전자는 희고, 후자는 검다.)

the one ~ the other ~ : 전자는 ~ 후자는 ~

=the former ~ the latter ~

=this ~ that ~

I met a boy and his father yesterday; the one is fifteen and the other is fifty.

(어제 한 소년과 그의 아버지를 만났는데, 전자는 15세이고 후자는 50세이다.)

Virtue and vice are before you; the one leads to mistery, the other to happiness.

(미덕과 악덕이 네 앞에 있다. 전자는 행복함으로, 후자는 비참함으로 이끈다.)

I prefer the former picture to the latter.

(후자의 그림보다 전자의 그림이 낫다.)

They keep horses and cattle, the former for riding, the latter for food.

(그들은 말과 소를 기르고 있는데, 전자는 승마용으로 후자는 식용이다.)

I prefer the latter expression to the former. (

(나는 전자의 표현보다 후자의 표현이 좋다.)

Of the two the latter is far the better than the former.

(둘 중에서 후자가 전자보다 훨씬 좋다.)

Work and play are both good for the health; this gives us rest, and that gives us energy.

(일과 놀이는 다 같이 건강에 유익하다, 후자는 휴식을 주며 전자는 활력을 준다.)

Dogs are more faithful animals than cats; and these attach themselves to places, and those to persons.

(개는 고야이보다 충실한 동물이다. 후자는 장소에 애착을 갖고 전자는 사람에게 애착을 갖는다.)

be good for ~ : ~ 에 유익하다

attach oneself to ~ :~에 애착을 갖다

[답] the

---

81. This book is both interesting ＿＿ instructive.

[해설] (이 책은 재미도 있고 또 유익하기도 하다.)

both A and B : : A, B 둘 다

I can speak both English and French.

(나는 영어와 불어를 다 말할 수 있다.)

That actress is both skillful and beautiful

(그 여배우는 연기도 잘 하는데다가 미인이다.)

Both brother and sister are dead.(오누이가 다 죽었다.)

[답] and

---

82. He as ____ as I is wrong.

[해설](나 뿐만 아니라 그도 나쁘다.)
B as well as A : A뿐만 아니라 B도 역시
=not only A but also B
He gave us clothes as well as food.
John as well as his parents is going to Europe

[답] well

---

83. He is not only intelligent ____ also diligent.

[해설](그는 총명할 뿐만 아니라 근면하기도 하다.)
not only A but also B : A뿐만 아닐 B도 역시
=B as well as A
I not only heard it, but (also) saw it.
Not only you but also I am to go.
They not only tell lies but (also) bad lies.
It is not only economical good for the health.
(그것은 경제적일 뿐만 아니라 건강에도 역시 유익하다.)
Not only was she a star of the stage, but also of the screen.
(그녀는 무대에서 뿐만 아니라 스크린에서도 스타였다.)
Not only did hr hear it, He saw it as well.
                              (=also)
(그는 그것의 소리를 들었을 뿐만 아니라,그것을 역시 보가까지 했다.)

[답] but

---

84. You may ____ well go to bed at once.

[해설](너는 바로 자리에 눕는 것이 낫다.)

may as well (do) : ~하는 편이 낫다.
=had better (do)
You may as well begin at once.(곧 시작하는 편이 낫다.)
You may as well know that I am a strict instructor.
(너희들은 내가 엄한 교육자라는 것을 알아두는 편이 낫다.)
You may as well rid your mind of any intention of seeing all.
(모든 것을 한꺼번에 보겠다는 생각은 버리는 편이 낫다.)
may as well (do) ~ as ~ : ~하느니 차라리 ~ 하는 편이 낫다
You may as well read some books as look at the ceiling.
(천장을 바라보고 있느니 차라리 책을 읽는 편이 낫다.).
One may as well not know a thing at all, as know it but imperfectly.
(어중간하게 아느니 차라리 전혀 모르는 편이 낫다.)

[답] as

---

85. I would _____ die than do such a thing.

[해설](나는 그런 일 하느니보다 차라리 죽는 것을 택하겠다.)
would rather B than A : A라기 보다는 오히려 B,
                        A하느니보다 오히려[차라리] B하는 편이 낫다
=not so much A as B
I would rather die than disgrace myself.
(수모를 당하느니보다 오히려[차라리] 죽는 편이 낫다.)
disgrace oneself ; 수모를 당하다, 망신을 당하다
I would rather stay than go.(가느니보다 오히려 머물러 있는 게 낫다.)

[답] rather

---

86. She may ____ be proud of her son.

[해설](그녀가 아들 자랑하는 것도 당연하다.)
may well(do) : ~하는 것도 당연하다
=have good reason to (do)
You may well say so.(그렇게 말하는 것도 당연하다.)
You may well think so.(그렇게 생각하는 거도 당연하다.)

He <u>may well</u> ask that (그렇게 묻는 것도 당연하다.)

[답] well

---

87. You have ____ to attend the meeting.

[해설] (당신은 그 모임에 참석하기만 하면 된다.)
have only to(do) ~ : ~하기만 하면 된다.
You have only togo.(가기만 하면 된다.)
You have only to ask and she'll tell you.
(묻기만 하면 그녀는 가르쳐줄 것이다.)

[답] only

---

88. He has nothing to do ____ the matter.

[해설] (그는 그 사건과 관계가 없다.)
have nothing to do with : ~와 아무 관계가 없다

[답] with

---

89. He had the ____ to show me the way.

[해설] (그는 친절하게도 나에게 길을 가르쳐 주었다.)
<u>have the 추상명사 to</u> (do) ; ~하게도
= <u>be so+ 형용사 +as to</u> (do)
= <u>be+ 형용사 +enough to</u> (do)
= <u>부사 + 동사</u>
He <u>had the kindness to</u> show me the way.
=He <u>was so kind as to</u> show me the way.
=He <u>was kind enough to</u> show me the way
=He <u>kindly</u> showed me the way,

[답] kindness

90. She is an angel ____ a wife.

[해설] (그 여자는 천사와 같은 아내이다.)
 명사+ of a : ~같은
=형용사
angel of a=angelic

[답] of

91. He was ____ attention.

[해설] (그는 아주 주의 깊었다.)
all+추상명사 :
=추상명사+itself
=very+형용사
all attention
=attention itself
=very attentive

[답] all

92. She is kindness _____.

[해설] (그 여자는 매우 친절하다.)
추상명사+itself :
=all+추상명사
=very+형용사
kindness itself
=all kindness
=very kind
She is kindness itself.
=She is all kindness
=She is very kind

[답] itself

93. He was so foolish ____ to believe it.

[해설] (그는 어리석게도 그것을 믿었다.)
so ~ as to(do)~ : ~하도록 그렇게~ , ~ 할 만큼 그렇게 ~
The house is so designed as to be invisible from the road.
(그 집은 돌에서 보이지 않도록 그렇게 설계되었다.)
Nobody is so stupid as to believe that.
(아무도 그것을 믿을 만큼 그렇게 어리석지는 않다.)

[답] as

94. ____ rich are not always happier than ____ poor.

[해설] (부자들이 언제나 가난한 사람들보다 더 행복한 것만은 아니다.)
the+형용사=복수보통명사
the rich=rich people : 부자들, 부유한 사람들
the poor=poor people : 가난한 사람들
not always : 반드시 ~인 것은 아니다.
The rich are not always happy.(부자라고 반드시 행복한 것은 아니다.)

[답] The, the

95. I prefer ____ good to ____ beautiful.

[해설] (나는 미보다는 선을 택한다.)
the true : 진
the good : 선
the beautiful : 미
prefer A to B : B보다 A를 더 좋아하다
I much prefer playing in the open air to reading indoors.
(집에서 독서하기보다 밖에서 놀기가 훨씬 좋다.)
Which do you prefer, this or that?
Which do like better, this or that?

[답] the, the

96. He is _____ of a musician.

[해설] (그는 음악가다운 데가 있다.)
be something of a : ~다운 데가 있다, ~같은 면이 있다. 어딘가 ~같다.
be not much of a ~ : 대단한 ~ 은 아니다
He is something of an artist. (그는 예술가다운 데가 있다.)
He is something of a liar. (그는 어딘가 거짓말쟁이 같다..)
I am something of a carpenter. (나는 목수다운 데가 있다.)
He is something of a miser. (그는 구두쇠 같은 면이 있다.)
He is not much of a poet. (그는 대단한 시인은 아니다.)

[답] something

97. He works hard -- so ____ you.

[해설] (그는 부지런하다 -- 너도 역시 그렇다.)
나도 역시 그래
=긍정문, so do I.
=부정문, neither do I.
so(=indeed) S+V : 정말 그렇다.
My father was a professor, and so am I.
I was in Paris last summer, So was I
He can't be there, and neither can I.
You cannot do that. Neither can I.
You look very happy. So I am.
You promised to buy me. So I did.

[답] do

98. _____ my great surprise, he failed again.

[해설] (내가 매우 놀랍게도 그는 또 실패했다.)
To+ 소유격 + 추상명사 : ~ 하게도

To one's astonishment : 놀랍게도
=To one's surprise

[답] To

---

99. This is _____ very book that I have long wanted.

[해설] (이것은 내가 오래 바라던 바로 그 책이다.)
the very ~ that ~ : ~하는 바로 그~
That's the very item I was looking for.(그게 바로 내가 찾던 것이었다.)
You are the very man I want to see.
(너는 내가 만나고 싶었던 바로 그 사람이다.)

[답] the

---

100. Don't speak _____ your mouth full.

[해설] (입에 무엇을 가득 채우고 말하지 마라.)
with + O + | ~ing(능동) : [부대상황의 with] O가 ~하고서, O가 ~한 채
            | pp (피동)
            | 형용사
            | 부사(구)
A man stared at her with his eyebrows raised.
(한 남자가 그의 눈썹을 치켜 뜬 채 그녀를 노려보았다.)
He sleeps with one eye open.(그는 한쪽 눈을 뜬 채로 잠자고 있다..
He stood there with his hand in his pockets.
(그는 주머니에 양손을 넣고 그곳이 서 있었다.)
he stood with a pipe in his mouth.
(그는 파이프를 입에 문채 서 있었다).

[답] with

The **Key** to English Structure

제3편

TEST

※ 다음 밑줄 친 부분에 들어갈 가장 알맞은 것을 고르시오(1~45).

1. What has kept him _____ to the party?

  (A) to come   (B) in coming   (C) from coming   (D) to coming

2. The music is worth _____ many times.

  (A) listen to   (B) listening   (C) listening to   (D) listened to

3. There is no _____ what may happen.

  (A) tell   (B) to telling   (C) telling   (D) to tell

4. I suggested _____ .

  (A) that he went   (B) that he go   (C) that he goes   (D) him to go

5. His car battery has run down ; he'll have to get it _____.

  (A) to recharge   (B) to recharging   (C) recharge   (D) recharged

6. You must not keep others _____.

  (A) from waiting   (B) waiting   (C) to wait   (D) not to wait

7. Unwisely _____, television will dull our senses.

  (A) use   (B) using   (C) is used   (D) used

8. The child's parents _____ last week, he has no one to look after him.

  (A) having dead   (B) died   (C) dead   (D) having died

9. I want the work _____ by tomorrow.

  (A) doing   (B) to do   (C) done   (D) do

10. "When shall we start?"

  "As soon as _____."

  (A) it will stop raining   (B) it will stop to rain

  (C) it stops to rain   (D) it stops raining

11. You ought _____ me yesterday.

  (A) to come to see   (B) to have come to see

  (C) have come to see   (D) to come to have seen

12. I _____ the book, but I hardly remember it.

  (A) may read   (B) may have read

  (C) can read   (D) cannot have read

13. Don't forget _____ this letter on your way downtown.

  (A) post   (B) posting   (C) to posting   (D) to post

14. This house is too small _____

  (A) of us to live in   (B) that we live in

(C) for us to live   (D) for us to live in

15. Would you mind _____ the house?

  (A) of me entering   (B) that I enter

  (C) my entering   (D) for me entering

16. Any time you feel like _____, come and see us.

  (A) so   (B) it   (C) to   (D) for it

17. The Stephensons' house was broken _____ by thieves last night.

  (A) into   (B) on   (C) down   (D)up

18. "Do you often go to concert?" "I _____ go quite frequently.

  (A) am used to   (B) am using to   (C) use to   (D) used to

19. Take an umbrella with you _____ it should rain.

  (A) in time   (B) in case   (C) unless   (D) even if

20. She talks as if she _____ rich.

  (A) is   (B) be   (C) was   (D) were

21. She said she was twenty years old, _____ was a lie.

  (A) it   (B) which   (C) that   (D) what

22. Give the telegram to _____ comes to the door.

  (A) whom   (B) who   (C) whomever   (D) whoever

23. We'll have the driver _____ the goods to your house.

  (A) to deliver   (B) delivered   (C) deliver   (D) to be delivered

24. He could not see his girl friend _____ allowed to do so.

  (A) who   (B) when   (C) as   (D) until

25. He woke up _____ lying on a bench in the park.

  (A) to himself find   (B) himself to find

  (C) to find himself   (D) find himself

26. After three failures a successful cable was _____ in 1886.

  (A) lain   (B) laid   (C) lying   (D) laying

27. "Haven't you found your book yet?"

  "I'm not sure _____ I could have done with it."

  (A) whether   (B) why   (C) where   (D) what

28. The subject _____ I am most interested is English.

  (A) in that   (B) in which   (C) in what   (D) in

29. I could not make myself _____ in English.

  (A) understand (B) understood (C) to understand (D) understanding

30. "Did you enjoy the movie last night?"

"Yes, but I wish I _____."

(A) didn't go out   (B) wouldn't go out

(C) wouldn't have gone out   (D) hadn't gone out

31. To know is one thing, to teach is _____.

(A) other   (B) the other   (C) the others   (D) another

32. You will never get _____ with cheating in an exam.

(A) along   (B) over   (C) on   (D) away

33. Korea is not _____ she was ten years ago.

(A) which   (B) what   (C) that   (D) when

34. The potatoes need _____ a bit longer.

(A) to cook   (B) to be cooked   (C) to cooking   (D) cook

35. I thought the problem of pollution would come _____ at the meeting, but no one mentioned it.

(A) in   (B) over   (C) to   (D) up

36. As a result of inflation, I have _____ real income this year than last.

(A) few   (B) fewer   (C) little   (D) less

37. They have trouble _____ their oil stove.

(A) in   (B) for   (C) with   (D) of

38. His children have very good manners because they have been well brought

_____.

(A) in   (B) up   (C) on   (D) out

39. She didn't feel like _____ that evening.

(A) eat   (B) to eat   (C) eaten   (D) eating

40. Excuse me. I wonder if you could give me _____ , please.

(A) information   (B) any informations

(C) some informations   (D) any information

41. To stay alive, roots in a desert land often go down one hundread feet in search_____ moisture..

(A) for   (B) of   (C) at   (D) on

42. She looks as if she _____ a ghost.

(A) sees   (B) see   (C) has seen   (D) had seen

43. I smell something _____..

(A) to burn   (B) being burned   (C) burning   (D) to burning

44. Jane is getting _____ her operation.
  (A) up   (B) round   (C) over   (D) on

45. Einstein's theory of relativity was a major _____ in science.
  (A) breakthrough   (B) breakup   (C) breakdown   (D) breakout

※다음 주어진 문장과 같게 빈 칸을 채워 넣으시오(46-50)
.

46. I gave him all the money that I had with me.
  = I gave him _____ money I had with me.

47. It seems that the fire broke out while she was doing her shopping.
  = The fire seems to _____ while she was doing her shopping.

48. It is interesting to talk to her.
  = She _____.

49. There is no mother that does not love her own children.
  = There is no mother _____ loves her won children.

50. Not till then did he realize the danger of the situation.
  = He _____.

[Test 1회 문제풀이 및 해답]

1. 무엇 때문에[왜] 그가 파티에 못 왔느냐?

 S+keep + O + from~ing : S는 O가 ~ 하는 것을 막다.
    stop   (S 때문에 O가 ~ 할 수 없다)
    prevent
    prohibit
    restrain
    hinder
    dissuade

Urgent business <u>kept</u> me <u>from</u> coming yesterday.
(급한 일로 어제 올 수 없었다.)

[답] C

2. 그 음악은 여러 번 들을 만한 가치가 있다.

 be worth ~ing : ~ 할 만한 가치가 있다.
 listen : ~을 듣다
 listen to : ~을 들으려고 애쓰다. ~을 청취하다
 listen to the music : 음악을 청취하다.
 listen to the radio : 라디오를 청취하다.

[답] C

3.. 무슨 일이 일어날지 도저히 알 수 없다.

There is no ~ ing
There is no telling(=knowing)
can+tell일 때 tell은 know의 뜻이다

[답] C

4 나는 그가 가야 한다고 제안했다
<u>suggest</u>+<u>that</u>+S+(should)+<u>동사원형~</u>

[답] B

5. 그의 자동차 밧데리가 소모되었다(닳았다); 그래서 그는 밧데리를 충전해야 한다.

run down ; 닳다 소모되다
run out : 다 닳다 , 다 소모되다

get+O+to(do) : to(do)는 O와 능동관계
get+O+pp : pp는 O와 피동관계
밧데리가 충전되어야 하므로 pp가 와야 한다.

[답] D

6. 남을 기다리게 해서는 안 된다.
must not(do) : (금지) ~해서는 안 된다.
keep+O+~ing : O를 계속 ~하게 하다
I am sorry to have <u>kept</u> you wait<u>ing</u> so long.
(너를 오랫동안 기다리게 해서 미안하다.)

[답] B

7. TV를 현명치 못하게 사용한다면, TV는 우리의 감각을 무디게 할 것이다.
If television is used unwisely, television will dull our senses.
=(Being)used unwisely, ~
TV가 사용되기 때문에 피동관계가 되므로 used가 와야 한다.

[답] D

8. 그 아이의 부모님이 지난주에 돌아가셨기 때문에, 그 아이를 돌봐줄 사람이 아무도 없다.
look after : ~을 돌보다
분사구문 : ① ~ing (능동 동시) ~   , S + V ~ .
            ② having pp (능동 전시) ~
            ③ (being) pp (피동 동시) ~
            ④ (having been) pp (피동 전시)~
분사구문에서 앞의 시제와 뒤의 시제가 같으면 동시이고, 뒤의 시제보다 앞서면 전시이다.
결과적으로 분사구문은 ① ~ing (동시) ~   , S + V~ .
                    ② having pp (전시) ~
                    ③ pp (피동) ~
따라서 본문에서는 <u>last week</u>가 있기 때문에 <u>전시</u>가 되므로 <u>having pp</u>가 온다.

[답] D

9. 나는 그 일이 내일까지 끝마쳐지기를 바란다.
want+O+<u>to(do)</u>(능동)
want+O+pp(피동)

the work와 do의 관계가 피동관계이므로 pp가 온다.

[답] C

10. 우리 언제 떠날까? 비가 그치자마자 곧.
shall we? : (상대방의 의향을 물음) ~할까요?
as soon as~ 는 시간의 부사절이므로 미래 대신에 현재가 온다.

[답] D

11. 너는 어제 마땅히 나를 보러 왔어야 했다.(어제 오지 않은 것에 대한 비난,
유감의 뜻)
ought to|have pp :[과거비실현표현]과거에 하지 않은 것에 대한 비난, 유감의 뜻
should |
yesterday기 있으므로 과거비실현표현이 온다.

[답] B

12. 나는 그 책을 읽었을지도 모른다. 그러나 거의 기억이 없다.
may be ; ~일지도 모른다.
must be : ~임에 틀림없다.
cannot be : ~일 리가 없다.
may have pp : ~였을 지도 모른다.
must have pp : ~였음에 틀림없다.
cannot have pp : ~였을 리가 없다.

[답] B

13. 시내 나가는 길에 이 편지 잊지 말고 부쳐라.
Don't forget to(do) : 잊지 말고 ~해라
no forget to(do) : 잊지 않고 ~하다
=remember to(do)
remember + | ~ing (전시적) :~한 것을
forget | to(do)(후시적) :~할 것을
regret

[답] D

14. 이 집은 너무 작아서 우리가 살 수 없다
too ~ for ~ to(do) ~ .
=so ~ that + S + cannot (do) ~ (it).(to부정사의 소급적 용법이면 it가 옴)

This house is too small for us to live in.(to부정사의 소급적 용법)
=This is so small that we cannot live in it.(접속사 that 다음에 완전문장이 오므로 it가 빠져서는 안 된다.)

[답] D

15. 집에 들어가도 괜찮습니까?
Would pou mind ~ing? : ~해도 괜찮습니까?
동명사의 의미상 주어는 소유격을 쓴다.

[답] C

16. 언제든지 우리를 마나보고 싶으면, 만나러 와라
feel like │ ~ing : ~하고 싶다
          │ it
feel like 다음에 동명사가 없으면 it를 쓴다.

[답] C

17. 간밤에 스테펜선스 집에 도둑이 들었다.
break into: 침입하다
be broken into by thieves : 도둑이 들다

[답] A

18. 너는 종종 음악회에 가느냐? 나는 아주 자주 음악회에 가곤했다.
used to(do) :(과거 규칙적 습관)(과거에)~하곤 했다(지금은 안 한다)
be used to ~ing : ~하는데 익숙하다
use+O : ~을 사용하다, 이용하다.
빈칸 다음에 동사원형 go가 왔기 때문에 used to가 와야 한다.

[답] D

19. 비가 올지 모르니 우산 가지고 가라.
take A with+사람 : ~수중에 A 가지고 가다
in case ~ should : ~할지 모르니, ~할 경우에 대비하여

[답] B

20. 그녀는 마치 부유한 것처럼 말한다
S+직설법 동사 + as if + S + 가정법 동사 │ ① 과거 (were) : 동시
              (마치~처럼)   │ ② would (do) : 후시
                                      │ ③ had pp[would have pp]: 전시

①은 직설법 동사와 시제가 같을 때
②는 직설법 동사보다 시제가 미래일 때
③은 직설법 동사보다 시제가 앞설 때

He speaks as if he | ① knew (현재 알고 있는) | everything.
직설법현재 | ② would know(앞으로 알게 될) |
| ③ had known(과거에 이미 알고 있는) |

[답] D

21. 그녀가 20살이고 말했다, 그것은 거짓말이었다.
~ , which : ~, 그것은
,which는 앞 문장의 전체 또는 일부를 가리킨다.

[답] B

22. 문에 나오는 사람에게 전보를 주어라
전치사 to+ 복합관계대명사 whoever(S) + V~
　　　　　복합관계대명사 whoever(S) + (S+생각동사) + V~
　　　　　복합관계대명사 whomever(O) + S~
관대(S)+ V~
관대(S)+(S+생각동사)+V~
관대(O)+ S~
이와 같이 V 앞에 관대(S), S 앞에 관대(O)이 오는 것을 꼭 익혀두자

[답] D

23. 우리는 기사에게 너의 집까지 그 상품(물건)을 배달하도록 시키겠다.
사역동사 have + O + | 동사원형(능동)
| pp(피동)

[답] C

24. 그는 그렇게 하도록 허락을 받고서야 비로소 여자 친구를 만날 수 있었다.
not A till[until] B : B 해서야 비로소 A 하다
allow + O + to(do)
=S+be allowed to(do)
till(시간의 접속사)+(S+be) allowed to(do)
시간의 접속사 뒤에서는 S+be를 생략할 수 있다.
※ (S+be)의 생략법

1) 시간접속사+(S+be)~
2) 의문사+(S+be)+to(do)
3) 관대+(S+be)+to(do)
till (he was) allowed to do so
I am at a loss what (I am) to do.(be to=can, should)
=I am at a loss what I should do
I have no house in which I can live.(can= be to)
=I have no house in which I am to live.
=I have no house which (I am) to live in.(S+be의 생략)
=I have no house (which) to live in,(관대(O)은 생략 가능)
=I have no house to live in.

[답] D

25. 그가 일어나 보니 공원 벤치에 누워 있었다.
wake up to(do): [결과의 to]일어나 보니 ~하다
find oneself ~ing : 자신이 ~하고 있음을 알다.
lie on : ~dp 누워 있다.
※ 전치사 앞에는 자동사가 온다
lie(자동사) - lay - lain -lying
l;ay(타동사) - laid - laid - laying

[답] C

26. 세 번 실패하고 나서 1886년에 성공적인 케이블이 가설되었다.
피동은 타동사의 피동이 된다.
lay(타동사)의 pp가 와야 한다.

[답] B

27. 너의 책 아직 찾지 못했느냐? 나는 책을 어떻게 했는지 확실히 모르겠다.
do(타동사)의 목적어가 될 수 있는 것은 의문사 what이다
what은 주어나 목적어 및 형용사로 쓰인다.

[답] D

28. 내가 가장 관심(흥미) 있는 과목은 영어이다
subject가 사물이므로 관대 which가 온다.
be interested in에서 전치사 in은 관대(O) 앞에 갈 수 있다

[답] B

29. 나는 영어로 나 자신을 남에게 이해시킬 수가 없었다.
make oneself pp
make oneself understood : 남에게 나 자신을 이해시키다
make oneself heard   : 남에게 나 자신을 들려주다
make oneself known   : 남에게 나 자신을 알려주다

[답] B

30. 어젯밤 영화 재밌게 봤느냐? 네; 그러나 가지 않았더라면 좋았을 텐데.
last night가 있으므로 전시가 된다.

I wish+ S+가정법 동사 ① 과거(were)   : 동시
                      ② would (do)   : 후시
                      ③ had pp[would have pp] : 전시

[답] D

31. 안다는 것과 가르친다는 것은 별개이다.
A is one thing, B is another : A와 B는 별개이다.

[답] D

32. 너는 시험에서 결코 컨닝을 하지 못할 것이다.
get away with ; 용케도 ~해내다
=manage to(do)

[답] D

33. 한국은 10년 전 한국이 아니다.
I am not what I was three years ago. (나는 3년 전 내가 아니다.)
what I am : 오늘의 나
what I was : 과거의 나.

[답] B

34. 감자는 좀 더 오래 삶을 필요가 있다.
S+ want   + |~ing(피동) : (주어가 동작을 받는 피동 뜻)
   need |(=be pp)
   require
   deserve
   be worth

bear

[답] B

35. 나는 오염문제가 그 회합에서 제기되리라고 생각했다. 그러나 아무도 그 문제를 언급한 사람이 없었다.
come up : 제기하다.

[답] D

36. 인플레이션의 결과로서 작년보다 금년의 실질소득이 줄었다.
real income이 단수이므로 little-less-least 가 와야 한다.
비교급+than이므로 less가 온다

[답] D

37. 오일 스토브가 고장 났다.
have trouble with : ~이 고장 나다.

[답] C

38. 그의 아이들이 교육을 잘 받았기 때문에 예의가 바르다
bring up : 교육하다. 기르다
=educate
=rear
be brought up : 교육받다

[답] B

39. 그녀는 그날 저녁 먹고 싶지 않았다.
feel like | ~ing : ~하고 싶다.
        | it

[답] D

40. 실례이지만 정보 좀 알려 주십시오.
information은 셀 수 없는 명사이므로 복수형이 없다.
if 조건절에서는 any를 쓴다.

[답] D

41. 사막의 뿌리는 살아남기 위해서 수분을 찾아서 종종 100 피트나 아래로 내려간다.

in search of : ~을 찾아서
search for : ~을 찾다.

[답] B

42. 그녀는 마치 유령을 본 것처럼 보인다.
looks 보다 먼저 유령을 본 것이므로 전시이다 전시에는 had pp를 쓴다.

S + 직설법(현재) + <u>as if</u> + S + 가정법 동사	① 과거(were) : 동시
	② would(do) : 후시
	③ had pp : 전시

[답] D

43. 뭔가 타는 냄새가 난다.
smell + O +~ing : O가 ~하는 냄새가 나다.
I smell rags burning.(넝마가 타는 냄새가 난다.)
I smell something burning.(something과 burning은 nexus 관계이다.)
nexus : 주술관계, 주어 술어 관계
Something is burning.
something+형용사[분사]

[답] C

44. 제인이 수술에서 회복 중이다.
get over : 회복하다.
=recover

[답] C

45. 아인슈타인의 상대성이론은 과학에서 중요한 돌파구였다.
breakthrough :돌파구

[답] A

46. 나는 내가 가지고 있는 모든 돈을 그에게 주었다.
all the+명사+that : ~하는 모든~
=what+명사
<u>all the</u> money <u>that</u>=<u>what</u> money

[답] what

47. 그녀가 쇼핑하는 동안에 화재가 난 것 같다.

It <u>seems</u> that the fire <u>broke out</u>~ (현재에 대한 과거는 <u>전시 : to+have pp</u>)
  현재   과거
=The fire seems <u>to have broken out</u> ~
(that 다음의 S가 문장 앞으로 오면 It ~ that을 지우고 순서대로 적되 동사와 동사의 충돌을 피하기 위하여 to부정사를 넣고 시제관계를 따진다. 동시는 to+동R, 전시는 to+have pp를 쓴다.)

[답] have broken out

48. 그녀와 이야기 하면 재미[흥미] 있다.
It is interesting <u>to talk to her</u>.
=<u>She</u> is interesting <u>to talk to</u>. (to부정사의 소급적 용법)
[답] is interesting to talk to

49. 그녀 자신의 아이를 사랑하지 않는 어머니는 없다.
There is no mother <u>but</u> loves her own children. (but=that ~not)
[답] but

50. 그때야 비로소 그 상황의 위험을 깨달았다.
<u>Not till then</u> did he realize the danger of the situation.
=<u>It was</u> not till then <u>that</u> he realized the danger of the situation.
=He did <u>not</u> realize the danger of the situation <u>till then</u>.
[답] did not realize the danger of the situation till then

[Test 2회]

※ 다음 문장의 밑줄 친 부분에 들어갈 알맞은 말을 고르시오(1-34).

1. No matter _____ business you are engaged in, you cannot succeed without industry.

(A) how   (B) when   (C) what   (D) where

2. _____ had the car started when it broke down.

(A) Seldom   (B) Scarcely   (C) Not   (D) No sooner

3. The number of the wounded soldiers _____ great.

(A) were   (B) was   (C) be   (D) are

4. Using this method, men discovered laws of nature that otherwise _____.

(A) remained unknowing   (B) remained unknown

(C) would have remained unknowing   (D) would have remained unknown

5. Nothing is _____ hard but it becomes easy by practice.

(A) too   (B) so   (C) as   (D) very

6. Jhon can't drive, and _____.

(A) so can't Mary   (B) Mary can't, too

(C) Mary either can't   (D) neither can Mary

7. This is as good a map as _____.

(A) ever   (B) any   (C) none   (D) neither

8. It will not be long before he _____ back.

(A) will come   (B) come   (C) comes   (D) came

9. A man stared at her with his eyebrows _____.

(A) rising   (B) raised   (C) raising   (D) rose

10. He has wealth, and reputation _____.

(A) as any   (B) as well   (C) as such   (D) as much

11. He _____ the poor girl.

(A) married with   (B) married to

(C) was married with   (D) was married to

12. "_____ do you think of this?"

"I think it's fine."

(A) What   (B) How   (C) Why   (D) Can

13. He is not my brother. But he is related _____ me.

(A) by   (B) of   (C) to   (D) with

14. He appointed _____ high offices men who distrusted him.

(A) on   (B) to   (C) in   (D) with

15. There isn't really any point _____ here in the rain.

(A) stand　　　(B) standing　　　(C) for standing　　　(D) to stand

16. They never meet _____ quarreling.

(A) but　　　(B) without　　　(C) except　　　(D) always

17. He is not _____ much a novelist as a scholar.

(A) too　　　(B) as　　　(C) like　　　(D) so

18. It is none the _____ true although it sounds strange.

(A) very　　　(B) more　　　(C) less　　　(D) better

19. Please see to it _____ the door is locked.

(A) and　　　(B) but　　　(C)that　　　(D) which

20. The manager said he wanted to go _____ the report before he signed it.

(A) through　　　(B) by　　　(C) for　　　(D) under

21. "Here's Helen. I didn't know she was coming.

"But you don't object _____, do you?"

(A) that she comes　　　　　(B) for her coming

(C) to her coming　　　　　(D) her to come

22. Mr. Lee has to live on a small pension now _____ he's retired.

(A) when　　　(B) as　　　(C) that　　　(D) but

23. How _____ earth do you account for the loss of $100?

(A) to　　　(B) on　　　(C) of　　　(D) for

24. The policeman saw _____ the criminal's lies immediately.

(A) through　　　(B) out　　　(C) at　　　(D) for

25. At last his dream came _____ .

(A) truly　　　(B) truely　　　(C) true　　　(D) really

26. We are _____ to leave tomorrow.

(A) counted　　　(B) regarded　　　(C) thought　　　(D) supposed

27. "What do you think about John?"

"I am bored _____ him."

(A) in　　　(B) of　　　(C) towards　　　(D) with

28. Jane is so heavy that when she sat in the chair it gave _____.

(A) way　　　(B) in　　　(C) up　　　(D) away

29. She wants to make her room _____ clean.

(A) to look　　　(B) looking　　　(C) look　　　(D) looked

30. It will do you _____ to have a holiday.

(A) well　　　(B) good　　　(C) better　　　(D) fine

31. I will help you _____ I live.

(A) as much as　　　(B) as far as　　　(C) as little as　　　(D) as long as

32. Mr. Hobson had to give _____ his job because of ill-health.

  (A) in   (B) on   (C) up   (D) to

33. The meeting has been put _____ till next Tuesday.

  (A) up   (B) off   (C) on   (D) out

34. _____ he refused our proposal was a real surprise.

  (A) What   (B) That   (C) Which   (D) If

※ 다음 주어진 문장과 뜻이 같게 고치시오(35-40).

35. She is hard to dance with.

  = It_____.

36. It is impossible to tell what may happen.

  = There is no_____ what may happen.

37. It is natural for him to get angry at her.

  = She _____.

38. A bat is not a bird any more than a rat is.

  = A bat is _____ a bird than a rat is.

39. It goes without saying that honesty is the best policy.

  = It is _____ to say that honesty is the best policy.

40. Because she is beautiful, most of us like her.

  = Beautiful _____ she is, most of us like he.

[Test 2회 문제풀이 및 해답]

1. 네가 종사하는 일이 무엇이든 근면하지 않고는 성공할 수 없다.
business (명사) 앞에 형용사가 와야 한다.
주어진 의문사 중 형용사는 what뿐이다.

[답] what

2. 자동차가 출발하자마자 고장 났다.
break down : 고장 나다.
~하자마자
= On ~ing
= As soon as ~
= No sooner+had+S+pp~than+S+과거~
= S+had+no sooner+pp~than+S+과거~
= Scarcely[Hardly]+had+S+pp~when[before]+S+과거~
= S+had+scarcely[hardly]+pp~when[before]+S+과거~

[답] B

3. 부상병의 수가 많았다.
The number of~(~수)+is[was]
A number of(=Many)+are[were]
a great[large] number : 다수(多數)
a small number : 소수(少數)
a high number : 큰 수, 대수(大數)
a low number : 작은 수, 소수(小數)

[답] B

4. 이 방법을 사용함으로써, 인간은 자연의 법칙을 발견했다. 그렇지 않았더라면(이 법칙을 사용하지 않았더라면) 자연의 법칙이 알려지지 않은 채로 남았을 텐데.
직설법(현재)+ otherwise + would (do)[가정법(과거)]
직설법(과거)+ otherwise + would have pp[가정법(과거완료)]
본문에서 discovered(직설법과거)+otherwise+would have pp(가정법과거완료)

현재+otherwise+would(do)
과거+otherwise+would have pp
자연의 법칙이 안 알려진 채로 남아있다는 피동관계이므로 unknown이 온다.

따라서 wold have remained unknown이 정답이다.

[답] D

5. 아무리 어려운 것이라도 연습하면 쉬워진다.
No A so B but C : 아무리 B한 A라도 C한다.

[답] B

6. 존은 운전을 못한다. 그리고 메리도 역시 그렇다.
나도 역시 그래
→긍정문, so do I
→부정문, neither do I

[답] D

7. 이것이 가장 좋은 지도이다
<최상급 뜻 표현>
−as ~ as any+명사
=as+형용사+a+명사+as any
=as ~ as ever+ 동사
=as ~ as can be
=as ~ as there is
=the+최상급

[답] B

8. 오래지 않아 그가 곧 돌아올 것이다.
It will not be long before+S+현재동사~: 오래지 않아서 곧 S가 ~할 것이다.
It was + 시간 + before + S + 과거
It is + 시간 + since + S + 과거
It is ten years since he died.(그가 죽은 지 10년이다.)
=Ten years have passed since he died.

[답] C

9. 한 남자가 눈썹을 치켜뜬 채 그녀를 노려보았다.
with + O + ｜~ing(능동) : [부대상황의 with] ~하고서, ~한 채
　　　　　　｜ pp (피동)
　　　　　　｜ 형용사
　　　　　　｜ 부사(구)

눈썹이 치켜뜬 채는 눈썹과의 관계가 피동관계이므로 raised가 된다.

[답] B

10. 그는 부뿐만 아니라 명예도 가지고 있다.
A, and B <u>as well</u> : A뿐만 아니라 B도 역시
=A, and B <u>alike</u>

both A and B : A, B 둘 다
at once A and B : A인 동시에 B, A하기도 하고 동시에 B하기도 한
The book is <u>at once</u> interesting <u>and</u> instructive.
(그 책은 재미있는 동시에 유익하다.)

[답] B

11. 그는 가난한 여자와 결혼했다.
marry(타동사) : ~와 결혼하다.
= be married to

[답] D

12. 이것에 대해서 어떻게 생각하느냐?   나는 좋다고 생각한다.
이것에 대해서 <u>어떻게</u> 생각하느냐?
어떻게는 how(부사)와 what(O)가 있다.
→ <u>How(부사)는 think의 목적어가 될 수 없다.</u>
= <u>What(O)</u> do you <u>think(타동사)</u>/ of this?

[답] A

13. 그는 나의 형제가 아니다. 그러나 그는 나의 친척이다.
be related to : ~의 친척이다.

[답] C

14. 그는 그를 신뢰하지 않는 사람을 고위직에 임명하였다.
appoint A to B : A를 B에 임명하다.
→appoint to B + A(A가 긴 문장일 때)

[답] B

15. 비가 오는데 여기에 서 있을 하등의 이유가 없다.
There isn't really any point ~ ing : ~할 하등의 이유가 없다

16. 그들은 만나기만 하면 다툰다.
never ~ │ without ~ing : ~하기만 하면 반드시 ~한다.
         │ but+S+V~
It never rains without pouring.
=It never rains but it pours.

[답] B

17. 그는 소설가라기보다는 오히려 학자이다.
not so much a as B : A라기보다는 오히려 B다.
=B rather than A

[답] D

18. 이상하게 들릴 줄 모르지만 그래도 역시 그것은 사실이다.
none the less :(~에도 불구하고) 그래도 역시

[답] C

19. 문이 잠겼는지 봐 주시오.
see to it that~ : ~인지 봐 주시오

[답] C

20. 지배인이 그 보고서에 서명하기 전에 보고서를 검토해보고 싶다고 말했다.
go through : 상세히 검토하다
=discuss in detail
Let's go through the arguments again.
(다시 한 번 그 논의를 검토해보자)

[답] A

21. 헬렌이 오네. 헬렌이 올 줄은 몰랐는데. 그러나 헬렌이 오는 것에 반대하는 것은 아니지?
object to ~ing : ~ 에 반대하다.

[답] C

22. 미스터 리가 은퇴했으므로 얼마 되지 않은 연금으로 살아가야만 한다.
live on : ~을 먹고 살다, ~으로 살아가다.

now that : ~이므로
=seeing that
=inasmuch as
=since

23. 너는 도대체 100불의 손실을 어떻게 설명할 것인가?

의문사 + | on earth | + 조동사 + S + 동사원형 ~ ?
          | in the world
          | ever
          | the devil
          | the hell[in hell]
          (도대체)

Why <u>on earth</u> are you sitting there?(도대체 왜 거기에 앉아있는 거냐?)
What <u>in the world</u> does he mean?(도대체 그 사람의 말은 무슨 뜻인가?)
Why <u>ever</u> did you not say so?(도대체 왜 그렇게 말하지 않았느냐?)
When <u>ever</u> did you see him?(도대체 언제 그를 만났느냐?)
What <u>the devil</u> are you doing?(도대체 너는 뭘 하고 있는 거냐?)
What <u>the hell</u> have I done with my key?(도대체 열쇠를 어떻게 했지?)
account for : ~을 설명하다
=explain

[답] **B**

24. 경찰관이 범인의 거짓말을 즉각 간파했다.
see through : ~을 간파하다

[답] A

25. 마침내 그의 꿈이 실현되었다.
come true : ~이 실현되다

[답] C

26. 우리는 내일 떠날 예정이다.
be supposed to (do) : ~할 예정이다, ~하기로 되어 있다.
=be expected to (do)

[답] D

27. 존에 대해서 어떻게 생각하느냐? 나는 그가 지겹다(진저리난다).

be bored with : ～이 지겹다, 진저리나다

[답] D

28. 제인이 너무나 중량이 나가서 그녀가 의자에 앉았을 때 의자가 부서졌다.
give way : 부서지다, 망가지다, 부러지다, 무너지다
=break

[답] A

29. 그녀는 그녀의 방이 깨끗이 보이고 싶어 한다
make+O+동사원형.

[답] C

30. 휴가를 가면 너에게 이로울 텐데.
do ～ good : ～에게 이롭다
do ～ harm : ～에게 해롭다.

[답] B

31. 내가 살아 있는 한 너를 돕겠다.
as long as I live : 내가 살이 있는 한

[답] D

32. 홉슨씨는 건강 때문에 직장을 그만두어야 했다.
give up : 그만두다
=stop

[답] C

33. 그 회합은 다음 화요일까지 연기되었다.
put off : 연기하다
=adjourn
=delay

[답] B

34. 그가 우리의 제안을 거절한 것은 정말 놀라운 일이었다.
~라는 것은 that(접속사)와 what(선행사+관계대명사)가 있다
=That(접속사)+완전문장+ is[was] ～
=What(선행사+관대)+불완전문장+is[was] ～

[답] B

35. She is hard to dance with.(to 부정사의 소급적 용법)
=It is hard to dance with her.(그녀와 춤추는 것은 힘들다.)

[,답] is hard to dance with her

36. It is impossible to tell what may happen
=There is no telling what may happen.
(무슨 일이 일어날지 도저히 알 수 없다)

[답] telling

37. It is natural for him to get angry at her.
=She is natural for him to get angry at.(to부정사의 소급적 용법)
(그가 그녀에게 화를 내는 것은 당연하다.)
≠ He is natural to get angry at her.(×)(to 부정사의 소급적 용법이 안 됨)

[답] is natural for him to get angry at.

38. no more ~ than[양자부정]
=not ~ any more than
A bat is not a bird any more than a rat is.[양자부정]
=A bat is no more a bird than a tat is.(박쥐와 쥐는 새가 아니다.)

[답] no more

39. It goes without saying that~ : ~라는 것은 말할 나위[필요]도 없다)
=It is needless to say that~
=It is understood that~
It goes without saying that honesty is the best policy.
(정직이 최상의 정책이라는 것은 말할 나위도 없다)
=It is needless to say that honesty is the best policy
=It is understood that honesty is the best policy.

[답] needless

40. Because she is beautiful, most of us like her.
=Beautiful as she is, most of us like her.

```
형용사        + as + S + V,  S + V ~
명사
부사
동사원형
＝1) Though + S + V + 형용사      , S + V~
                    관사+명사
                    부사
                    동사원형
＝2) Because + S + V + 형용사      , S + V~
                     관사+명사
                     부사
                     동사원형
```

　　　　　　　　　　　　　　　　　　　　　　　[답} as

※ 다음 밑줄 친 부분과 뜻이 같은 것을 고르시오.

1. Your tie dose not <u>go with</u> your suit.

 (A) affect (B) distinguish (C) accompany (D) become (E) emit

※ 다음 문장의 밑줄 친 부분에 들어갈 알맞은 말을 고르시오(2-30).

2. It was foolish _____ me to buy the radio set.

 (A) to   (B) at   (C) for   (D) of   (E) with

3. The director ordered the work _____ at once.

 (A) to starting (B) to be started (C) to start (D) start (E) starting

4. "What's matter?" "Where can I get my suit _____?"

 (A) to clean   (B) cleaning   (C) cleaned

 (D) be cleaned   (E) to be cleaned

5. "Was he diligent while young?" "He seems _____ while young."

 (A) to be diligent   (B) being diligent   (C) having diligent

 (D) having been diligent   (E) to have been diligent

6. I remember _____ the visitors round the museum last year.

 (A) to see him conducting   (B) seeing him to conduct

 (C) to see him to conduct   (D) seeing him conducting

 (E) see him to conduct

7. "Why didn't he come to the party?"

  "He was too busy _____ his wife."

 (A) to help   (B) on helping   (C) help   (D) helping   (E) helped

8. You have only one brother, but I have _____ five brothers and sisters.

 (A) not less than   (B) no less than   (C) not more than

 (D) no more than   (E) no much than

9. He couldn't _____ to suffer from loss of money.

 (A) help disheartening   (B) but disheartened   (C) but be disheartened

 (D) help having disheartened   (E) choose disheartened

10. They were proud of their team's _____ the victory.

 (A) to win   (B) wins   (C) won   (D) having won   (E) winning

11. I objected _____ like a child.

 (A) to be treated   (B) to being treated   (C) being treated

 (D) having treated   (E) in treating

12. He went out _____ saying good-bye.

 (A) as much as   (B) no much as

(C) too much for   (D) without so much as

13. "The cat is full of fleas and dirt."

  "Obviously, he needs _____ .

 (A) being washed   (B) to wash   (C) to be wash

 (D) washing   (E) washed

14. Please excuse _____ being so late.

 (A) for   (B) me   (C) my   (D) to   (E) in

15. She suggested that he _____ insurance on his house.

    (A) took   (B) take out   (C) will take out   (D) would take out

16. Because of the accident, grandmother will forbid my brother and me _____

   in the river.

 (A) from swimming   (B) to swimming   (C) of swimming   (D) to swim

17. This law _____ no exceptions.

 (A) admits of   (B) admits to have   (C) admits   (D) admits to

18. If you don't get out, I'll have you _____.

 (A) to arrest   (B) be arrested   (C) arrested   (D) arresting

19. The doctor told him _____ because of his health.

 (A) to quit to smoke   (B) to quit smoking

 (C) quiting smoking   (D) not smoking

20. It is becoming more and more important for us to know _____ a

computer.

 (A) to use   (B) how to use   (C) having used   (D) using

21. "Why are you late?"

  "I had trouble with my car but finally managed _____."

 (A) getting started it   (B) to get it started

 (C) to get starting it   (D) to get it to start

22. How do you get _____ too much TV.

 (A) your child to watch   (B) your child to not watch

 (C) your child not to watch   (D) your child watched

23. He knew there was an opening _____ his ship through.

 (A) to get large enough   (B) to get enough large

 (C) large enough to get   (D) enough large to get

24. We should keep our clothes _____ clean

 (A) wash   (B) washing   (C) washed   (D) to wash

25. The driver's carelessness _____ .
 (A) caused the crash car　　　　　　(B) made the car to crash
 (C) led the car crash　　　　　　　　(D) caused the car to crash

26. What was going on last night?
  "When I returned home I found the window open and something _____ .
 (A) to steal　　　(B) stealing　　　(C) steal　　　(D) stolen

27. The weather _____ , the game was enjoyed by players and spectators alike.
 (A) improving　　(B) having improved　　(C) was improved　　(D) improved

28.The teacher saw, out of the corner of his eye, someone _____ pass a note to someone else.
 (A) trying to　　　(B) tried to　　　(C) who trying to　　　(D) who try to

29. I would appreciate _____ it secret.
 (A) that you kept　　　　　　　(B) that you would keep
 (C) you to keep　　　　　　　　(D) your keeping

30. They have stopped traders _____ goods on credit.
 (A) selling　　(B) having sold　　(C) to sell　　(D) to have sold

※ 다음 중 틀린 문장을 고르시오(31-32).

31. (A) I like nothing better than this.
 (B) I like this best of all.
 (C) I like this better than anything else.
 (D) I like nothing so good as this.
 (E) I like this better than any other thing.

32. (A) The lake is deepest at this point.
 (B) It is the more useful of the two.
 (C) Nothing is so precious than time.
 (D) This is superior in quality to that.
 (E) She is happiest when she is in her study room

※ 다음 중 맞는 문장을 고르시오(33~35)

33. (A) He cannot afford to keep a new car now.
 (B) It is unable for him to buy such a fine house.

(C) He is not possible to keep a new car now.

(D) It is incapable for him to buy such a fine house.

(E) She is easy to study English.

34. (A) Which do you like more, spring and autumn?

 (B) She is more unhappy than her sister,

 (C) Of gold and silver, the former is more precious.

 (D) You were more wise than brave.

 (E) He is two years junior than I.

35. (A) I feel very hard to please him.

 (B) I think very hard to please him.

 (C) He is vert hard to please.

 (D) It's very hard of him to please.

 (E) She is very hard to sing.

※ 다음 주어진 문장과 뜻이 같은 문장을 고르시오(36~37).

36. He hoped to have passed the examination.

 (A) He hoped to pass the examination and he did.

 (B) He hoped to pass the examination, but he did not.

 (C) It was hoped that he could pass the examination.

 (D) It was hoped that he would have passed the examination.

 (E) He hoped that he passed the examination.

37. It was good of you to write to me.

 (A) You were good to write to me.

 (B) Your wrote to me well.

 (C) Your letter was good to me.

 (D) You wrote well to me.

 (E) You are good to write.

※ 다음 주어진 문장을 옳게 영작한 것을 고르시오(38~39).

38. 그는 어제 그곳에 도착한 모양이다.

 (A) It seems that he got to there yesterday.

(B) He seems to have got there yesterday.

(C) He seems to have arrived at there yesterday.

(D) He seemed to arrive there yesterday.

(E) He seemed to have got there yesterday.

39. 다음에 무슨 일이 일어날지 도저히 알 수 없다.

(A) Anybody can tell what will happen next.

(B) It is impossible to tell what will happen next.

(C) Everybody knows what will happen next.

(D) Is there anybody who doesn't know what will happen next?

(E) There is no told what will happen next.

※ 다음 주어진 문장과 뜻이 같게 빈 칸에 알맞은 말을 넣으시오(40).

40. He is three years older than I.

= He is three years senior _____ me.

= He is my senior _____ three years.

{Test 3회 문제풀이 및 해답]

1. 네 타이는 너의 옷과 어울리지 않는다.

go with : ~와 어울리다

=become

=match

=suit

These new curtains don't <u>go</u> well <u>with</u> your carpet..

(이 새 커튼은 양탄자와 잘 어울리지 않는다.)

I want some shoes to <u>go with</u> these trousers.

(이 바지에 어울리는 신발을 원한다.)

[답] D

2. 내가 라디오 세트를 사다니 참 어리석었다.

<u>It is</u>+행위판단형용사+<u>of</u>+사람+ <u>to</u>(do) ~. (전시적, 감탄적) ~하다니 참~

<u>It is</u> very[so] kind <u>of</u> you <u>to</u> lend me the book.

(네가 책을 빌려주다니 참 고맙다.)

<u>It was</u> foolish <u>of</u> him <u>to</u> waste his money on such trifles.

(그가 그 따위 시시한 일에 돈을 허비하다니 참 어리석었다.)

<u>waste</u> + O + <u>on</u> + 명사 : ~에 O를 낭비하다

<u>waste</u> one's money+ <u>on</u>+명사 :~에 돈을 허비하다[낭비하다].

<u>waste</u> one's energy <u>on</u> useless things : 하찮은 일에 정력을 낭비하다.

<u>spend</u> + O + | <u>on</u> + 명사 : ~에 O를 소비하다
            | (<u>in</u>) + <u>~ing</u> : ~하는 데 O를 소비하다

<u>spend</u> a lot of money <u>on</u> books : 책 사는 데 많은 돈을 쓰다.

He <u>spent</u> half his money <u>on</u> clothes.그는 가진 돈의 반을 옷 사는 데 소비했다.

I <u>spent</u> ten minutes <u>on</u> the first problem. 나는 첫 문제에 10분을 소비했다.

We <u>spent</u> so much trouble <u>on</u> it. 그 일로 큰 애를 썼다.

She <u>spent</u> spare time <u>in</u> gardening.그녀는 틈나는 시간을 원예에 소비했다.

Don't <u>spend</u> such a lot of time <u>in</u> dressing yourself.

옷 차려입는 데 그렇게 많은 시간을 소비하지 말아.

He <u>spent</u> a lot of time (<u>in</u>) explaining a plan.

그는 계획을 설명하는 데 시간을 많이 썼다.

I <u>spent</u> my evenings watchin<u>g</u> television. 저녁에는 텔레비전을 보면서 지낸다.

[답] D

3. 감독이 그 일을 즉시 시작하라고 지시하였다.

order + O + | to(do)   : 능동
              | (to be) pp : 피동

I ordered him to leave the room.
(나는 그에게 방에서 나가라고 명령했다.)
The father ordered his child to take two doses of medicine.
(아버지는 아이에게 약 두 봉지를 복용하라고 명령했다.)
He ordered the work (to be) done.(그는 그 일을 해내라고 명령했다.)
=He ordered that the work (should) be done

[답] B

4. 왜 그래? 내 옷을 어디서 세탁할 수 있지?

get + O + | to(do) : 능동
            | pp   : 피동

[답] C

5. 젊어서 부지런했느냐? 그는 젊어서 부지런했던 것 같다.

It seems that he was diligent while young.(It ~ that을 제거하고, 전시이므로)
= He seems to have been diligent while young.(to+have pp)

[답] E

6. 나는 작년에 박물관 사방을 둘러 방문객을 안내한 기억이 있다.

remember + | ~ ing : (전시적) ~한 것을
forget | to(do) : (후시적) ~할 것을
regret
본문에 last year가 있어 전시적이므로 ing가 온다.

지각동사 + O + | 동사원형 : (단순한 사실 : 슬라이드, 사진)
                 | ~ing   : (생생한 묘사 : 비디오, 동영상)
따라서 seeing + O + | conduct   .
                      | conducting

[답] D

7. 그가 파티에 왜 안 왔느냐? 그가 와이프를 도우니라고 너무 바빴다.

be busy (in) ~ing : ~하느라 바쁘다
He is busy (in) preparing for his departure.

(그가 출발을 준비하느라 바빴다.)
prepare for :~을 준비하다.
prepare for examinations : 시험 준비를 하다

[답] D

8. 너는 형제가 단지 하나이지만, 나는 형제가 다섯이나 된다.
no less than : ~만큼이나

[답] B

9. 돈의 손실로 고통을 받다니 낙심하지 않을 수 없었다.
cannot help ~ing : ~하지 않을 수 없다.
=cannot but+동사원형
=cannot choose but+동사원형
=have no choice but to+동사원형

<감정심리동사 용법>
1) S(사물)+ 감정심리동사+O(사람)
2) S(사람)+ be 감정심리동사ed
3) S(사물)+ be 감정심리동사ing
4) 감정심리동사ed + 사람
5) 감정심리동사ing + 사물
This novel interests me.
=I am interested in this novel.
=This novel is interesting to me
excited girl
exciting game
He가 주어이므로 be disheartened가 와야 한다.

[답] C

10. 그들은 자기 팀이 승리한 것을 자랑했다.
win[have, gain, get] a[the] victory (over, against):(~에 대하여) 승리를 얻다
be proud of~ : ~을 자랑하다.
=take (a) pride in
본문에서 자랑하다 보다 승리한 것이 전시이므로 have pp가 온다.
그런데 of 전치사 다음에 ing가 와야 하므로 having pp가 답이다

[답] D

11. 나는 아이처럼 취급받는 것에 반대했다.
object to ~ing : 에 반대하다.
be treated : 취급받다

[답] [B

12. 그는 작별인사도 없이 나갔다.
without (so much as) : ~ 도 없이

[답] D

13. 고양이는 벼룩과 먼지로 가득하다. 분명히 고양이는 씻겨줄 필요가 있다.
flea : 벼룩

S + want   + | ~ing   : S가 동작을 받는 피동 뜻
    need | (= to be pp)
    require
    deserve
    bear
    be worth

The child wants | to wash.(능동) (그 아이는 스스로 씻고자 한다.)
                | washing(=to be washed).(피동)
                | (그 아이는 씻겨줄 필요가 있다.)

[답] D

14. 늦어서 죄송합니다.
excuse + ~ing
동명사의 의미상 주어는 소유격을 쓴다.
Please excuse my coming late.(늦게 와서 죄송합니다.)
=Excuse me for being late.
=Excuse my late arrival.

[답] C

15. 그녀는 그가 자기 집에 보험을 들어야 한다고 제안했다.
S + suggest + that + S + 동사원형 ~
take out insurance on one's house : 집에 보험을 들다

[답] B

16. 그 사고 때문에 할머니는 형과 내가 강에서 수영하는 것을 금할 것이다.
forbid + O + to(do) : O가 ~하는 것을 금하다.

[답] D

17. 이 법은 예외를 허락하지 않는다.(이 법은 예외의 여지가 없다.)
admit of~ : ~의 여지가 있다, ~를 허락하다.
=allow of~
=There is room for~
=leave room for(~의 여지를 남겨두다)
admit of discussion : 논의의 여지가 있다.
admit of improvement : 개선의 여지가 있다.
allow of some alteration : 다소 변경할 여지가 있다.
leave room for evasion : 변명할 여지를 남겨두다.
There is room for improvement in your work.
너의 일에는 개선할 여지가 있다.
There is great[much] room for improvement.(개선할 여지가 많다.)

admit of no~ : ~의 여지가 없다. ~를 허락하지 않다
=allow of no~
=There is no room for~
=leave no room for(~의 여지를 남겨두지 않다)
admit of no delay[excuse, exception] : 지체[변명, 예외]를 허락하지 않다.
allow of no delay : 조금도 지체할 수 없다. 지체를 허락지 않다
This admits of no doubt. 이것은 의심할 여지가 없다.
There is no room for complaint[doubt]. 불평[의심]할 여지가 없다.
The words admit of no other meaning. 그 말에는 다른 뜻이 있을 수 없다.
It admits of no excuse.(변명의 여지가 없다.)
The situation allows of no delay.상황은 지체할 여지가 없다. 상황은 긴박하다.

[답] A

18. 네가 나가지 않으면 나는 너를 체포할 것이다.

have + O +	동R (능동)
사역V	pp (피동)

여기서 you는 체포되는 피동관계이므로 pp가 와야 한다.

[답] C

19. 의사선생님은 그의 건강 때문에 그에게 담배를 끊으라고 말했다.

told + O + to(do) : O에게 ~하라고 말했다.

quit ~ing : ~을 그만두다. ~을 끊다

=stop ~ing

=give up ~ing

[답] B

20. 우리가 컴퓨터를 사용할 줄 아는 것이 점점 더 중요해지고 있다.

know how to(do) : ~할 줄 알다.

[답] B

21. "왜 늦었느냐?"

"내차가 고장이 났는데 그러나 마침내 용케 고쳐서 출발했어."

have trouble with :~이 고장 나다.

manage to(do) : 용케 ~해내다.

=contrive to(do)

get + O + │ to(do) : (능동)

사역V   │ pp : (피동)

여기서 it는 the car를 가리키고 차가 출발하게 되었기 때문에 피동관계가 되므로 pp가 와야 한다.

[답] B

22. 너의 자녀가 TV를 너무나 많이 보지 않도록 하기 위해 어떻게 하느냐?

get + O + │ to(do) : (능동)

사역V   │ not to(do)

여기서는 to(do)~의 부정은 not to(do)이다.

[답] C

23. 그는 자기 배가 통과하기에 충분한 공간이 있음을 알았다.

opening : 공간, 틈(gap)

get through : 통과하다

형용사 + enough to(do)(~하기에 충분한 ~)와 같이

enough to(do)는 붙여 써야 하며 형용사는 enough 앞에 와야 한다.

You are old enough to know better. 너는 더 잘 알만한 나이가 되었다.

[답] C

24. 우리는 우리 옷이 깨끗이 세탁되어 있어야 한다.

keep + O + | ~ing : (능동) 계속 ~하게 하다
　　　　　| pp : (피동) O가 ~되어 있다

<u>Keep</u> the light <u>burning</u>. : 등불을 계속 켜 놓아라.
<u>Keep</u> the door <u>shut</u>. : 문을 닫아두어라.

여기서는 옷이 세탁되어야 하므로 피동관계가 되어 pp가 와야 한다.

[답] C

25. 운전기사의 부주의 때문에 차가 충돌하게 되었다.

<u>cause</u> + O + <u>to</u>(do) : O로 하여금 ~하게 하다.
S(사물) + <u>cause</u> + O + <u>to</u>(do) : S 때문에 O가 ~하게 되다.
be caused by : ~에 기인하다.

His carelessness <u>caused</u> him <u>to</u> fail.그는 부주의했기 때문에 실패했다.
=Because he was careless he failed
His idleness <u>caused</u> him <u>to</u> be dismissed. 그가 게을렀기 때문에 해고되었다.
= He was dismissed because he was idle.
The driver's carelessness <u>caused</u> the car <u>to</u> crash.
=Because of the driver's carelessness the car crashed.
What <u>caused</u> the plants <u>to</u> die? 왜 그 나무는 죽었는가?
(=What made the plants die?)

<u>lead</u> + O + <u>to</u>(do) : O가 ~할 마음이 생기게 하다. S 때문에 O가 ~하게 되다.
<u>lead</u> a person <u>to</u> read books : O가 독서할 마음이 생기게 하다.
<u>lead</u> a person <u>to</u> expect : O가 기대를 갖게 하다.
　　　　　　　　　　 S 때문에 O가 기대를 갖게 되다.

I <u>led</u> him <u>to</u> expect.(나는 그가 기대를 갖도록 했다.)
I <u>am led to</u> believe that~. : 나는 ~이라고 믿고 있다[믿는다].
I <u>am led to</u> believe that he is disloyal to us.(나는 그가 우리에게 불충실하다고 믿게 됐다.)
What <u>led</u> you <u>to</u> think so?(어떻게 그런 생각을 하게 되었는가?)
What you said <u>led</u> me <u>to</u> refuse.(네가 그렇게 말하니까 내가 거절한 것이다.)
Fear <u>led</u> him <u>to</u> tell lies.(그는 무서워서 거짓말을 했다.)
<u>It was</u> fear <u>that</u> led him to tell lies.(그가 거짓말을 하게 된 것은 공포 때문이었다.)

여기서 보기 A는 목적어 다음에 to가 빠졌고, B는 made가 사역동사이므로 to가 빠져야 하며, C는 목적어 다음에 to가 빠졌기 때문에 틀렸다.

D는 cause+ O+to(do)가 되어 맞다.

[답] D

26. "지난밤에 무슨 일이 있었니?"
"내가 집에 돌아 왔을 때 창문이 열려 있고 무엇인가 도둑맞았다는 것을 알았어."
be going on : (일이) 일어나다. 발생하다.
What's going on? 무슨 일이 일어나고 있는가?
What was going on? 무슨 일이 있었니?

find + O + | 동R
          | to(do)
          | 형용사
          | ~ing
          | pp(피동)
          | 관사+명사

They found the business pay.(그들은 장사가 수지가 맞음을 알았다.)
She found the box to contain nothing.
(그녀가 상자를 열어보니 아무것도 들어 있지 않았다.)
I found the book tedious.(나는 그 책이 지루함을 알았다.)
I found him foolish.(나는 그가 어리석음을 알았다.)
I found the door open.(나는 문이 열려 있음을 알았다.)
I found the bed quite comfortable.(나는 그 침대가 아주 편안함을 알았다.)
I found him dishonest.(그가 부정직하다는 것을 알았다.)
We found it difficult to do so.
(우리는 그렇게 하는 것이 곤란하다는 것을 알았다.)
I found him dozing.(나는 그가 졸고 있음을 알았다>)
I found my purse gone.(나의 지갑이 없어진 것을 알았다.
I found him seriously wounded.(나는 그가 중상을 입고 있음을 알았다.)
I found him a trustworthy boy.(나는 그가 믿을만한 소년이라는 것을 알았다.)
They found him the right man for the job.(그들은 그가 그 일에 적격자임을 알았다.)
여기서 something 다음에 도둑맞은(stolen) 즉, 피동관계인 pp가 와야 한다.

[답] D

27. 날씨가 좋아졌기 때문에 운동선수나 관중들이 경기를 즐길 수 있었다.

< 분사구문 >

접속사 + S + V₁ ~, S' + V₂ ~

(접속사를 제거한다.)

(주어가 같으면 주어 제거)

  = ① ~ing   : 능동 동시, S' + V₂ ~

    ② ~having pp   : 능동 전시

    ③ (being) pp   : 피동 동시

    ④ (having been) pp : 피동전시

따라서 접속사가 있는 절(종속절)의 동사를 위와 같이 고치면 분사구문이다.

이를 종합하면 결국 분사구문은 다음과 같이 세 가지이다.

  =① ~ing   : 동시(V₁ 과 V₂ 가 시제가 같을 때) , S' + V₂ ~

    ② having pp : 전시(V₁ 이 V₂ 보다 시제가 앞설 때)

    ③ pp   : 피동(V₁ 이 피동일 때)

여기서는 날씨가 좋아지고 나서 경기를 즐기게 되니까 날씨가 좋아졌다가 전시가 되므로 having pp가 와야 한다.

[답] B

28. 선생님이 곁눈질로 어떤 학생이 다른 학생에게 메모를 전달하려고 애쓰는지를 보았다.

<u>see(지각동사)</u> + O + | ① 동R   : 능동, 단순한 사실(slide, 정지된 사진))

                    | ② ~ing   : 능동, 생생한 묘사(video, 동영상)

                    | ③ pp   : 피동, 단순한 사실(slide, 정지된 사진)

                    | ④ being pp : 피동, 생생한 묘사(video, 동영상)

이와 같이 지각동사는 목적어 다음에 네 가지를 쓸 수 있다.

따라서 보기 중에서 C와 D는 탈락하고, A는 능동, B는 피동이다. 어떤 학생이 전달하려고 애쓰는 것이므로 능동이 와야 한다.

[답] A

29. 나는 네가 이것을 비밀로 지켜준 데 대하여 감사한다.

appreciate + ~ing

appreciate + 소유격 + ~ing

appreciate는 동명사를 목적어로 취한다.

keep a secret : 비밀을 지키다.

여기서의 would는 주어의 의지를 나타낸다.
keep a thing secret : ~을 비밀로 하다.

[답] D

30. 그들은 상인들이 외상으로 물건을 파는 것을 막았다.
on credit : 외상으로 , 신용으로
deal on credit : 신용거래하다

stop ┐
keep │
prevent │
prohibit ├ + O + from + ~ing : O가 ~하는 것을 막다[금하다]
restrain │
hinder │
dissuade ┘

Heavy snow <u>prevented</u> him <u>from</u> going out. (폭설로 그는 외출할 수 없었다.)
He <u>restrained</u> a child <u>from</u> doing mischief.(그는 아이가 장난을 못하게 했다.)

<u>forbid</u> + O + <u>to</u>(do); O가 ~하는 것을 금하다.
The law <u>forbids</u> stores <u>to</u> sell liquor to minors.
(상점이 미성년자에게 주류를 파는 것은 법으로 금지되어 있다.)
The storm <u>forbids</u> us <u>to</u> proceed.
(폭풍 때문에 우리들은 앞으로 나아가지 못한다.)

[답] A

31. 부사의 최상급과 비교급에는 the가 없다.
not + 비교급 + than
=not + so + 원급 + as
=비교급 + than anything else

[답] E

32. 동일인(동일물)의 최상급에는 the가 없다.
(동일인·동일물의 부분적·시기적 비교로서의 최상급에는 the가 없다.)

<u>Of the two</u>[Of A and B] + ~ │ <u>the</u> + 비교급(형용사)
                                │ 비교급(부사)

not ~ so ~ than (×)
not ~ so ~ as (○)

superior to : ~보다 월등한
inferior to : ~보다 열등한
The lake is the deepest in the world.(타물 비교)
The lake is deepest at this point.. (동일물 비교)
she is happiest when she is in her room.(동일인비교)

[답] C

33. cannot afford to(do) : ~할 여유가 없다
S(사람) + be able to(do)
S(사람) + be unable to(do)
It is not possible for him to keep a new car.
=A new car is not possible for him to keep.(to부정사의 소급적 용법)
╪He is not possible to keep a new car.(×)(to 부정사의 소급적 용법이 안 됨.)
S(사람) + be incapable of ~ing
It is easy for her to study English.
=English is easy for her to study.(to부정사의 소급적 용법)
╪She is easy to study English.(×) (to부정사의 소급적 용법이 안 됨)

[답] A

34. Which do you like better, A or B? (A, B 중 어느 것을 더 좋아하느냐?)
비교급+than :(타인 비교)
She is unhappier than her sister.(타인 비교)
Of A and B ~   the + 비교급
Of gold and silver, the former is the more precious.
You were more wise than brave.(동일인 비교)
(동일인·동일물의 두 가지 성질비교에는 반드시 more를 붙여 쓴다.)
She is kinder than her sister.(타인 비교)
He is two years older than I.
=He is two years junior to me.
=He is my junior by two years.

[답] D

35. I feel it very hard to please him.
I think it very hard to please him.
He is very hard to please.(to 부정사의 소급적 용법)

=It is very hard to please him
It is very hard for her to sing.
≒She is very hard to sing.(×) (to부정사의 소급적 용법이 안 됨)(sing은 자동사)

[답] C

36. 그는 시험에 합격하기를 바랐지만, 그렇지 못했다.
<과거비실현표현>
(소망) : hoped ┆+to have pp ~
        wanted
        wished
(기대) : expected
        promised
(의도) : intended ┆
= hoped ┃+to+동사원형 ~ , but +S + did not.[could not]
  wanted
  wished
  expected
  promised
  intended
He intended to have finished it in a week.
= He intended to finish it in a week, but he could not.
(그는 그것을 일주일 내에 끝낼 작정이었는데 그리 못했다.)
He hoped to have passed the examination.
=he hoped to pass the examination, but he did not.

[답] B

37. 네가 나에게 편지를 쓰다니 너 참 착하다.
It is+행위판단형용사+of+사람+to(do) ~ .(전시적, 감탄적) ~하다니 참~
=S(사람) + is+행위판단형용사+to(do) ~ .
It was good of you to write to me.
=You were good to write to me.
It is+형용사+for+사람+to(do) ~.(동시·후시적, 객관적) ~가~하는 것은 ~하다

[답] A

38. 그는 어제 그곳에 도착한 모양이다.

It seems that he got there yesterday.(현재→과거 : 전시)(It ~ that 제거)

=He seems to have got there yesterday.(전시→to have pp)

get to+장소명사

get+ 장소부사(there)

arrive at+장소명사

arrive+장소부사(there)

yesterday가 있으니 that절은 과거동사를 쓴다..

[답] B

39. 다음에 무슨 일이 일어날지 도저히 알 수 없다.

도저히 알 수 없다

=There is no telling~

=It is impossible to tell~

=Nobody can tell~

=Nobody knows~

=Is there nobody who knows~

[답] B

40. 그는 나보다 3살 많다.

=He is three years older than I.

=He is three years senior to me.

=He is my senior by three years

[답] to, by

[Test 4회]

※ 다음 문장의 밑줄 친 부분에 들어갈 알맞은 말을 고르시오(1~30).

1. "Who likes to go to the movies?"

   "I _____ . "

 (A) like   (B) like to   (C) like to the movies   (D) will   (E) am liking

2. The number of people who enjoy fishing has been _____ it was ten years ago.

 (A) several times large   (B) as large as several times

 (C) several times as large as   (D) larger several times than

 (E) several time as large as

3. The committee forced him _____ .

 (A) resigned (B) resigning (C) to resign (D) resign (E) to resigning

4. He ordered the room _____ .

 (A) to sweep (B) sweep (C) sweeping (D) to be swept (E) swept

5. "Is he your senior?" Yes, he is _____ ."

 (A) three years senior than I   (B) senior to me by three years

 (C) senior than I by three years   (D) three years older to I

 (E) senior to I by three years

6. Bill was angry because his mother would not _____ him go to the movies.

 (A) permit   (B) let   (C) allow   (D) get   (E) tell

7. "Did you have trouble with your car this morning?"

   "Yes, but I finally managed _____ ."

 (A) to get starting it   (B) it to get started   (C) to get it started

 (D) getting started it   (E) to get it start

8. Shakespeare is greater than _____ .

 (A) any poet   (B) any other poet   (C) all other poets

 (D) all the poets   (E) any the other poet

9. Would you mind quitting _____ .

 (A) to shout   (B) shout   (C) shouted   (D) shouting   (E) to shouting

10. I like the child _____ better for his honesty.

 (A) much   (B) far   (C) greatly   (D) all the   (E) as much

11. A diligent student always avoids _____ time in tea rooms.

 (A) waste   (B) to waste   (C) wasting   (D) of wasting   (E) wasted

12. He suffered a great loss, but he is _____ rich.

(A) no more   (B) less   (C) the more

(D) none the less   (E) not the more

13. He is not able to keep himself, _____ his family.

(A) no less   (B) nevertheless   (C) much less   (D) more   (E) less

14. The _____ of this book is rather interesting.

(A) half later (B) later half (C) latter half (D) half latter (E) half lately

15. He remembers _____ to his mother every week.

(A) writing   (B) he writes   (C) written   (D) to write   (E) write

16. Next year I'll study as _____ .

(A) possible as I can (B) possible as I study (C) possible as hard

(D) hard as possible   (E) possible can as I

17. There's one more point worth _____ .

(A) of mentioning   (B) mentioned   (C) to mention

(D) mentioning   (E) mention

18. If the Judge's life is hard, the policeman's is even _____ .

(A) the hardest (B) harder (C) more hardly (D) more hard (E) hardly

19. where is paul? I haven't the _____ idea.

(A) better   (B) least   (C) little   (D) less   (E) a little

20. Are you considering _____ with us?

(A) to live   (B) lived   (C) living   (D) live   (E) alive

21. "How can you keep such long hours?"

"well, now I _____ at night, so it isn't hard for me.

(A) am used to working   (B) used to working   (C) used to work

(D) was used to work   (E) am used working

22. He could not help _____ his lot.

(A) satisfying with   (B) satisfy at   (C) being satisfied with

(D) be satisfied at   (E) satisfactory to

23. I informed him _____ her success.

(A) to   (B) for   (C) on   (D) of

24. My wound has been aching ever since _____.

(A) it has started to rain

(B) it started to rain

(C) it had started to rain

(D) the rain had started to fall

25. "When did you come here?"

"I _____ here since the first day of this month

(A) was   (B) have been   (C) had been   (D) am

26. It is important that he _____ his papers before Wednessday

(A) turns in   (B) will turn in   (C)turn in   (D)must turn in

27. Never at any other time, at even after his terrible loss on the exchange, _____ such contempt for himself as now.

(A) he had felt   (B) had he felt   (C) he was felt   (D) was he felt

28. THe committee recommends that the matter _____ at the next meeting

(A) will be discussed   (B) be discussed   (C) discusses   (D) will discuss

29. "Have you never been anywhere even for a trip?"

"I _____ to Cheju island."

(A) went   (B) have gone   (C) have been   (D) have visited

30. If I _____ that you wanted to go, I would have dropped in your house.

(A) knew   (B) had known   (C) would know   (D) would have known

※ 다음 밑줄 친 부분과 같은 용법으로 쓰인 것을 고르시오(31~32).

31. To hear him speak English, you would think him an American.

(A) Unfortunately he refused to help.

(B) It is important to learn how to live.

(C) There is no reason to accuse him.

(D) I should be glad to get a job.

(E) I am happy to see you again.

32. Students are to obey their teachers.

(A) Their intention is to keep him from doing it.

(B) We are to start tomorrow.

(C) Passengers are to observe their regulations.

(D) Not a soul was to be seen.

(E) He was to die young.

※ 다음 문장 중 맞는 것을 고르시오(33~38)

33. (A) I cannot but to laugh to see that.

(B) I cannot choose but laugh to see that.

(C) I cannot help to laugh to see that.

(D) I have no choice but laugh to see that.

(E) The boy does nothing but to play.

34. (A) He did nothing but to keep silent.

(B) I would rather to die than to live in dishonor.

(C) You are enough old to help your mother.

(D) He was seen to come out of the gate.

(E) You had better not to go to such place.

35. (A) He has a sufficient income to live.

(B) He was seen run out of the room in a hurry.

(C) There was no chair for me to sit on in the room.

(D) No girl has ever succeeded to solve this problem.

(E) I was made going there.

36. (A) We love him none the less for his faults.

(B) He is not more young than you are.

(C) He can no more swim than I cannot fly.

(D) Africa is three times as larger as Europe.

(E) This river is the longest of Korea.

37. (A) No other mountain is higher than Mt. Everest in the world.

(B) No other mountain in the world is so high as Mt. Everest.

(C) Mt. Everest is higher than any mountain in the world.

(D) Mt. Everest is higher than all mountains in the world.

(E) No other mountain in the world is as higher than Mt. Everest.

38. (A) She was heard play the piano.

(B) There is no chair to sit.

(C) He was impossible for me to persuade.

(D) I must get him mend my shoes.

(E) I have no spoon to eat.

※ 다음 주어진 문장을 올바르게 고친 것을 고르시오(39~40).

39. The book is too difficult for me to read.
 (A) The book is so difficult that I can't.
 (B) The book is so difficult that I can't read.
 (C) The book is so difficult that I can read.
 (D) The book is so difficult I can read it.
 (E) The book is so difficult that I can't read it.

40. I believed him to be innocent.
 (A) I believed him that he is innocent.
 (B) I believed that he is innocent.
 (C) I believed him that he was innocent.
 (D) I believed that he was innocent.
 (E) I believed him that he were innocent.

[Test 4회 문제풀이 및 해답]

1. 누가 영화를 보러가기를 좋아하느냐? 내가 좋아한다.
I like to (go to the movies).
to는 대부정사로서 앞문장의 to+동사 이하를 말한다..

[답] B

2. 낚시를 즐기는 사람들의 수가 10년 전보다 몇 배나 많다.
~ times as large as ~ : ~보다 몇 배나 많다.
three times as long as~ : ~보다 3배가 더 긴

[답] C

3. 위원회는 그가 사임하도록 강요했다.
force + O + to(do): O에게 ~하도록 가요하다.
They forced him to sign the paper.
(그들은 그에게 서류에 서명하도록 강요했다.)

[답] C

4. 그는 방을 청소하라고 명령했다.
order + O + | to(do) : 능동
            | (to be) pp : 피동
I ordered him to leave the room.(나는 그에게 방에서 나가라고 명령했다.)
He ordered that the work (should) be done.
=He ordered the work (to be) done.(그는 그 일을 해내라고 명령했다,)

[답] D

5. 그가 너의 연장자냐? 네, 그가 나보다 3년이나 연장자이다.
He is three years older than I
=He is three years senior to me.
=He is my senior by three years.

[답] B

6. 빌의 어머니가 그가 영화 보러가는 것을 허용하지 않겠다고 했기 때문에 빌은 화가 났다,
let + O + 동사원형

[답] B

7. 오늘 아침 너의 차 고장 났니? 네, 그러나, 마침내 용케도 차가 출발하게 되었어요.

have trouble with ~ : ~이 고장 나다
manage to(do) : 용케 ~해내다
=contrive to(do)
=get away with

[답] C

8. 섹스피어가 가장 위대한 시인이다.

Shakespeare is the greatest poet.
=Shakespeare is greater than any other poet
=No other poet is greater than Shakespeare
=No other poet is so great as Shakespeare.

[답] B

9. 큰 소리로 말하는 것을 그쳐주시겠습니까

quit + ~ing : ~하기를 끊다, 그만두다, 중지하다, 그치다.
He quitted drinking. 그는 술을 끊었다.
She quitted grumbling. 그녀는 투덜거리기를 그만두었다.

[답] D

10. 나는 그 아이가 정직하니까 그만큼 더욱더 그 아이를 좋아한다.

all the so much	+ the + 비교급 +	for~ because~	: ~이니까 그만큼 더욱 더
(강조어)	(지시부사)		
더욱	그만큼	더	~이니까

[답] D

11. 부지런한 학생은 언제나 차를 마시는 방에서 시간을 낭비하는 것을 피한다.

avoid + ~ing
I could not avoid saying so.(그렇게 말하지 않을 수 없었다.)

[답] C

12. 그는 큰 손해를 입었지만 그래도 역시 그는 부자이다.

suffer great loss : 큰 손해를 입다
none the less : (~에도 불구하고) 그래도 역시

13. 그는 자신도 돌볼 수 없는데, 하물며 그의 가족을 부양할 수 없다.
keep one's family :가족을 부양하다.
긍정문, much[still] more : 하물며, 더군다나
If he can do it well, much more can we.
(그가 그것을 잘 할 수 있다면, 더군다나 우리야 훨씬 더 잘 할 수 있다..)
If you must work so hard, how much more must I ?
(네가 그렇게까지 공부해야 된다면, 나야 말할 것도 없다.)

부정문, much[still] less :하물며[더군다나] ~ 아니다.
He has no daily necessities, much less luxuries.
(그는 필수 일용품조차 없다, 하물며 사치품이야.)
He could barely pay for his own lodging, much less for that of his friend.
(그는 자기 하숙비도 겨우 내는데, 하물며 친구 것까지 낼 수는 없었다.)
I do not suspect him of equivocation, much less of lying..
(나는 그가 말을 얼버무린다고는 생각지 않으며, 더구나 거짓말을 한다고는 보지
않는다.)

suspect A of B : A가 B한다고 생각하다, A에게 B 혐의를 두다
We have suspected him of murder.(그에게 살인혐의를 두어 왔다.)
be suspected of : ~의 혐의를 받다.
He is suspected of telling lies.(그가 거짓말을 한다는 혐의를 받고 있다.)
[답] C

14. 이 책의 후반부가 오히려 재미있다.
the latter half : 후반부
[답] C

15. 그는 매주 잊지 않고 어머니에게 편지를 쓴다.
remember to(do) : 잊지 않고 ~ 하다
remember + ~ing : ~한 것을 기억하다
[답] D

16. 내년에 나는 가능한 한 공부할 것이다.
as ~ as one can : 가능한 한

=as ～ as possible

17. 한 번 더 언급할 만한 가치가 있다.
be worth +～ing : ～할 만한 가치가 있다.

18. 법관의 생활이 힘들다면, 경찰관의 생활은 훨씬 더 힘들 것이다.

even
far   + 비교급 : 훨씬 더, 더욱 더, 한층 더
much
still
(강조어)

She is even more beautiful than her sister. (그녀는 자매보다 더 미인이다.)

19. 파울이 어디 있지? 나는 전혀 모르겠는데.
not the least : 조금도～ 않다. 전혀 ～ 아니다.
=not at all
There is not the least wind today.
(오늘은 바람 한 점 없다.)
not in the least :
=not at all
I am not in the least afraid of it.
(그런 것은 조금도 두렵지 않다.)
have no idea : 전혀 모르다.
I have no idea (as to) what you mean.
(네가 말하는 것이 무슨 뜻인지 전혀 모르겠다.)
I cannot form any idea of what it is.
(그것이 무엇인지 전혀 종잡을 수가 없다.)
haven 't the least[vaguest] idea : 전혀 모르다
=have no idea
I haven't the vaguest idea what to do.
(어떻게 해야 할지[좋을지] 전혀 모르겠다.)
I haven't the vaguest idea where I left my umbrella.
(나는 어디에 우산을 놓고 왔는지 전혀 모르겠다.)

I have not the haziest[slightest] notion of what he means.
(그가 무슨 말을 하고 있는지 도무지 알 수 없다.)
I don't have the vaguest idea of it.
(그 일은 전혀 이해가 되지 않는다.)

[답] B

20. 너는 우리와 함께 사는 것을 고려하고 있느냐?
consider + ~ing : ~하는 것을 고려하다

[답] C

21. 너는 어떻게 그렇게 긴 시간을 유지할 수 있느냐? 자, 지금 나는 밤에 일하는 데 익숙하단다, 그래서 나는 힘들지 않아.
used to(do) : (과거 규칙적 습관) ~하곤 했다(지금은 안 한다).
be used to ~ing : ~하는 데 익숙하다
본문에 now가 있어 현재시제이므로 am used to가 온다.

[답] A

22. 그는 그의 몫에 만족하지 않을 수 없었다.
cannot heip ~ing : ~하지 않을 수 없다.
S(사람)+be satisfied with ~ :~에 만족하다.

[답] C

23. 나는 그에게 그녀의 성공을 알렸다.
inform A of B : A에게 B를 알리다.
I informed him of her success.
=I informed him that she had been successful..

[답] D

24. 비가 내리기 시작한 이후로 상처가 지금까지 계속 쑤신다.
have pp(현재완료) + since + 과거
Ten years have passed since he died
He hasn't eaten anything since yesterday.(그는 어제부터 아무것도 먹지 않았다.).
It is + 기간 + since + S + 과거
It is ten years since he died.
본문에서 since 다음에 과거시제가 와야 한다.

25. "여기 언제 왔니? "
"이번 달 1일에 여기 왔습니다."
When did you+ 동R~? : 언제 ~했니?
현재완료 + since + 과거
since 앞에 현재완료가 와야 한다.

[답] B

26. 그는 수요일 전에 리포트를 제출하는 것이 중요하다.
turn in : 제출하다.
=submit
It is + 형용사 + that + S + (should) 동R ~

[답] C

27. 그가 그 거래에서 상당한 손실을 입었던 이후조차도 지금처럼 그렇게 그 자신을 경멸한 적은 어느 순간도 없었다.
부정어가 문두에 오면 도치된다.
Never + had + S + pp + such ~ as~:~처럼 그렇게 ~한 적은 결코 없었다.

[답] B

28. 위원회는 그 문제가 다음 회의에서 논의되기를 권하고 있다.
recommend that + S + (should) 동R~
I recommend that the work (should) be done at once.
(그 일을 즉시 하도록 권합니다.)

[답] B

29 "여행을 위해서조차도 어디에 가본 적이 없느냐?"
"나는 제주도에 가본 적이 있다."
have ever[never] been to에서 been은 go, come의 경험을 나타낸다.
have (ever) been to : ~에 가본 적이 있다
have never been to : ~에 가본 적이 없다
S(3인칭)+ has gone to : ~에 가버렸다(가버리고 없다).
has gone to는 1인칭과 2인칭에는 못쓴다.

[답] C

30. 나는 네가 가고 싶다는 것을 알았었다면 너의 집을 방문했을 텐데
가정법(과거) + 접속사 + **직설법(현재)**
가정법(과거완료) + 접속사 + **직설법(과거)**
가정법(과거) : If + S + 과거{were}~ , S + would (do)~
가정법(과거완료) : If + S + had pp~ , S + would have pp~
wanted 앞에 접속사가 있으므로 빈칸에 가정법(과거완료)가 와야 한다.

[답] B

31. 그가 영어를 말하는 것을 듣는다면, 너는 그가 미국인이라고 생각할 텐데
(A) 불행하게도 돕는 것을 거절했다.
(B) 사는 방법을 배우는 것이 중요하다.
(C) 그를 고소[비난]할 이유가 없다.
(D) 직장을 얻는다면 기쁠 텐데
(E) 너를 다시 만나서 행복하다.
(D) I should be glad to get a job.
to부정사, S+would(do)
(=If절 대용의 가정법 과거)
To hear him speak English, you would think him an American.

[답] D

32. 학생들은 선생님들에게 복종하여야만 한다.
Students are to obey their teachers.(are to=의무)
(A) Their intention is to keep him from doing it.(is to=ought to : 당연)
(그들의 의도는 그가 그것을 하지 못하게 함이 마땅하다.)
keep+O+from ~ing : O가 ~하는 것을 막다.
(B) 우리는 내일 떠날 예정이다.(are to=예정)
(C) 승객은 규칙을 준수하여야만 한다.(are to=의무)
(D) 사람이라곤 그림자도 볼 수 없었다.(was to=can : 가능)
(E) 그는 젊어서 죽게 되어있었다.(was to=운명)

[답] C

33. cannot but(do) : ~하지 않을 수 없다.
=cannot choose but(do)
=cannot help ~ing
=have no choice but to(do)

do nothing but(do) :~만 할 뿐이다. ~하기만 한다. ~하고만 있다
do nothing but cry : 울고만 있다
do nothing but laugh : 웃고만 있다
There is nothing for it but to(do) :~하는 수밖에 딴 도리가 없다.
　　　　　　　　　　　　　　　　　　~할 수밖에 별 도리가 없다.

[답] B

34. do nothing but (do)
would rather (do) than (do)
형용사+enough to (do)
be +지각동사pp + to(do)
had better (do)
had better not (do)

[답] E

35. (A) 그는 살아갈 충분한 소득이 있다.
(B) 그가 서둘러서 방밖으로 달려 나가는 것이 보였다.
(C) 내가 방에 앉을 의자가 없었다.
(D) 지금까지 이 문제를 푸는 데 성공한 소녀는 아무도 없었다.
(E) 나는 누가 시켜서 거기에 가게 되었다.
live on a sufficient income : 충분한 소득으로 살아가다.
be+지각동사pp+to→be seen to(do)
succeed in ~ing : 하는 데 성공하다.
be+사역동사pp+to(do)→be made to(do)

[답] C

36. (A) 우리는 그의 결점이 있음에도 불구하고 그를 사랑한다.
　　　none the less for :→에도 불구하고 그래도 역시
(B) 그나 너나 젊지 않다.
　　no more ~ than[양자부정]
(C) no more ~ than 이 양자부정이므로 또 not 이 들어갈 수 없다.
(D) ~times as+원급+as :~의 ~배나 ~하다
(E) in Korea : 한국에서
　　the+최상급 + of+복수(of all)
　　the+최상급 + in+단수(in the world)

[답] A

37. Mt. Everest is the highest mountain in the world.
=Mt. Everest is higher than any other moumtain in the woeld
=Mt. Everest is higher than all the other mountains in the world..
=No other mountain in the world is higher than Mt. Everest.
=No other mountain in the wold is so high as Mt. Everest.

[답] B

38. (A) be+자각동사pp+to(do)→be heard to(do)
(B) There is no chair to sit on.
(C) He was impossible for me to persuade.(to 부정사의 소급적 용법)
=It is impossible for me to persuade him.
(D) I must get him to mend my shoes.

get + O + | to(do) : (능동)
          | pp   : (피동)

[답] C

39. The book is too difficult for me to read.(to부정사의 소급적 용법)
=The book is so difficult that I cannot read it.
too ~ for ~ to ~ . (to 부정사의 소급적 용법)
=so ~ that ~ cannot ~ it. (it가 와야 that 접속사 다음에 완전문장이 된다.)
too ~ for ~ to ~ . (to부정사의 소급적 용법이 아닌 경우)
=so ~ that ~ cannot ~ .(that 다음에 완전문장이므로 it가 필요 없다.)

[답] E

40. I believed him to be innocent.(to+동사원형→동시)
= I believed that he was innocent.(과거→과거 : 동시)(that+S+V~)
I believe that he is honest.(현재→현재 : 동시)(that을 제거하면)
=I believe him to be honest.(동시→to+동사원형)

[답] D

※ 다음 빈칸에 들어 갈 알맞은 말을 고르시오(1~36).

1. Samsung Inc. specializes _____ mobile phone.

  (A) at   (B) on   (C) in   (D) to

2. Neither of the 2 students _____ permitted to enter the graduate school.

  (A) are   (B) were   (C) have been   (D) was

3. That is one of the most beautiful buildings _____ have been put   up during the few years.

  (A) which   (B) that   (C) what   (D) who

4. The number of employees fired by firm _____ a yearly basis is gradually decreasing.

  (A) with   (B) at   (C) in   (D) on

5. I made a reservation for a _____ suite at the Silla Hotel.

  (A) three rooms   (B) third rooms   (C) three room   (D) third room

6. Statistics _____ considered one of the most important courses that social science major take in universities.

  (A) be   (B) is   (C) are   (D) have been

7. I enjoy _____ to the ski resort as often as possible during the winter.

  (A) going   (B) to go   (C) went   (D) to going

8. There _____ a (large) number of people present at the meeting.

  (A) were   (B) was   (C) be   (D) is

9. It will not be long _____ he comes back.

  (A) after   (B) when   (C) until   (D) before

10. As soon as the products _____, she will dispatch them to the proper department.

  (A) will arrive   (B) arrive   (C) arrived   (D) is arriving

11. The express bus usually _____ on time.

  (A) has started   (B) starts   (C) are starting   (D) had started

12. Due _____ the disappointing returns of this year, spendings on the project will have been reduced over the next two years.

  (A) at   (B) on   (C) to   (D) in

13. By the time the FBI agents arrived, the invaders _____ practically everything of importance in the establishment.

  (A) has destroyed   (B) destroyed   (C) had destroyed   (D) will destroy

14. Last quarter the rate of inflations _____ by 8 percent.

  (A) rose   (B) raise   (C) has risen   (D) was risen

15. The first franchise of Outback Steak House _____ in China in one week.

  (A) would open   (B) will open   (C) had opened   (D) has opened

16. There is no _____ what may happen.

  (A) tell   (B)telling   (C) to tell   (D) to telling

17. I am not _____ I was two years ago.

  (A) that   (B) what   (C) who   (D) whom

18. I have no choice but _____ her.

  (A) to love   (B) to loving   (C) love   (D) loving

19. The employees _____ a coffee break between 3:00 and 3:30 every working day.

  (A) takes   (B) take   (C) will take   (D) will be taking

20. I plan _____ you tomorrow

  (A) to meeting   (B) on meeting   (C) for meeting   (D) meeting

21. She denied _____ to marry her.

  (A) you proposing   (B) your proposing

  (C) in proposing by you   (D) you proposed

22. The tremendous expenditure for remodeling the sports complex far_____ the merits.

  (A) outweighs   (B) outweights   (C) has outweighed   (D) outweight

23. The job involves some overtime, so please let us know if you object long hours.

  (A) to work   (B) to working   (C) work   (D) working

24. Star Telecom is going to discontinue _____ its analogue cellular models effective July 1 2013.

  (A) produce   (B) producing   (C) to produce   (D) produced

25. The organization is committed _____new methods for improving public health.

  (A) to finding   (B) on finding   (C) for finding   (D) in finding

26. My wife and I are looking forward to _____ you again.

  (A) meet   (B) to meet   (C) meeting   (D) be met

27. We regret _____ that the plane bound for New York will leave two

hours behind schedule.

  (A) to say   (B) on saying   (C) for saying   (D) saying

28. I remember _____ you before

  (A) to meet   (B) on meeting   (C) for meeting   (D) meeting

29. We must remember _____ the chairman tomorrow.

  (A) meet   (B) to meet   (C) meetings   (D) to have met

30. Jhon is _____ that he can score points easily.

 (A) a very tall player   (B) so a tall player

 (C) enough tall player   (D) such a tall player

31. When Carl met his wife at the airport, he _____.

 (A) kissed to her cheek   (B) kissed her in the cheek

 (C) kissed her on the cheek   (D) kissed her to the cheek

32. let me see the photographs you took last week, _____?

 (A) let you   (B) will you   (C) shall we   (D) don't you

33. It will enable you _____ what your physical condition is right now.

 (A) to finding out (B) to find out (C) of finding out (D) for finding out

34. "Martha seems quite unpopular"

  "She has _____ friends, if any, at all.

 (A) a little   (B) a few   (C) few   (D) little

35. Exercising is _____ as any to lose unwanted weight

 (A) as a good way   (B) as good a way

 (C) so good a way   (D) so a good way

36. As you treat me, _____ will I treat you.

 (A) as   (B) so   (C) like   (D) that

※ 다음 주어진 문장과 뜻이 같게 고치시오.(37~40)

37. He died ten years ago.

  = It is ten years _____ he died

38. The fire seems to have broken out. while she was doing her shopping.

  = It _____ while she was doing her shopping.

39. She is interesting to talk to.

  = It _____.

40. It is needless to say that honesty is the best policy.

  = It _____ honesty is the best policy.

1. 주식회사 삼성은 모바일 폰을 전문으로 한다.

specialize in : ~을 전문으로 하다. ~을 전공하다

specialize in chemistry : 화학을 전공하다

specialize in economics : 경제학을 전공하다

specialize in the manufacture of hats :모자제조를 전문으로 하다.

She is majoring in economies.(그녀는 경제학을 전공하고 있다.)

[답] C

2. 두 학생 중에서 하나도 대학원 입학이 허용되지 않았다.

neither : 2→1×

<u>permit</u> + O + <u>to</u>(do)

= <u>be permitted to</u>(do)

<u>allow</u> + O + <u>to</u>(do)

=<u>be allowed to</u>(do)

<u>Neither of</u> ~ +is[was] ~

[답] D

3. 저것은 몇 년 사이에 지어진 가장 아름다운 빌딩 중의 하나이다.

<u>the+최상급</u>~<u>that(관대 S)</u>+<u>V</u>~

put up : (건축물)을 짓다

pup up a shed : 헛간을 짓다

put up a tent : 텐트를 치다.

[답] B

4. 회사에서 해고된 종업원의 수가 매년 점차 감소하고 있다.

<u>The number of</u>~ (~의 수) + <u>is</u> ~

<u>The number of</u> unemployed men is growing apace..

(실업자의 수가 급속도로 늘어나고 있다.)

<u>A number of</u>(=Many)~(많은~)+ <u>are</u>~

<u>on a</u> yearly <u>basis</u> : 매년

<u>on an</u> equal <u>basis</u> : 대등하게

<u>on a</u> regular <u>basis</u> : 정기적으로

decrease in population :인구의 급감

be on the decrease : 감소 추세에 있다.

[답] D

5. 나는 신라호텔에 스위트룸 세 개를 예약했다.

a + 형용사 + 명사

a +형용사 + suite

형용사는 복수가 없으므로

<u>a</u> three room <u>suite</u>

make a reservation for : ~을 예약하다.

My travel agents <u>have made all the reservations for</u> my journey.

여행사가 여행일정에 따른 모든 예약을 해줬다.

[답] C

6. 통계학은 대학에서 사회과학 전공학생들이 수강하는 가장 중요한 과목 중의 하나라고 여겨진다.

statistics :통계학

take : 수강하다

[답] B

8. 그 회합에는 많은 사람들이 참석하였다.

a (large) many of ~ : 많은~

=many ~

a (large) number of ~ +are[were] ~

[답] A

9. 오래지 않아서 곧 그가 돌아 올 것이다.

<u>It will not be long before</u> + S + <u>현재동사</u> ~: 오래지 않아서 곧~할 것이다.

[답] D

10. 생산제품이 도차하자마자, 그녀는 제품들을 적합한 백화점[매장]에 발송할 것이다.

As soon as~는 시간의 부사절이므로 미래 대신에 현재를 쓴다.

[답] B

11. 고속버스는 통상적으로 정각에 출발한다.
on time : 정각에
=punctually
usually + 현재시제

[답] B

12. 올해 기대에 어긋나는 수익률 때문에 프로젝트에 대한 지출을 앞으로
2년에 걸쳐 삭감하게 될 것이다.
현재부터 미래(2년)까지이므로 미래완료가 된다.

1) Due to~: ~ 때문에
=Owing to~
=Because of~
Due to the approaching storm : 다가오는 폭풍 때문에
Some articles have risen in price, due to the increasing demand.
(수요가 증가했기 때문에, 어떤 상품은 가격이 상승했다.)

2) be due to(전치사)~ : ~에 기인하다. ~탓이다.
=be caused by
=result from
The accident was due to his carelessness.(그 사고는 그의 부주의 탓이다.)
The accident was due to the driver's failing to give a signal.
(사고는 운전기사가 신호를 하지 않았기 때문에 일어난 것이었다.)

3) be due to(do)~ :~ 할 예정이다.
=be supposed to(do)
=be expected to(do)
=be planning to(do)
=plan on ~ing
He is due to speak here tonight.(그는 오늘 밤에 여기서 연설할 예정이다.)

[답] C

13. FBI 요원이 도착할 때까지는, 침입자가 사실상 시설물에 있는 중요한
모든 것을 파괴했다.

<u>By the time ~ arrived</u> : '과거까지는' 을 가리키므로 <u>과거완료</u>가 와야 한다.
of importance : 중요한
=important

[답] C

14. 지난 분기에 인플레이션 비율이 8% 만큼 올랐다.
last(지난)가 와서 과거를 나타내므로 과거시제가 와야 한다.
rise(자동사)-rose-risen
raise(타동사)-raised-raised

[답] A

15. 아웃백 스테이크 하우스의 첫 프랜차이즈점이 중국에서 일주일 후에 문을 열 것이다.
in one week : 일주일 후에 ,일주일 지나서
in : ~ 후에, ~ 지나서
↔ within : ~ 이내에, ~ 안에
in one week가 있으므로 미래시제가 온다.

[답] B

16. 무슨 일이 일어날지 아무도 모른다.
There is no telling ~ : ~을 도저히 알 수 없다.
=It is impossible to tell ~ .

[답] B

17. 나는 2년 전 내가 아니다.
what I am : 오늘의 나
what I was : 과거의 나

[답} B

18. 나는 그녀를 사랑하지 않을 수 없다.
have no+명사+but to(do) : ~하지 않을 수 없다.
have no choice but to(do)
=have no alternative but to(do)

[답] A

19. 종업원들은 매 근무일마다 3시에서 3시 30분 사이에 차 마시는 휴식 시간을 갖는다.
take a coffee break ; 차 마시는 휴식시간을 갖다

[답] B

20. 나는 내일 너를 만날 예정이다
plan on ~ing : ~할 예정이다.

[답] B

21. 그녀는 네가 그녀와 결혼하기 위해서 청혼한 것을 거절했다.
deny+~ing
deny+소유격+~ing

[답] B

22. 스포츠 종합시설을 리모델링하는 데에 막대한 지출이 그 가치를 훨씬 능가한다.
outweigh :~(가치, 중요성 등)을 능가하다.

[답] A

23. 직장은 약간의 초과근무가 있다. 그래서 만약 오랜 시간을 일하는 것에 반대한다면 우리에게 알려주세요.
object to+~ing :~하는 것에 반대하다

[답] B

24. 스타 테레콤은 2003년 1월 아날로그 셀방식의 모델이 효과적이라고 생산한 것을 중단할 작정이다.
discontinue +~ing : ~을 중단하다. 그만두다.
=stop + ~ing

[답] B

25. 그 조직은 공중위생을 개선시키기 위한 새로운 방법을 알아내는 데 전념하고 있다.
be committed to+~ing : ~에 전념하다
=be devoted to+~ing

public health : 공중위생

[답] A

26. 나의 아내와 나는 너를 다시 만나기를 학수고대하고 있다.
look forward to+~ing : ~을 하수고대하고 있다

[답] C

27. 우리는 뉴욕 행 비행기가 예정보다 두 시간 늦게 출발하게 됨을 말하게 되어서 유감으로 생각합니다.
<u>behind schedule</u> : 예정보다 늦게
↔ <u>ahead of schedule</u> : 예정보다 먼저[빨리]
according to schedule : 예정대로 (하면). 예정에 따르면
on (the) schedule : 시간표대로. 예정대로. 정시에.
bound for ~ : ~행(의)
a train <u>bound for</u> Paris :: 파리행 기차
regret | ~ing : (전시적)
       | to(do) : (후시적) ~할 것을

remember + | ~ing : (전시적) ~한 것을
forget | to(do) : (후시적) ~할 것을
regret

I regret to say that~ : ~하다니 유감이다.
I regret to say that I am unable to help you.
(유감스러우나 원조할 수 없습니다.)
본문은 will leave가 와서 후시적이다 그래서 to(do)를 써야 한다.

[답] A

28. 나는 전에 너를 만난 기억이 있다.
remember+ | ~ing : (전시적)~환 것을r
          | to(do) : (후시적)~할 것을
본문에 before가 있으므로 전시적이다. 따라서 ing가 온다.

[답] D

29. 우리는 내일 의장을 잊지 않고 만나야 한다.

remember to(do) : 잊지 않고 ~하다.

본문에 tomorrow가 있어서 후시적이므로 remember to(do)가 와야 한다.

[답] B

30. 존은 대단히 키가 큰 선수여서 쉽게 득점할 수 있다.

so ~ that ~ can : 대단히(매우) ~해서 ~할 수 있다.

so	
too	
as	+ 형용사 + a + 명사
how	
however	

We could not do it in so short a time.
(우리는 그렇게 짧은 시간 안에 그것을 할 수는 없었다.)
This is too good a story to be true.
(이것이 사실이기에는 너무도 좋은 이야기이다.)
She is as pretty a girl as I have ever met.
(그녀는 내가 지금까지 만난 어떤 소녀에도 못지않게 아름답다.)
However hard a job you have, do your best.
(아무리 힘든 일이라도 최선을 다해라.)

quite a	
such a	+ 형용사 + 명사
rather a	
what a	

Why have you been there such a long time?
(왜 너는 그렇게 오랫동안 거기에 있었느냐?)
He is quite a nice man, but with rather a gloomy expression.
(그는 아주 좋은 사람이지만 꽤 우울한 표정을 지니고 있다.)
What a beautiful girl she is!
(그녀는 얼마나 아름다운 소녀인가!)

<u>all the</u>	+ 명사
<u>both the</u>	
<u>double the</u>	
<u>twice the</u>	
<u>half the</u>	
<u>half an</u>	

<u>All the</u> boys worked hard.(모든 아이들이 열심히 일을 했다.)

I will pay you <u>double the</u> price.

(나는 너에게 그 값의 갑절을 지불하겠다.)

I have read <u>half the</u> box.(나는 그 책의 반을 읽었다.)

He will be back in <u>half an</u> hour.

(그는 반시간 안에 돌아올 것이다.)

He is <u>twice the</u> man he was.

(그는 그 전보다 두 배나 컷다.)

[답] D

31. 칼이 공항에서 아내를 만났을 때, 그는 그녀의 뺨(볼)에 키스했다.

신체접촉동사 + <u>목적어</u> + 전치사 + the + 신체부위

kiss <u>her on the</u> cheek : 그녀의 **뺨**에 키스하다.

She kissed <u>him on the</u>(=his) cheek. 그녀는 그의 **뺨**에 키스했다.

He grabbed <u>me by the</u> arm and asked for help.

그는 나의 팔을 붙잡고 도움을 요청했다.

strike <u>me on the</u> head ; 내 머리를 치다.

pat <u>him on the</u> shoulder : 그의 어깨를 가볍게 치다.

take <u>me by the</u> arm : 내 팔을 잡다.

seize <u>her by the</u> hair : 그녀의 머리를 휘어잡다.

pull <u>me by the</u> sleeve : 내 소매를 잡아당기다.

look <u>her in the</u> face : 그녀의 얼굴을 쳐다보다.

[답] C

32. 지난주에 네가 찍은 사진을 보여줘요, 네?

명령문, 부가의문문?

명령문, <u>will you?</u>

Let+목적어+동R~, <u>will you?</u>

Let's ~ , shall we?

[답] B

33. 그것 덕택에[때문에] 너는 너의 건강상태를 지금 바로 알 수 있다.

right now : 지금 바로, 지금 당장, 방금, 곧, 즉시

=right away

=right off

=straight off

=at this very moment

enable + O + to(do) : O가 ~하는 것을 가능하게 하다.

사물 + enable + 사람 + to(do)

=Thank to | + 사물, 사람 + can(do)

  Because of |

Television enables us to watch sports events in our room

=Thanks to television, we can watch sports events in our room.

(TV 덕택에 우리는 안방에서 스포츠 종목을 시청할 수 있다.)

His wealth enables him to do anything.

=He can do anything, because he is rich.

(그는 부유하기 때문에 무엇이든 할 수 있다.)

The collapse of the strike enabled the company to resume normal

bus services.

(파업의 실패로 회사는 정상적인 버스운행을 다시 시작하게 됐다.)

Money enables one to do a lot of things

.(돈이 있으면 많은 일을 할 수 있다.)

The law enables us to receive an annuity.

(그 법으로 우리들은 연금을 받을 수가 있다.)

Good health enabled him to carry out the plan.

(건강했기 때문에 그는 그 계획을 수행할 수 있었다.)

He was enabled to attend.(그는 출석할 수 있었다.)

Thanks to you, I am still alive.

=I owe it to you that I am still alive.

Thanks to your good advice, I have succeed at last.

=I owe my ultimate success to your good advice.

owe A to B : A는 B 덕택이다.

I owe what I am to my father.

=My father has made me what I am

He owes to his parents what he is.

=His parents has made him what he is.

We owe to Newton the principle of gravitation.

I owe my success to mere good luck

She owes her popularity to her mother's social influence.

[답] B

34. 마르타는 아주 인기가 없는 것 같다. 그녀는 친구가 있다 해도 거의 없다

seldom, if ever : 있다 해도 아주 드문(seldom, if ever+V)

few, if any   : 있다 해도 거의 없는(few, if any+복수)

little, if any   : 있다 해도 별로 없는(little, if any+단수)

He seldom, if ever comes to any house.

(그가 우리 집에 오는 일이 있다 해도 아주 드물다.)

He seldom, if ever goes there.

(그가 거기에 가는 일이 있다 해도 아주 드물다.)

There are very few, if any, mistakes.(오류가 있다 해도 거의 없다.)

There is little, if any fear of his failure.

(실패할 염려는 있다 해도 별로 없다.)

[답] C

35. 원하지 않은 체중을 줄이기 위해서는 운동이 가장 좋은 방법이다.

<최상급 뜻 표현.>

as ~ as any+(명사) : 가장~

=as+형용사 +a+명사 as any

=as ~ as ever + 동사

=as ~ as can be

=as ~ as there is

=the+ 최상급 ~

lose weight : 체중이 줄다

↔gain weight : 체중이 늘다.

[답] B

36. 네가 나를 대하듯이 그렇게 나도 너를 대하겠다.
As ~ , so ~ : ~ 이듯이 그렇게 ~

[답] B

37. He <u>died</u> ten years <u>ago</u>.(그는 10년 전에 죽었다.)
= He <u>has been dead</u> <u>for</u> ten years.(그는 10년 동안 죽어 있다.)
= He <u>has been dead</u> <u>these</u> ten years.(그는 최근 10년간 죽어 있다.
= <u>It is</u> ten years <u>since</u> he <u>died</u>.(그가 죽은 지 10년이다.)
= Ten years <u>have passed</u> <u>since</u> he <u>died.</u>
  (그가 죽은 지 10년이 지났다.)

[답] since

38. The fire <u>seems to have broken out</u> while she was doing her shopping.
= It <u>seems</u> that the fire <u>broke out</u> while she was doing her shopping.
(It ~ that+S+V를 생각하자. 그리고 that 다음에 S인 the fire를 넣고 시제관계를 따져보자. 앞에는 현재(seems)이고 뒤에는 완료형(to have boken out)이다. 따라서 <u>전시관계 to have pp</u>는 앞에는 <u>현재</u> 뒤에는 <u>과거</u>가 와야 한다.)

[답] seems that the fire boke out

39. <u>She</u> is interesting <u>to talk to</u>.(to부정사의 소급적 용법)
=It is interesting <u>to talk to her</u>.
(여기서 She는 주어이자 to talk to에 대한 목적어가 되므로 She는 to talk to 뒤에 갈 수 있다).)

[답] is interesting to talk to her

40. <u>It goes without saying that</u> honesty is the best policy.
= <u>It is needless to say that honesty is the best policy.</u>
= <u>It is understood that</u> honesty is the best policy.

[답] goes without saying tha

[Test 6회]

※ 다음 빈칸에 들어갈 알맞은 말을 고르시오(1~40).

1. I received a letter _____ in Korean.

   (A) to write   (B) write   (C) written   (D) writing

2. He had the equipment _____.

   (A) ship   (B) to ship   (C) shipped   (D) shipping

3. He played a trick _____ me.

   (A) to   (B) for   (C) of   (D) on

4. You look young _____ your age.

   (A) at   (B) on   (C) in   (D) for

5. He watched the technician _____ the broken pump.

   (A) repaired   (B) repair   (C) to repair   (D) to repairing

6. If the CEO _____ me at that time, the company wouldn't be in a financial crisis now.

   (A) listened   (B) listened to

   (C) had listened   (D) had listened to

7. According to the local newspaper, the extra cargo made the passenger ship _____.

   (A) to sink   (B) sink   (C) to sinking   (D) sunk

8. _____, the employees turned in his final paper and took vacation leave.

   (A) The project finishing   (B) The project finished

   (C) Finished the project   (D) Having finished the project

9. Her persuasive speech made the students _____.

   (A) fascinate   (B) to fascinate   (C) fascinated   (D) fascinating

10. The life would still be very monotonous if the smartphone _____ invented.

   (A) should   (B) wasn't   (C) hadn't been   (D) hadn't

11. On receiving the notice, the president had a press release _____ by his secretary.

   (A) write   (B) to write   (C) written   (D) writing

12. When we were under the control of the IMF, many company workers were fired or _____.

   (A) have cut their wages   (B) had cut their wages

(C) have their wages cut   (D) had their wages cut

13. The conference organizer was _____ that lots of celebrities attended the opening event.

  (A) to please   (B) pleasing   (C) pleased   (D) to pleasing

14. Unless we _____ find someone to take over our task, we won't be able to attend the convention.

  (A) can   (B) can't   (C) could   (D) couldn't

15. A clever consumer gets the tele-marketer _____ his phone order in documents.

  (A) confirm   (B) confirmed   (C) to confirm   (D) confirming

16. There is _____ than closing a deal after a long process of hard negotiations.

  (A) nothing more satisfied   (B) nothing more satisfying

  (C) nothing satisfied more   (D) nothing satisfying more

17. Not too many years ago, it was an _____ experience to travel 70 miles from hometown.

  (A) excited   (B) exciting   (C) excitedly   (D) excite

18. _____ you paid within two weeks, we would give you a special discount.

  (A) Have   (B) Had   (C) Provided   (D) Supposed

19. _____ she been elected, she would have made such changes.

  (A) If   (B) Has   (C) Had   (D) Have

20. Before going for the job interview, you will have to _____.

  (A) have your suit clean   (B) have your suit cleaned

  (C) clean your suit   (D) have cleaned your suit

21. Customers who _____ finding out more about the products are encouraged to contact the consumer service department.

  (A) are interesting to   (B) are interesting in

  (C) are interested to   (D) are interested in

22. Jane _____ a Korean food for me last morning, if she had found the proper ingredients.

  (A) had cooked   (B) cooked

  (C) would have cooked   (D) would cook

23. If the surprising news _____ out, it will have a huge impact on the

bond market.

(A) will reveal   (B) reveals   (C) reveal   (D) revealed

24. The extra order made the assembly line employees _____ on the weekend.

(A) work   (B) worked   (C) to work   (D) working

25. The police found my _____ son after a long search of the attractions.

(A) missed   (B) missing   (C) miss   (D) having missed

26. _____, the three companies did not have any advantage over their competitors.

(A) Though merging   (B) Though merged

(C) Since merging   (D) Since merged

27. All accountants were instructed to submit their quarterly report before _____ with the president

(A) interviewed   (B) interviewing

(C) being interviewed   (D) interview

28. The political situation of the region was so _____ that most foreign firms started to shut down their branches.

(A) discouraged   (B) discouraging

(C) encouraged   (D) encouraging

29. If I _____ English was so difficult, I would never take it up.

(A) know   (B) knew   (C) have known   (D) had known

30. The insurance company will cover all the damage, _____ the policy holder pays the premiums in time.

(A) when   (B) after   (C) provided that   (D) supposed that

31. The enterprise will not let its workers _____ leave for more than three days.

(A) to take   (B) taking   (C) take   (D) took

32. If your PC is broken, why don't you _____?

(A) fix it   (B) have it fix   (C) have it fixed   (D) have it to fix

33. He sometimes feels _____ because his English isn't very good.

(A) disappointing   (B) disappointed

(C) to disappoint   (D) to be disappointed

34. If the country had reduced its deficit by half, its economy _____strong again.

(A) had been (B) were (C) would have been (D) would be

35. He is not so familiar with machine that if there is something wrong with his computer, he usually _____.

   (A) repairs it   (B) has it repair

   (C) has it repaired   (D) has it to repair

36. Many employees of the corporation said that the sudden pay raise was

   _____.

   (A) surprised   (B) surprising

   (C) to surprise   (D) to be surprised

37. Had I known she _____ coming to Seoul, I would have gone to the airport to meet her.

   (A) had been   (B) were   (C) was   (D) would have been

38. If he _____ to receive financial aids from the government, he will go bankrupt.

   (A) will fail   (B) fail   (C) fails   (D) failed

39. According to the merchandising leaflet, these home appliances are on sale for a _____ period of time.

   (A) limitedly   (B) limitation   (C) limited   (D) limiting

40. _____ from all over the world, many foreign students attend this university.

   (A) Have come   (B) Came   (C) Coming   (D) Come

[Test 6회 문제풀이 및 해답]

1. 나는 한국어로 쓴 편지를 받았다.
speak in Korean : 한국어로 말하다.
a letter와 write의 관계가 피동관계이므로 written이 된다.

[답] C

2. 그는 그 장비를 배에 싣게 했다[선편으로 보내게 했다.]

have + O + | 동사원형 (능동)
           | pp   (피동)

equipment와 ship과의 관계가 피동관계이므로 pp가 온다.

[답] C

3. 그는 나를 속였다.
play a trick on : ~을 속이다.

[답] D

4. 너는 나이에 비해서 젊어 보인다.
for one's age : 나이에 비해서
=considering one's age
He looks young considering his age.(그는 나이에 비해서 젊어 보인다.)

[답] D

5. 그는 기술자가 고장 난 펌프를 고치는 것을 지켜봤다.

지각동사 + O + | ① 동사원형 (능동, 단순한 사실-슬라이드 사진)
              | ② ~ing   (능동, 생생한 묘사-동영상)
              | ③ be pp   (피동, 단순한 사실-슬라이드 사진)
              | ④ being pp (피동, 생생한 묘사-동영상)

technician과 repair의 관계가 능동관계이므로 동사원형이나 ~ing가 온다.

[답] B

6. 만약 CEO가 그 당시에 내말을 경청했더라면, 회사 지금 재정위기에 있지 않을 텐데.
앞에 at that time이 있으므로 가정법 과거완료가 온다.

뒤에는 now가 있어 가정법 과거가 온다.

가정법 과거완료 + 과거부사

가정법 과거 + 현재부사

[답] D

7. 지방신문에 의하면, 추가화물 때문에 여객선이 침몰했다.

make + O + │ 동사원형(능동)
　　　　　　 │　 pp　　　 (피동)

ship과 sink의 관계는 피동관계이므로 pp(sunk)가 와야 한다.

[답] D

8. 사원들이 프로젝트를 끝마치고 나서 최종 보고서를 제출하고 휴가를 얻었다.

turn in :~을 제출하다
= hand in
= submit

<분사구문>

접속사+S+V+ ~ , S + V +~.(접속사 제거 뒤, 앞뒤 S가 같으면 앞의 S 생략)

= (S) + │ ① ~ing　　　　　　 (능동, 동시) ~ , S + V ~
　　　　 │ ② having pp　　　　(능동, 전시)
　　　　 │ ③ (being) pp　　　 (피동, 동시)
　　　　 │ ④ (having been) pp (피동, 전시)

본문에서 사원들이 보고서 제출보다 프로젝트 끝난 것이 먼저이므로 능동 전시에 해당된다. 따라서 having pp가 와야 한다.

[답] D

9. 그녀의 설득력 있는 연설이 학생들을 매료시켰다.

(그녀의 설득력 있는 연설로 학생들이 매료되었다.)이므로 make + O + pp가 온다

[답] C

10. 만약 스마트폰이 발명되지 않았더라면, 생활은 아직도 매우 단조로울 텐데

스마트폰이 발명되다는 피동이므로 had not been이 와야 한다.

11. 정식통고를 받자마자, 대통령은 비서관에게 보도자료를 쓰게 했다.

on ~ing : ~ 하자마자

보도자료가 쓰여 지는 것이므로 have + O + pp가 된다.

[답] C

12. 우리가 IMF 관리 하에 있을 때, 많은 회사 노동자들이 해고되거나 임금이 삭감되었다.

be under the control of : ~의 관리 하에 있다.

be fired : 해고되다

<u>have</u> the wages <u>cut</u> : (have + O + pp) 임금이 삭감되다

[답] D

13. 회의 주최자는 많은 유명인사들이 개막행사에 참석해줘서 기뻤다.

※ S+be+형용사+<u>that</u>+S+V~.(~해주어서 : 부사절로서 형용사 수식)

I am very happy <u>that</u> you have agreed to my proposal.

(나는 네가 내 제의에 동의해<u>주어서</u> 매우 기쁘다.)

I am pleased <u>that</u> you have come. (나는 네가 와<u>줘서</u> 반갑다.)

※ 판단의 기준 <u>that</u> ~ <u>should</u>(do)~ : ~하다니

You are crazy <u>that</u> you <u>should</u> lend money to him.

그에게 돈을 꾸어주다니 너 미쳤구나.

Who is he, <u>that</u> he <u>should</u> come at such an hour?

이런 시간에 오다니 그는 도대체 어떤 사람이냐?(무엄하게도)

Are you mad <u>that</u> you <u>should</u> do such a thing?

그런 짓을 하다니 너 미쳤냐?

Are you mad <u>that</u> you speak so wild?

그런 험한 소리를 하다니 너 미쳤니?

※<u>부정어</u>+~제한 관계대명사(O) <u>that</u> :(=so far as)~하는 한에는, ~하는 바로는

There is <u>no</u> one like him <u>that</u> I can see.

내가 보는 한에는 그이 같은 사람은 없다.

<u>No</u> one knows anything about it, <u>that</u> I can find.

내가 아는 한 아무도 그 일을 모른다.

"Is she married?–<u>Not that</u> I know (of)."

"그녀 결혼했니?–내가 아는 바로는 안 했어 "

He has <u>never</u> been abroad, <u>that</u> I know(of).

내가 알기에는 외국에 간 일이 없다.

<u>Not that</u> I know of. 내가 알기에는 그렇지 않다.

Not that I loved Caesar less, but that I loved Rome more

시저를 덜 사랑해서가 아니라 로마를 더 사랑했기 때문이다.

news conference : 기자회견

summit conference : 정상회담

S(사람)+<u>be pleased</u>~(be pleased는 사람이 주어가 된다.)

pleasing + 사물

a <u>pleasing face</u> : 호감을 주는 얼굴, 호감 가는 얼굴

a <u>pleasing climate</u> :기분 좋은 기후

the <u>pleasing tastes</u> of homemade bread : 집에서 만든 빵의 감칠 맛

[답] C

14. 우리는 어떤 사람이 우리의 일을 떠맡는지를 알 수 없다면, 우리는 그 대회에 참석할 수 없을 것이다.

take over : 떠맡다

조건의 부사절에서는 미래 대신에 현재를, 미래완료 대신에 현재완료를 쓴다.

[답] A

15. 현명한 소비자는 전화판매자에게 그의 전화주문을 서류에서 확인하게 하는 것이다.

get + O+ | <u>to</u>(do) : 능동
         | <u>pp</u>   : 피동

전화판매자가 확인하는 것이므로 능동관계이다.

[답] C

16. 힘든 협상의 오랜 과정을 거친 후에 협정을 체결하는 것보다 더 만족스러운 것은 없다.

not ~ more ~ than
=not ~ so ~ as
Nothing is more A than B
=Nothing is so A as B

S(사람) + be satisfied with : ~에 만족하다
I am not satisfied with her work. (나는 그녀의 일솜씨엔 만족 못하겠다.)
satisfying + 사물
a deeply satisfying feeling : 충만감
close a deal : 협정을 맺다. 협정을 체결하다
close a contract : 계약을 체결하다.
본문에서는 satisfy가 사물을 수시하는 것으로 볼 수 있기 때문에 ~ed보다 ~ing
가 와야 한다.

[답] B

17. 몇 해 전에,고향에서 70마일을 여행하는 것은 신나는 경험이었다.
감정심리동사ed + 사람
감정심리동사ing + 사물
excited + 사람
excited girl : 놀란 소녀
exciting + 사물
an exciting game :신나는 게임
an exciting experience : 신나는 경험, 호기심을 불러일으키는 경험

[답] B

18. 네가 2주 내에 지불한다면, 우리는 너에게 특별할인을 해줄 텐데
본문은 paid와 would give가 있어 가정법 과거이다.
Provided (hat)
= Providing (that)
= If
I will come provided (that) I am well enough.(건강이 괜찮으면 오겠습니다.)
Suppose (that)
= Supposing (that)
= If

Suppose that he refuse, what shall we do?
(만일 그가 거절한다면, 어떻게 하겠는가?)
Supposing it were true, what would happen?
(만약 그것이 사실이라면, 어떻게 될 것인가?)

[답] C

19. 그녀가 선출되었더라면, 상당한 변화가 있었을 텐데.
If+S+had pp~
=Had +S+pp~

[답] C

20. 입사 면접시험 보러가기 전에, 너는 너의 옷을 깨끗이 세탁해야 할 것이다.
have + O + pp
have your suit cleaned(피동)

[답] B

21. 생산품에 대하여 더 많은 것을 알아내는 데 관심 있는 고객들을 격려하여 소비자서비스과를 접촉하게 한다.
encourage + O + to(do)~ : 격려하여 ~ 하게 하다.
encourage a boy to learn : 소년을 격려하여 공부하게 하다.

S(사물) + 감정심리동사 + O(사람)
= S(사람) + be + 감정심리동사ed + 전치사 + O(사물).
= S(사물) + be + 감정심리동사ing + 전치사 + O(사람)

S(사물) + interest + O(사람).
= S(사람) + be interested in + O(사물).
= S(사물) + be interesting to + O(사람).
This book interests me.
= I am interested in this book.
= This book is interesting to me.

[답] D

22. 제인이 적합한 재료를 알았더라면, 어제 아침 나에게 한시요리를 해주었을 텐

데.

buy, make, get, cook, choose, do, find, leave, spare	+ DO + <u>for</u> + IO(사람) ~ 에게

가정법(과거)＋현재부사
가정법(과거완료)＋과거부사
본문에 과거부사 last가 있으므로 가정법 과거완료가 온다.

[답] C

23. 만약 놀라운 뉴스가 완전히 드러나면 채권시장에 막대한 영향을 미칠 것이다.
have an impact on :~ 에 영향을 미칠 것이다.
=have an influence on
조건의 부사절에서는 미래 대신에 현재 쓴다.

[답] B

24. 추가 주문으로 조립라인 종업원들이 주말에 일하게 되었다.
make + O + 동사원형 (능동)

[답] A

25. 경찰이 견인의 오랜 수색 후에 행방불명된 내 아들을 찾았다.
the police <u>are</u>~
missing : 행방불명된
a missing child : 미아
the missing : 행방불명자들

[답] B

26. 비록 세 회사가 합병되었지만, 그들의 경쟁사보다 조금도 유리하지 않았다.
have an[the] advantage of [over] : ~보다 유리하다.
세 회사가 합병된 것이므로 피동관계 PP가 온다..

[답] B

27. 모든 경리사원에게 사장과 면담하기에 앞서 분기 보고서를 제출하라고 지시했다.

instruct + O + to(do) : ~에게 ~하라고 지시하다.

all accountants가 interview하는 것이므로 능동관계이다.

때문에 interviewing이 온다.

[답] B

28. 그 지역의 정치적 상황이 대단히 낙담시켜서 대부분 외국회사들이 지점들을 폐점하기 시작했다.

shut down : 폐점하다

S(사물) + discourage(감정심리동사) + O(사람)

S(사물) + be discouraging + 전치사 + O(사람)

S(사람) + be discouraged + 전치사 + O(사물)

The news discouraged me.

= I am discouraged at the news.(나는 그 소식에 낙담했다.)

The news astonished(감정심리동사) her. (그 소식은 그녀를 깜짝 놀라게 했다.)

= She was astonished at[by] the news. (그 소식을 듣고 그녀는 깜짝 놀랐다.)

I am surprised at[by] you.(네게 놀랐다.)

I was surprised to hear of his failure. (네가 실패했다는 말을 듣고 놀랐다..)

He was surprised that his father had sold the farm.

(그는 부친이 농장을 팔아버린 데에 놀랐다.)

She was more surprised than frightened.

(그녀는 무섭다기보다는 오히려 놀랐다.)

be frightened(감정심리동사) at : ~에 놀라다

be satisfied(감정심리동사) with :~에 만족하다.

I am not satisfied with her work. (그녀의 일솜씨엔 나는 만족 못하겠다.)

They are satisfied to get equal shares. (그들은 고른 분배를 받아 만족하고 있다.)

[답] B

29. 영어가 매우 어렵다는 것을 알았더라면, 영어를 결코 시작하지 않았을 텐데.

가정법(과거) + 접속사 + 직설법(현재)

가정법(과거완료)+접속사+직설법(과거)

was는 직설법 과거이므로 If 절은 가정법 과거완료가 된다.

English 앞에 접속사 that이 생략되었다.

take up : ~을 시작하다

[답] D

30. 피보험자가 제때에 보험료를 낸다면, 보험회사는 모든 손실을 보상할 것이다.

provided that

= If

in time : ① 제때에, 제 시간에(↔ behind time)

② 조만간 (sooner or later)

③ 늦기 전에 (before it is too late)

[답] C

31. 기업은 종업원들이 3일 이상휴가를 얻는 것을 허용치 않으려고 한다.

let + O + 동사원형 : O가 ~하는 것을 허용하다.

= allow + O + to(do)

[답] C

32. 너의 PC가 고장 나면, 수선하지 그래?

Why don't you + 동사원형 ~ ? : ~하는 게 어때?, ~하지 그래?

have + O + | 동R(능동)
          | pp(피동)

have it fixed

[답] C

33. 그는 영어를 잘하지 못하기 때문에 때때로 실망한다.

I am disappointed with you.(나는 너한테 실망했다.)

His lecture disappointed us. (그의 가의는 우리를 실망시켰다.)

I am greatly disappointed at [to hear] the news.

(나는 그 소식을 듣고 매우 실망했다.)

S(사람) + be disappointed ~

S(사물) + disappoint(감정심리동사) + O(사람)

[답] B

34. 만약 국가가 적자를 반만큼 줄였었다면, 국가경제는 다시 건전해졌을 텐데.
If 절에 had pp가 와서 가정법 과거완료이므로 주절은 would have pp가 온다.
가정법(과거) : If+S+과거(were)~, S+would(do)~.
가정법(과완) : If+S+had pp~   , S+would have pp~

[답] C

35. 그는 기계를 잘 몰라서 그의 컴퓨터에 어딘가 고장이 나면, 그는 보통 컴퓨터를 수선한다.
컴퓨터가 수선되므로 피동관계가 된다.
have + O + pp (피동)

[답] C

36. 많은 회사 직원들은 갑작스런 임금 인상이 놀랍다고 말한다.
S(사물) + be surprising~
S(사람) + be surprised~

[답] B

37. 그녀가 서울에 오고 있는 것을 알았더라면, 나는 그녀를 만나러 공항에 갔을 텐데.
가정법+접속사+직설법
가정법(과거) + 접속사+ 직설법(현재)
가정법(과거완료) + 접속사 + 직설법(과거)
had known +(that) +직설법(과거)

[답] C

38. 그가 정부로부터 재정 보조를 받지 않으면, 그는 파산할 것이다.
aids : 보조
go[come] bankrupt : 파산하다
조건의 부사절에서는 미래 대신에 현재 쓴다.

[답] C

39. 상업 광고전단에 의하면 가정용 전기제품이 한정기간 동안 세일 중이다.
household appliances : 가전제품
medical appliances : 의료기구

office appliances : 사무용품

according to(전치사) + 명사
according as(접속사) +S + V~
We see things differently according as we are rich or poor.
(빈부에 따라 사물을 보는 눈이 서로 다르다.)
You are rewarded according as you have merits or demerits.
(잘하고 못하고에 따라 응당 보답을 받게 된다.)
기간이 한정된 것이므로 피동관계 pp가 온다.

[답] C

40. 많은 외국학생들이 세계도처에서 와서 이 대학에 다닌다.
외국학생들이 이 대학에 유학 온 것이니까 능동관계이므로 ~ing가 온다.

[답] C

[Test 7회]

※ 다음 빈칸에 들어갈 알맞은 말을 고르시오(1-35).

1. It is imperative that the lease agreement _____ by this month at the latest.

   (A) will renew   (B) will be renewed   (C) is renewed   (D) be renewed

2. We regret to inform you that the highest handling fee will be charged on all the stocks _____ are traded on-line.

   (A) that   (B) what   (C) which   (D) those

3. A man and his dog _____ were passing by were injured.

   (A) which   (B) who   (C) what   (D) that

4. Who_____ has common sense can believe such a thing?

   (A) what   (B) of which   (C) that   (D) which

5. The company is seeking a highly motived sales director_____ has at least 2 months of experience in a management position.

   (A) what   (B) who   (C) which   (D) of which

6. Of gold and silver, the former is _____ precious ?

   (A) the most   (B) the more   (C) most   (D) more

7. The lake is _____ at this point.

   (A) the deepest   (B) deepest   (C) deeper   (D) the deeper

8. Which of the two cities is lighted_____at night?

   (A) the best   (B) best   (C) better   (D) the better

9. She reminds me _____ my mother.

   (A) to   (B) with   (C) of   (D) on

10. It is natural that a student_____hard.

   (A) studies   (B) study   (C) will study   (D) studied

11. You have studied for four consecutive days ; you _____ exhausted!

   (A) must   (B) must be   (C) should   (D) should be

12. The old workers are used _____at night now, but they had a lot of difficulties at first.

   (A) to work   (B) for working   (C) to working   (D) working

13. It is essential that no driving by foreigners _____in this state without proper international driving permits.

   (A) allows   (B) allow   (C) is allowed   (D) be allowed

14. A drowning man _____catch at a straw.

(A) must   (B) should   (C) would   (D) will

15. He is a gentleman, _____his brother is not.

  (A) who   (B) whom   (C) which   (D) what

16. People who don't have the ID cards are not _____to enter the R&D center.

  (A) permitting   (B) permitted   (C) permit   (D) will be permitted

17. Please remind tourist _____the fantastic paintings on the ceiling of King Louis XIV's chamber.

  (A) to noticing   (B) to notice   (C) of noticing   (D) to tell

18. The witness insisted that the traffic accident _____ place on the crosswalk.

  (A) took   (B) take   (C) had taken   (D) will take

19. His doctor suggested that he _____a short leave of absence.

  (A) would take   (B) takes   (C) take   (D) took

20. The climate seemed _____as they went on a company picnic,

  (A) favorite   (B) favorably   (C) favor   (D) favorable

21. The programmer insists that the current computer system _____ upgraded with newer software versions.

  (A) be   (B) are   (C) has   (D) have

22. The employees insist that overtime hours _____fully paid.

  (A) were   (B) are   (C) be   (D) have

23. The population of New York is _____ that of seoul.

  (A) as eight times large as   (B) eight times larger than

  (C) eight times as large as   (D) so large three times as

24. Which of these two rooms did you find _____comfortable?

  (A) the most   (B) most   (C) the more   (D) more

25. Which do you like better, summer _____ winter?

  (A) and   (B) or   (C) nor   (D) but

26. He laughs _____who laughs last.

  (A) the best   (B) best   (C) the better   (D) better

27. All is not gold_____glitters.

  (A) which   (B) that   (C) what   (D) of which

28. _____ man will not be able to understand it.

  (A) A wise   (B) The wisest   (C) The wiser   (D) A wiser

29. The bank teller_____the clients believed to be sincere and honest turned out to deceive them.

(A) what   (B) whose   (C) who   (D) whom

30. The bank teller_____the clients believe is sincere and honest turned out to deceive them.

(A) what   (B) whose   (C) who   (D) whom

31. The shop is _____than wide.

(A) longer   (B) more long   (C) the more long   (D) the longer

32. Sorak Mountain, noted for beautiful scenery, is located _____ the east of Seoul.

(A) at   (B) in   (C) on   (D) to

33. I want to buy the novel _____every reader is talking these day.

(A) about   (B) about which   (C) which   (D) which about

34. The guidebook _____ I am referring now is about the nations around the Mediterranean Sea.

(A) to that   (B) to which   (C) for which   (D) in what

35. IBM Industries is seeking appropriate supervisors _____qualifications meet requirement for the job.

(A) whose   (B) the which of   (C) of which   (D) of the which

※ 다음 주어진 문장과 뜻이 같게 빈 칸에 알맞은 말을 넣으시오(36-40).

36. I have no other friend than you.

= I have no friend _____ you.

37. This is the best map.

= This is as good a map as _____.

38. Time is more precious than anything else.

=_____ is so precious as time.

39. Iron is the most useful metal.

= Iron is more useful than _____ .

40. I have never seen so good a movie as this.

= This _____.

[Test 7회 문제풀이 및 해답]

1. 어떤 일이 있어도 늦어도 이 달까지는 임대차 계약을 꼭 갱신해야 한다.

It is imperative that+S+(should)+동사원형 ~ : 어떤 일이 있어도 ~꼭 ~해야 한다.

It is imperative that we (should) act at once.

어떤 일이 있어도 우리는 즉시 꼭 행동해야 한다.)

lease agreement : 임대차 계약

renew : 갱신하다.

at (the) latest : 늦어도

본문에서 임대차 계약이 갱신되는 피동관계이므로 be renewed가 와야 한다.

[답] D

2. 우리는 너에게 온라인으로 거래되는 모든 주식에 높은 취급수수료를 부과하게 됨을 알리게 되어 유감으로 생각한다.

inform A ┃ of B : A를 B에게 알리다.
　　　　　┃ that B

I informed him of her success.(나는 그에게 그녀의 성공을 알렸다.)

=I informed him that she had been successful.

handling fee ; 취급수수료

=handling charge

charge a tax on an income : 소득세를 부과하다.

charge a tax on an estate : 토지에 세금을 부과하다.

charge a tax on : ~에 세금을 부과하다

all the+선행사+that(관계대명사)

[답] A

3. 지나가고 있는 사람과 개가 상처를 입었다.

pass by : ~을 지나가다.

선행사가 사람과 동물이면 관계대명사 that을 쓴다.

사람 and 동물 + that(관계대명사)

[답] D

4.. 상식 있는 사람이라면 누가 그런 것을 믿을 수 있겠는가?

의문사+that(관계대명사)

[답] C

5. 그 회사는 관리직 경험이 최소한 2달 이상의 경력이 있는 자로서 상당히 동기부여를 해주는 영업관리 직원을 찾고 있는 중이다.
선행사(사람)+who(관계대명사)+V～.

[답] B

6. 금과 은 중에서 전자가 더 귀중하다.
Of the two ｜ ～ the + 비교급(형용사).
Of A and B ｜
Which of the two cities is lighted better at night?
※ 부사의 비교급과 최상급에는 the가 없다.

[답] B

7. 그 호수는 이 지점에서 가장 깊다.
동일인·동일물의 부분적·시기적 비교로서의 최상급에는 the가 없다.
동일물 비교의 최상급에 the가 없다.
부사의 비교급과 최상급에는 the가 없다.
타물 비교의 최상급에는 the가 있다.
The lake is the deepest in the world. (타물 비교)
The lake is deepest here.(동일물 비교)

[답] B

8. 두 도시 중 어느 쪽이 밤에 더 밝은가?
Which of the two cars goes better?
(그 두 대의 자동차 중에서 어느 쪽이 더 잘 달리는가?)
Of the two + ～ 비교급(부사).
Of the two + ～ the + 비교급(형용사).
본문에서 better는 동사를 수식하는 부사이다.
따라서 부사의 비교급 better에는 the가 없다.

[답] C

9. 그녀를 보면 어머니 생각이 난다..

A reminds me of B : A를 보면 B 생각이 난다.
You <u>remind me of</u> your father.
(너를 보면 네 아버지 생각이 난다.)

[답] C

10. 학생이 열심히 공부하는 것은 당연하다.
<u>It is + 이성적 판단 형용사</u>(natural) <u>+ that</u> + S+ (should) <u>동R</u>(동사원형) ~
(→<u>It is + 형용사 + that</u> + S+ <u>동R</u> ~)

[답] B

11. 너는 4일간 계속하여 공부했다; 너는 지쳤음에 틀림없다.
must be :~ 임에 틀림없다.
for three consecutive years : 3년간 계속하여
on consecutive days : 매일[계속하여]

[답] B

12. 나이 많은 노동자들은 지금은 밤에 일하는 데 익숙하지만, 처음에는 많은 어려움이 있었다.
at (the) first :처음에는
be used to ~ing :하는 데 익숙하다
= be accustomed to ~ing
He <u>is accustomed to</u> obeying orders(그는 명령을 복종하는 데 익숙하다.)
He <u>is used to</u> driving a car.(그는 차 운전에 익숙하다.)
I <u>am not used to</u> being spoken to like that.
(나는 그런 식으로 말을 걸어오는 데 익숙하지 않다.)

[답] C

13. 정식 국제운전면허 없이 이 주에서 외국인에 의한 어떠한 운전도 허용되지 않음은 필수적이다
<u>It is essential that</u> + S + <u>동R</u> ~

[답] D

14. 물에 빠진 사람은 지푸라기라도 붙잡으려고 하는 법이다.
여기서 <u>will</u>은 경향을 나타낸다.

catch at : ~을 붙잡으려고 하다.

[답] D

15. 그는 신사이다, 그의 동생은 신사가 아니다.
선행사가 사람일지라도 신분, 지위, 성격을 나타낼 때는 which나 that을 쓴다.
여기서는 <u>gentleman</u>을 가리키는 ,which가 <u>SC(주격보어)</u>로 쓰였다.

[답] C

16. 신분증이 없는 사람은 연구개발센터의 출입이 허용되지 않는다.
ID card : 신분증
permit + O + to(do) : O가 ~하는 것을 허용하다
=allow + O + to(do)
be permitted to(do) : ~하는 것이 허용되다.
=be allowed to(do)

[답] B

17. 관광객에게 루이14세 방 천장에 있는 환상적인 그림을 주목하라고 일러주시오.
<u>Please remind</u> + O + <u>to(do)</u> : O에게 ~하라고 일러주시오.
<u>Please remind</u> A <u>to</u> B : A에게 잊지 말고 B하라고 일러주시오.(B=동R)
Please <u>remind</u> her <u>to</u> call me.
(그녀에게 잊지 말고 내게 전화해 달라고 일러주시오.)
Please <u>remind</u> me <u>to</u> write tomorrow.
(나에게 잊지 말고 내일 편지 쓰라고 일러주시오.)
<u>That reminds me that</u> I must go home.
<u>(그러고 보니 이젠</u> 집에 돌아가야 한다.)

[답] B

18. 그 증인은 교통사고가 횡단보도 상에서 일어났다고 주장했다.
take place : 일어나다
=happen
※ <u>요구, 주장, 명령, 충고, 권고, 동의, 제안, 결정 등 V + that</u> + S + <u>동R</u> ~
S+ <u>insist that</u> +S + <u>동R</u> ~

※ 그러나 여기서는 『 <u>단순사실은 그대로 시제일치를 시킨다</u> 』를 <u>주의</u>해야 한다.

즉 <u>주장하다보다 교통사고가 먼저 일어났음</u>에 주의해야 하겠다.

따라서 주장하다(과거)보다 이전인 교통사고가 일어났었음(과거완료)을 주의해야
한다.

[답] C

19. 그의 의사는 그에게 잠시 휴가라도 다녀오라고 제안했다.

leave of absence : 휴가

<u>suggest that</u> + S + <u>동R</u> ~

My family doctor <u>suggests (to me) that</u> I (should) <u>take</u> a walk every day.

(우리 집 주치의는 나에게 매일 산책을 하라고 권한다.)

[답] C

20. 회사 소풍을 갔을 때 기후는 양호한 것 같았다.

favorable : 양호한

[답] D

21. 그 프로그래머는 현재 컴퓨터 시스템이 보다 새로운 소프트웨어 버전으로 업그
레이드되었다고 주장한다.

<u>insist that</u> + S + <u>동R</u> ~

[답] A

22. 종업원들은 추가로 일한 시간은 충분히 지불되어야 한다고 주장한다.

<u>insist that</u> + S + <u>동R</u> ~

He <u>insisted that</u> I (should) <u>start</u> at once.

(그는 내가 즉시 출발해야 한다고 주장했다.)

insist that + S + <u>과거</u> ~ [<u>단순사실은 그대로 시제일치를 시킨다</u>]

He <u>insists</u> that he <u>saw</u> a UFO. [<u>단순사실은 그대로 시제일치를 시킨다</u>]

(그는 비행접시를 보았다고 우긴다.)

[답] C

23. 뉴욕의 인구는 서울의 인구의 8배나 많다.

<u>The + 명사 + of ~ + V ~ than + that(=the+명사) + of ~ .</u>

<u>소유격 + 명사 + V ~   as + that(=the+명사) + of ~</u>

<u>The population</u> of new york is eight times as large as <u>that(=the</u>

population) of Seoul.
~ times as +원급 + as ~ : ~의 몇 배나 ~ 하다.

[답] C

24. 이 두 방 중에서 너는 어느 것이 더 안락하다고 생각하느냐?
Of the two ~ the +비교급(형용사)

[답] C

25. 여름과 겨울 중에서 어느 것을 더 좋아하느냐?
Which do you like better, A or B?(A와 B 중에서 어느 것을 더 좋아하느냐?)

[답] B

26. 나중에 웃는 자가 가장 잘 웃는다.
부사의 최상급에는 the가 없다.
He who laughs last laughs best.
=He laughs best who laughs last

[답] B

27. 반짝인다고 다 금인 것은 아니다.
All ~ not ~ : 모두다 ~ 인 것은 아니다.[부분부정]
All is not gold that glitters. (that은 관계대명사)
= All that glitters is not gold.

[답] B

28. 아무리 현명한 사람이라도 그것을 이해할 수는 없는 법이다.
The+최상급+명사~ : 아무리 ~한 ~이라도~
=Even the+최상급+명사~
The wisest man will not be able to understand it.
= Even the wisest man will not be able to understand it.

[답] B

29. 고객들이 성실하고 정직하다고 믿고 있는 은행 금전출납계원이 고객들을 속인 것으로 판명되었다.
who+(S+believe)+is~.

whom+S+believe+to be(OC)~.
believed는 5형식 타동사이고 to be 이하는 OC(목적격 보어)이므로 believed의 목적격 관계대명사 whom이 온다.

[답] D

30. 고객들이 믿기에 성실하고 정직한 은행 출납계원들이 고개들을 속인 것으로 판명되었다.
여기서 they believed는 삽입구이다. 따라서 is 앞에 관계대명사 주격 who가 온다.

[답] C

31. 그 가게는 폭보다 길이가 길다.
long, wide, thick, thin, high, low 등 넓이 길이 등의 비교는 동일물·동일인의 두 가지 성질 비교라도 more를 붙이지 않는다.
The shop is longer than wide.(예외적인 long, wide 등의 동일물 비교))
She is more kind than wise.(동일인의 두 가지 성질 비교)

[답] A

32. 아름다운 경치로 유명한 설악산은 서울의 동쪽에 위치해 있다.
be noted for : ~으로 유명하다
= be famous for
to the west of ~ : ~의 서쪽에 위치하여
on the west of ~ : ~의 서쪽에 접하여
in the west of ~ : ~의 서부에

[답] D

33. 요즘 모든 독자들이 소설에 관해서 이야기 하고 있는 그 소설을 나는 사고 싶다.
the novel which every reader is talking about these days.
= the novel about which every reader is talking these days.

[답] B

34. 내가 지금 찾아보고 있는 안내 책이 지중해 주변 국가들에 관한 것이다.
refer to : ~을 참고하다. 찾아보다
= consult

refer to a dictionary :사전을 찾아보다.
= consult a dictionary

[답] B

35. IBM 회사가 자격요건을 갖춘 적합한 관리인을 찾고 있다.
qualifications 명사 앞에 소유격 whose가 와야 한다.
관계대명사 소유격
whose ~
= of which the ~
= the ~ of which

[답] A

36. 나는 친구란 너밖에 없다.
I have <u>no other</u> friend <u>than</u> you
= I have <u>no</u> friend <u>but</u> you.
　　　　　　　(but=except)

[답] but

37. 이것이 가장 좋은 지도이다.
This sis <u>the best</u> map.
= This is <u>as</u> good a map <u>as any</u>.
<최상급 뜻 표현=the+최상급~: 가장~>
= as ~as any + 명사
= as + 형용사 + a + 명사 + as any
= as ~ as ever + 동사
= as ~ as can be
= as ~ as there is

[답] any

38. 시간이 가장 귀중하다
Time is the most precious. (of all).
= time is more precious than anything else.
= Nothing is more precious than time.
= Nothing is so precious as time.

39. 철은 가장 유용한 금속이다.

Iron is the most useful metal.

= Iron is more useful than any other metal.

= No other metal is more useful than iron.

= No other metal is so useful as iron.

[답] any other metal

40. 이것이 내가 지금까지 본 가장 좋은 영화이다.

S + is + the+ 최상급 + 명사 + that + S' + have ever pp

= S'+ have never pp + so + 형용사 + a + 명사 + as+ S.

= S' + have never pp + such a + 혀용사 + 명사 + as + S.

This is the best movie that I have ever seen.

= I have never seen so good a movie as this

= I have never seen such a good movie as this.

<어순정리>

so   + 형용사 + a + 명사

as

how

too

however

such a   + 형용사 + 명사

quite a

what a

[답] is the best movie that I have ever seen

※ 다음 빈 칸에 들어 갈 알맞은 말을 고르시오.(1 ~ 38).

1. I spend my evenings _____ television.

  (A) watching   (B) on watching   (C) to watch   (D) to watching

2. He left without so much as _____ goodbye to me.

  (A) say   (B) to say   (C) saying   (D) to saying

3. He is not much _____ a scholar.

  (A) as   (B) of   (C) to   (D) on

4. A number of problems _____ come up in recent weeks.

  (A) is   (B) are   (C) has   (D) have

5. The number of vehicles produced last year _____ up by ten percent.

  (A) is   (B) are   (C) was   (D) were

6. All high school graduates will be _____ to become a deliver man of the US Postal Service.

  (A) receivable   (B) eligible   (C) estimated   (D) assessed

7. The Minister of Trade had considerable difficulty _____ over the language problems in preparing an agreed statement.

  (A) to get   (B) get   (C) getting   (D) to getting

8. The marketing of the newly developed mobile phone is likely to be interrupted due _____ the delay in government approval.

  (A) at   (B) on   (C) of   (D) to

9. _____ very few exceptions, most merchant banks in Korea went bankrupt or experienced a period of service reconstruction during the economic crisis in 1998.

  (A) in   (B) on   (C) for   (D) with

10. We were very upset that the waiter cleared the table _____ all the dishes even if we had not finished eating.

  (A) for   (B) from   (C) of   (D) by

11. A 12% sales tax will be automatically imposed _____ any takeout orders.

  (A) at   (B) by   (C) in   (D) on

12. Because the new office building is still _____ construction, the workers will have to work in this place for another four months.

  (A) for   (B) of   (C) under   (D) during

13. KDI issued a disappointing articles which is full _____ dismal predictions about the nation's recovery of economic recession.

  (A) with   (B) of   (C) by   (D) for

14. Since 1990, a great _____ of change has occurred in many parts of the world.

  (A) number   (B) many   (C) quality   (D) deal

15. The new department store is attracting _____.

  (A) a large number of customers   (B) many clients

  (C) a large number of clients   (D) much customers

16. The presentation on the newly developed vehicles _____ place every Wednesday at 10:00 am.

  (A) have   (B) make   (C) give   (D) take

17. Employees who have worked for less than two years are not eligible _____ the retirement plan.

  (A) at   (B) on   (C) in   (D) for

18. The supply of oil is running _____, the government is asking the citizens to refrain from using their cars.

  (A) deep   (B) long   (C) short   (D) fast

19. The class had _____ a large attendance that the professor was very pleased.

  (A) so   (B) such   (C) much   (D) many

20. Sales figures need _____ biannually.

  (A) to calculate   (B) for calculating   (C) calculating   (D) to calculating

21. Since the agreement was finally approved, the employees should be ready _____ resume their work.

  (A) for   (B) to   (C) of   (D) in

22. Michael has lived in Peru for ten years, but he _____ doesn't understand Spanish.

  (A) yet   (B) still   (C) already (D) any more

23. The company has not _____ been able to reach the sales goals set up at the beginning of the year.

  (A) yet   (B) still   (C) early   (D) already

24. The Executive Board Committee consists _____ 3 vice presidents, 4 executive directors, and 10 section managers.

(A) in   (B) at   (C) of   (D) on

25. We have every confidence _____ Mr. Tom's ability to extend our business into textile industries.

(A) for   (B) in   (C) with   (D) to

26. The assistant manager was eventually dismissed because he was absent _____ the strategic planning meeting too often.

(A) at   (B) from   (C) of   (D) for

27. Tickets should be purchased _____ 48 hours of the time it is booked, or your seat will not be fully guaranteed.

(A) by   (B) within   (C) for   (D) in

28. Customers can make complaints to the customer service representatives by calling _____ the hours of 10 am. and 6 pm,   during the week.

(A) among   (B) for   (C) between   (D) by

29. I went to London by way _____ paris.

(A) in   (B) to   (C) of   (D) at

30. In an effort to improve their credit rating, increasingly more Korean commercial banks are struggling to wipe _____ bad loans.

(A) in   (B) of   (C) for   (D) out

31. Everyone I asked to come _____ waiting at the airport when I arrived.

(A) was   (B) is   (C) were   (D) are

32. _____ employees attended the Christmas party.

(A) A lot of   (B) Much   (C) Little   (D) Less

33. Does he have _____ information?

(A) much   (B) many   (C) a number of   (D) a lot

34. The package should _____ be sent by express mail.

(A) tomorrow   (B) everyday   (C) monthly   (D) always

35. The newly purchased state of the aircraft can accommodate _____.

(A) a large number of customers   (B) many clients

(C) a large number of clients   (D) much customers

36. After carefully reviewing your resume, we will inform you _____ a list of job openings most closely matched to your careers and experiences.

(A) for   (B) to   (C) at   (D) of

37. Judging _____ the condition of the machine, it was evident that it had _____ been used.

(A) from - seldom   (B) to - barely   (C) from - seldomly   (D) to - nearly

38. I spend much money _____ books.

I spent ten minutes _____ the first problem.

   (A) on - in   (B) on - on   (C) to - in   (D) to - on

※ 다음 문장의 밑줄 친 부분 중 틀린 곳을 옳게 고치시오(39~48).

39. Young man, <u>ply your book</u> diligently now, and acquire a stock of
              (A)

knowledge, for when years <u>come on</u> you, you will find that <u>poring books</u> will
                           (B)   (C)

be <u>but</u> an irksome task.
   (D)

40. The scholar needs <u>company</u> to keep him <u>making</u> sense. And <u>in particular</u>
                       (A)   (B)   (C)

he needs the company of fresh minds, <u>whom</u> he must explain things from the
                                       (D)

beginning.

41. Neither man's curiosity <u>nor</u> his inherent ego allows <u>his remaining</u>
                            (A)   (B)

contentedly <u>oblivious to</u> <u>anything that</u> is close to his life.
             (C)   (D)

42. Indians in pre-Colombian <u>times</u> developed <u>a wide range</u> of medicines
                             (A)   (B)

<u>derived of</u> plants, including digitalis, which they <u>utilized</u> in the treatment of
(C)   (D)

heart disease.

43. Some professors believe that by <u>studying</u> logic and philosophy, students <u>can</u>
                                    (A)   (B)

learn <u>what</u> to develop <u>logical agreement</u> through deductive reasoning.
      (C)   (D)

44. <u>Excepting for</u> <u>special</u> exhibitions, <u>most</u> museums in the United States <u>have</u>
    (A)   (B)   (C)   (D)

no admission charge

45. The man <u>flung</u> the door wide <u>opened</u> for his sister <u>and</u> silently <u>watched</u> her
         (A)   (B)   (C)   (D)
go out.

46. <u>Though</u> Lincoln knew his defects, he was broad minded enough <u>to appoint</u>
    (A)   (B)
the man <u>to</u> the important office because he <u>was convincing</u> of his ability.
         (C)   (D)

47. Alan Austen, <u>as nervous as</u> a kitten, <u>went up</u> the dark stairs in Pell Street
                    (A)   (B)
<u>until</u> he found the name he wanted <u>writing</u> on one of the doors.
(C)   (D)

48. When I <u>got to</u> the airport, I discovered that the plane from Chicago, which
              (A)
my brother was travelling <u>on</u>, <u>had been delayed</u> in Denver because of engine
                          (B)   (C)
trouble and <u>was expecting</u> to be about an hour late.
              (D)

※ 다음 빈 칸에 들어 갈 말로 뜻이 다른 하나는(49)?

49. Japan is _____ to increase its economic assistance to developing
countries.
  (A) ready   (B) expected   (C) supposed   (D) due

※ 다음 주어진 문장과 뜻이 같게 빈 칸에 알맞은 말을 넣으시오(500).

50. He is a statesman rather than a scholar
 = He is _____ a scholar _____ a statesman.

[Test 8회 문제풀이 및 해답]

1. 나는 저녁에는 Tv를 시청하면서 지낸다.

spend ＋ O ＋ | on ＋ 명사
               | in ～ ing
               | ～ ing

<u>spend</u> a lot of money <u>on</u> books : 책 사는 데 많은 돈을 쓰다.
I <u>spent</u> ten minutes <u>on</u> the first problem.
(나는 첫 문제에 10분을 소비했다.)
We <u>spent</u> so much trouble <u>on</u> it.
(우리는 그 일로 큰 애를 썼다.)
Don't <u>spend</u> such a lot of time <u>in</u> dress<u>ing</u> yourself.
(옷을 차려 입는 데 시간을 그렇게 소비하지 말라.
dress oneself : 옷을 입다, 단장하다

[답] A

2. 그는 나에게 작별 인사도 없이 떠났다.
without (so much as) ～ing : ～도 없이
He left us <u>without so much as</u> say<u>ing</u> goodbye.
(그는 작별인사도 없이 우리 곁을 떠났다.)
He went away <u>without</u> say<u>ing</u> goodbye.
(그는 작별인사도 없이 가버렸다.)

[답] C

3. 그는 대단한 학자는 아니다.
not much of a : 대단한 ～ 은 아니다.
He is <u>not much of a</u> poet.
(그는 대단한 시인은 아니다.)

[답] B

4. 최근 몇 주간 많은 문제가 제기되었다.
come up : 제기되다.
in recent weeks : 최근 몇 주간
in recent years : 최근 몇 년간

5. 작년에 생산된 차량의 수가 10%나 늘었다.

The number of~ : ~의 수

A number of~ : 많은(many)~

The number of ~ is[was] ~

A number of ~ are[were] ~

6. 모든 고등학교 졸업생들은 미국 우정공사의 우편배달원이 될 자격이 있다.

be eligible | to(do) : ~할 자격이 있다.

　　　　　　| for+명사 : ~(의) 자격이 있다.

He is not eligible to enter the game.

(그는 경기에 참가할 자격이 없다.)

He is eligible for the presidency.

(그는 사장 자격이 있다.)

He is eligible for membership.

(그는 회원이 될 자격이 있다.)

7. 통상장관은 협정 성명서를 준비함에 있어서 언어문제를 극복하는 데 상당한 어려움이 있었다.

have difficulty (in)~ing : ~하는 데 어려움이 있다

I have difficulty in remembering names.

(나는 사람 이름을 기억하는 데 어려움이 있다.)

get over : ~을 극복하다

8. 정부 인가의 지체 때문에 새로 개발된 모바일폰의 마켓팅이 중단될 것 같다.

due to ~ :~ 때문에

= owing to ~

= because of ~

Due to the approaching storm : 다가오는 폭풍 때문에

Some articles have risen in price, due to the increasing demand.

(수요가 증가했기 때문에 어떤 상품은 가격이 올랐다.)

be due to ~ : ~ 에 기인하다
= be caused by ~
= result from ~
The accident <u>was due to</u> the driver's failing to give a signal.
(그 사고는 운전기사가 신호를 하지 못했기에 때문에 일어난 것이었다.)
The accident <u>was due to</u> his carelessness.
(그 사고는 그의 부주의 탓이다.)

be due to (do) ~ : ~ 할 예정이다
= be supposed to (do)
= be expected to (do)
= be planning to (do)
= plan on ~ ing
He <u>is due to</u> speak here tonight.
(그는 오늘밤에 이곳에서 연설할 예정이다.)

be likely to (do)~ : ~ 할 것 같다
He <u>is likely to</u> lose the game.
(그는 경기에 질 것 같다.)
It <u>is likely to</u> rain.
(비가 올 것 같다.)

[답] D

9. 거의 예외 없이 1998년 경제위기 동안에 한국의 대부분 상업은행들은 파산하거
나 서비스 재건복구기간을 겪었다.
without exception : 예외 없이
go[become] bankrupt : 파산하다
with very few exception : 거의 예외 없이

[답] D

10. 우리가 아직 식사가 끝나지 않았음에도 웨이터가 테이블의모든 접시들을 치우
다니 우리는 매우 당황했다.

be upset : 당황하다
clear A of B : A의 B를 치우다
clear the pavement of snow : 길의 눈을 치우다.
that(접속사) ~ : ~ 하다니(판단의 기준)

[답] C

11. 포장주문품에도 12% 판매세가 자동적으로 부과될 것이다.
impose A on B : B에 a를 부과하다
impose taxes on : ~에 과세하다
lay[levy] a tax on : ~에 과세하다
impose taxes on one's property : ~의 재산에 과세하다
=tax one's property
income tax : 소득세
national taxes : 국세
local taxes : 지방세
land tax : 토지세
business tax : 영업세

[답] D

12. 오피스빌딩이 아직 건설 중이기 때문에 근로자들이 이곳에서 넉 달 더 일해야
할 것이다.
under construction : 건설 중, 공사 중
under repair : 수리 중
be under an operation : 수술을 받고 있다

in course of : ~중
= under
in the course of : ~하는 동안에
= during

in course of construction : 건설 중
= under construction
in the course of this year : 금년 중에
= during this year

He came <u>during</u> my absence(그는 내가 없을 때에 왔다.)

[답] C

13. 야는 국가의 경제 불황 회복에 관하여 우울한 예측으로 가득한 실망시키는 논문을 발표했다.
be full of ~ : ~으로 가득하다, 가득 차다, ~투성이다.

[답] B

14. 1990년 이래로 세계의 많은 부분에서 많은 변화가 일어났다.
<u>a great deal of + 단수명사</u> : 다량의 ~, 많은~
= <u>a good deal of + 단수명사</u>
= a lot of ~

<u>a great number of + 복수명사</u> : 다수의 ~, 많은~
= <u>a large number of +복수명사</u>
= a lot of −

<u>a good deal of</u> trouble : 대단한 수고
You've wasted <u>a good deal of</u> precious time.
(너는 귀중한 시간을 많이 낭비했다.)
They were <u>a great[large] number of</u> people present at the meeting.
(그 회합에 많은 사람들이 참석하였다.)

[답] D

15. 새 백화점이 많은 고객들을 끌어들이고 있다.
a large number of +복수명사 : 다수의, 많은
=a great number of +복수명사
customer : (상점) 고객
client : (의사, 은행, 변호사) 고객

[답] A

16. 새로 개발된 자동차들에 관한 설명회가 매 수요일마다 오전 10시에 거행된다.

take place : 1) 일어나다(=happen)
          2) 개최되다, 거행되다(=be held)

[답] D

17. 2년 이하 동안 근무한 종업원들은 퇴직자 연금제도의 자격이 없다.
retirement plan : 퇴직자 연금제도
=pension plan
be eligible to (do) : -할 자격이 있다.
be eligible for +명사 : (의) 자격이 있다.

[답] D

18. 오일 공급이 부족해지자, 정부는 지방 시민들에게 자동차 운행을 자제해
줄 것을 요청하고 있다.

run ┐
fall │ short of ~ : ~이 부족하다, 떨어지다
come │
be ┘

I am running short of cash.(나는 현금이 바닥 나가고 있다.)
ask + O + to(do) : O에게 ~ 할 것을 요청하다
refrain from ~ ing : ~할 것을 자제하다. 삼가다. 그만두다

[답] C

19. 그 수업에 참석자가 상당히 많아서 교수는 매우 기뻤다.
so ~ that
such a ~ that
so+형용사 +a+명사+that
such a+형용사+명사+that
a large attendance : 다수의 참석자
a small attendance : 소수의 참석자
a large[great] number : 다수(多數)
a small number : 소수(少數)
a high number : 대수(大數)
a low number : 소수(小數)

[답] B

20. 판매액은 반년마다 계산할 필요가 있다.

S + want   + | ~ing (피동) [S가 동작을 받는 피동 뜻]
    need | (=to be pp)
    require
    deserve
    be worth
    bear

want | to(do) : 능동
     | ~ing : 피동

The child wants <u>washing</u>(=to be washed).
(그 아이는 씻겨줄 필요가 있다.)
The child wants <u>to wash</u>.(그 아이는 씻고 싶어 한다.)

[답] C

21. 합의에 찬성했으므로 종업원들은 일을 다시 시작할 준비를 해야 한다.
be ready to (do) : ~할 준비가 되어 있다.
be ready for + 명사
resume : 다시 시작하다. 이력서

[답] B

22. 미카엘이 페루에 10년 동안 살았다. 그러나 그는 여전히 스페인어를 이해하지 못한다.
still : 여전히(계속)

[답] B

23. 그 회사는 연초에 세운 판매목표에 아직 도달할 수 없었다.
yet : (부정문)아직

[답] A

24. 상임이사회는 부회장 3인, 집행이사 4인, 부분 위원 10인으로 구성되어 있다.
consist of : ~으로 구성되어 있다.
Water <u>consists of</u> hydrogen and oxygen.(물은 수소와 산소로 구성되어 있다.)
consist in : ~에 있다.

Happiness <u>consists in</u> contentment.(행복은 만족에 있다.)

[답] C

25. 우리는 모두가 톰이 우리 사업을 섬유산업으로 확장하려는 능력을 신뢰하고 있다.

have[put, place, repose, show] confidence in : ～을 신뢰하다.

the textile industry : 섬유산업

ability to(do) : ～하려는 능력

[답] B

26. 부매니저가 너무 자주 전략기획회의에 불참하였기 때문에 결국 해고되었다.

eventually : 결국, 마침내, 드디어

= finally

It will eventually need to be modernized..

(결국 현대화 될 필요가 있을 것이다.)

dismiss : 해고하다

= discharge

= fire

be absent from school : 결석하다

= absent oneself from school

[답] B

27. 예약시간 48시간 이내에 티켓을 구입해야 한다. 그렇지 않으면 너의 자리는 완전히 보증되지 않는 법이다.

book : 예약하다

within : ～이내에

[답] B

28. 고객들은 그 주 중에 오전 10시부터 오후 6시 사이에 전화해서 고객서비스 대표에게 불평을 말할 수 있다.

make a complaint : 불평을 말하다.

by ～ing : ～해서

between A and B : A와 B 사이에

[답] C

29. 나는 파리를 경유하여 런던에 갔다.
by way of : ~을 경유하여
= via

[답] C

30. 한국 상업은행들이 그들의 신용평가등급을 개선할 노력에서 악성대여금들을 청산하려고 애쓰고 있다.
credit rating : 신용평가등급
struggle to(do) : 하려고 애쓰다
increasingly more : 점점 더
wipe out : (부채를)청산하다. (병)안을 닦다
wipe out a bottle : 병 안을 닦다

[답] B

31. 내가 도착했을 때, 내가 오라고 요청한 사람들 모두가 공항에서 기다리고 있었다.
Everyone (I asked to come) was waiting at the airport.
asked의 목적어는 Everyone이며, Everyone은 was의 주어이다.
ask + O + to (do)
Everyone이 단수취급이라 동사 was가 온다.

[답] A

32. 많은 종업원들이 크리스마스 파티에 참석했다.
a great number of + 복수명사
a large number of + 복수명사
a number of + 복수명사
a lot of + 복수명사

a lot of + 단수명사
a great deal of + 단수명사
a good deal of + 단수명사

[답] A

33. 그는 많은 정보를 가지고 있느냐?

much + 단수명사

information은 셀 수 없는 명사이다.

much information

[답] A

34. 소포는 항상 빠른우편으로 보내야 한다.

express mail : 빠른우편

[답] D

35. 새로 구매한 항공기의 상태는 많은 고객들이 탑승할 수 있다

aircraft : 항공기

accommodate :수용하다. 탑승하다. 태우다.

customer :(상점, 백화점, 항공사) 고객

client :(병원, 은행, 변호사) 고객, 의뢰인

a large number of customers : 다수의 고객

[답] A

36. 우리는 너의 이력서를 신중히 자세히 살펴본 후, 너의 경력과 경험에 가장 밀접하게 알맞은 빈자리 리스트를 너에게 알려줄 것이다.

resume : 이력서

job opening : 빈자리

inform A of B : A에게 B를 알리다

[답] D

37. 기계의 상태로 미루어 보면, 기계를 좀처럼 사용하지 않았던 것이 분명했다.

judging from : ~로 미루어 보면

It is evident that~ : ~라는 것은 분명하다.

It was evident (to everyone) that the game was canceled.

(그 시합이 취소된 것은 모두 알 수 있을 정도로 분명했다.)

seldom : 좀처럼 ~ 않다.

barely : 거의 ~ 않다

nearly : 거의

[답] A

38. 나는 책사는 데 많은 돈을 소비한다. 나는 첫 문제에 10분을 소비했다.

spend + O + | on+명사

               | in ~img

               | ~ing

Don't <u>spend</u> such a lot of time <u>in</u> dress<u>ing</u> yourself.

(옷을 차려입는 데 그렇게 많은 시간을 소비하지 말라.)

I <u>spend</u> my evenings watch<u>ing</u> television.

(나는 저녁에는 TV를 보면서 지낸다.)

[답] B

39. 젊은이여, 지금 부지런히 열심히 책을 읽고, 지식을 많이 축적하라. 왜냐하면 세월이 흐르면 너희들이 열심히 책을 읽는 것은 단지 성가신 일이라는 것을 알게 될 것이기 때문이다..

ply one's book : 열심히 책을 읽다

=pore over a book

irksome : 진저리나는 지루한, 지겨운, 성가신, 귀찮은

[답] C (pore over books)

40. 그 학자는 그의 생각이 계속 이치에 맞게 해줄 동료가 필요했다. 특히 그는 처음부터 어떤 것들을 설명해주어야 하는 신선한 지성을 가진 동료를 필요로 하였다.

keep + O + ~ing : O가 계속 ~ 하게 하다

make sense :이치에 맞다

<u>explain</u> + O + to + 사람 : ~에게 O를 설명하다

  V3

<u>explain</u> A <u>to</u> B : B에게 A를 설명하다

[답] D (to whom)

41. 인간의 호기심도 선천적인 자아도 자기 인생과 밀접한 어떤 것을 마음 편히 잘 잊도록 허용하지 않는다.

inherent : 타고난, 선천적인

Love is inherent in a good marriage.

(사랑은 행복한 결혼 생활에 내재해 있다.)

allow + O + to(do) : O가~하는 것을 허용하다.

[답] B (him to remain)

42. 콜럼버스가 신대륙을 발견하기 이전에 인디언들은 심장병을 치료하는 데 사용했던 강심제를 포함해 여러 식물에서 추출한 광범위한 약품을 개발했다.

digitalis : 강심제

a wide range of : 광범위한

be derived from : ~에서 나오다, ~에서 추출하다, ~에서 비롯되다.
　　　　　　　　　　~에서 파생되다,

The belief <u>is entirely derived from</u> the wish for safety.
(신앙은 전적으로 안전을 바라는 마음에서 비롯된 것이다.)

This word <u>is derived from</u> Latin.(이 낱말은 라틴어에서 파생되었다.)

[답] C (derived from)

43. 일부 교수들은 학생들이 논리학과 철학을 공부해서 연역적 추론을 통해 논리적 주장을 전개하는 방법을 배울 수 있다고 믿고 있다.

deductive reasoning : 연역적 추론

how to(do) : ~하는 방법

[답] C (how to)

44. 미국에서 대부분의 박물관은 특별한 전시를 제외하고 입장료를 받지 않는다.

Except for :~을 제외하고
= Excepting

admission charge : 입장료

[답 A (Except for 또는 Excepting)

45. 그 남자는 그의 누이를 위해 문을 홱 열고는 조용히 그녀가 나가는 것을 지켜봤다.

fling a door | open : 문을 홱 열다
　　　　　　　| shut : 문을 홱 닫다

fling-flung-flung

<u>watch</u> + O + | ① 동R 　　　: 능동, 단순한 사실(슬라이드)
(지각V) 　　　　| ② ~ing 　　: 능동, 생생한 묘사(비디오, 동영상)
　　　　　　　　| ③ be pp 　: 피동, 단순한 사실(슬라이드)
　　　　　　　　| ④ being pp : 피동, 생생한 묘사(비디오, 동영상)

[답] B (open)

46. 링컨이 자기의 결점을 알았지만, 링컨은 그 사람의 능력을 확신했기 때문에 그 사람을 중요한 자리에 임명할 만큼 충분히 관대했다.

appoint A to B : A를 B에 임명하다

be convinced | of ; ~을 확신하다

| that

I am convinced of his honesty.

I am convinced that he is honest.

[답] D (was convinced)

47. 알랜 아우스텐은 새끼고양이처럼 신경이 날카로워 져서 어떤 문 위에 쓰여진 그가 원했던 그 이름을 발견하게 될 때까지 Pell가에 있는 어두운 계단으로 올라갔다.

[답] D (written)

48. 내가 공항에 갔을 때, 내 동생이 타고 있는 시카고에서 온 비행기가 덴버에서 비행기 엔진 고장으로 지체하고 있으며 약 한 시간 정도 늦을 것으로 예상된다는 것을 알게 되었다.

be expected to(do) : ~하기로 되어 있다, ~할 예정이다.

= be supposed to(do)

[답] D (was expected)

49. 일본은 발전도상국가에 경제 원조를 증대시킬 예정이다.

be due to (do) : ~할 예정이다.

= be supposed to (do)

= be expected to (do)

[답] A

50. 그는 학자라기보다는 오히려 정치가이다.

not so much A as B : A라기보다는 오히려 B이다.

=B rather than A

[답] not so much, as

※ 다음 문장의 밑줄 친 부분에 들어갈 알맞은 말을 고르시오 (1 ~ 15)

1. If Bob's wife won't agree to sign the papers, _____.
   (A) neither he will   (B) so will he
   (C) neither will he   (D) so he will

2. Almost everyone fails_____ on the first try.
   (A) in passing his driver's test   (C) to pass their driver's test
   (B) in passing their driver's test   (D) to pass his driver's test

3. You don't object _____ you by your first name, do you?
   (A) that I call   (B) for my calling
   (C) to call   (D) to my calling

4. She didn't know whether to sell her books _____to keep them for reference.
   (A) and   (B) but   (C) or   (D) so

5. You had better get your visa _____ before it expires.
   (A) extend   (B) to extend   (C) extended   (D) extending

6. Professor Kim had us _____ compositions every Friday.
   (A) write   (B) to write   C) to writing   (D) written

7. According _____the conditions of my scholarship, after finishing my degree, I will be employed by the university.
   (A) as   (B) to   (C) on   (D) for

8. Even though there were only minor damages _____ the cars and no one was hurt, he still reported the accident.
   (A) of   (B) on   (C) for   (D) to

9. If I _____ you, I wouldn't return the call.
   (A) am   (B) was   (C) were   (D) be

10. Prices for bike at that store can run _____ $250.
    (A) so high as   (B) as high to
    (C) so high to   (D) as high as

11. His doctor suggested that he _____ a short leave of absence.
    (A) would take   (B) takes   (C) take   (D) took

12. I wish you _____ anything about it for the time being.
    (A) do   (B) didn't do   (C) don't   (D) didn't

13. The more he tried to help her, the _____she seemed to appreciate it.
    (A) little   (B) more little   (C) lesser   (D) less

14. George never goes out on dates because he has _____ money.

  (A) so little a   (B) very little   (C) many   (D) a few

15. She has been here _____ 2003.

  (A) after   (B) when   (C) in   (D) since

※ 다음 문장의 밑줄 친 부분 중 틀린 곳을 옳게 고치시오 (16~25)

16. The duties of the secretary are taking the minutes, mailing the
                         (A)   (B)

correspondence, and to call the members before meetings.
              (C)   (D)

17. There were little change in the patient's condition since he was moved
        (A) (B)   (C)   (D)

to the intensive care unit.

18. The new model costs twice as many as last year's model.
               (A)   (B)   (C) (D)

19. Even though she lost the beauty contest, she was kinder than pretty.
  (A)   (B) (C)   (D)

20. Whoever inspected this radio should have put their identification
  (A)   (B)   (C)   (D)

number on the box.

21. Whom did you say we should ask donating several paintings to the
  (A)   (B)   (C)   (D)

  new museum?

22. Professor Baker recommended that we are present at the reception this
                                 (A)

afternoon in order to meet the representatives from the Fulbright commission.
(B)   (C)   (D)

23. In order for one to achieve the desired results in this experiment, it is
necessary that he works as fast as possible
          (A) (B)   (C) (D)

24. If it receives enough rain at the proper time, hay will grow quickly as grass.
  (A)   (B)   (C)   (D)

25. The value of the dollar declines as the rate of inflation raises.
        (A)   (B)   (C)   (D)

※ 다음 문장 중 밑줄 친 부분과 뜻이 같은 것을 고르시오 (26~37)

26. She did not hear what you said because she was completely <u>engrossed</u> in her reading.

  (A) disguised   (b) absorbed   (C) refined   (D) suspended

27. I would rather not <u>have recourse to</u> Mary until I am absolutely sure that she is trustworthy.

  (A) rely in   (B) count of   (C) fall back on   (D) depend to

28. My library card will <u>cease to be effective</u> in December.

  A) extol   (B) expire   (C) expound   (D) explore

29. Because of a long drought, the farmer was <u>doubtful</u> about the prospect of a good yield.

  (A) loquacious   (B) intrepid   (C) dubious   (D) strident

30. A <u>frugal</u> buyer purchases fruit and vegetables in season.

  (A) ignorant   (B) thrifty   (C) aloof   (D) surly

31. If he insists upon being <u>stubborn</u>, we will have to settle this in court.

  (A) obstinate   (B) indignant   (C) abject   (D) gauche

32. He is a little <u>irritable</u> today because he did not sleep well last night.

  (A) blase   (B) grouchy   (C) glib   (D) cogent

33. Preservatives are added to bread to keep it from getting <u>old.</u>

  (A) static   (B) stale   (C) scant   (D) scornful

34. He <u>turned his car sharply</u> in order to avoid hitting a little boy on a bicycle.

  (A) swerved   (B) scattered   (C) scurried   (D) severed

35. Even as a child Thomas Edison had a very <u>curious</u> mind ; at the age of three he performed his first experiment.

  (A) intricate   (B) indignant   (C) incidental   (D) inquisitive

36. Since extremes in temperature may make your toothache worse, I suggest that you drink only <u>slightly warm</u> liquids.

  (A) acrid   (B) frigid   (C) torrid   (D) tepid

37. He <u>made fun of</u> her.

  (A) decried   (B) derided   (C) digressed   (D) deterred

※ 아래 주어진 문장을 읽고 각 문항에 적합한 말을 고르시오(38~41).

Outstanding opportunity with local real estate corporation. Requires strong background
in real estate, financing, closing. Some legal training helpful. Prefer candidate with M.A. and two or more years of successful real estate experience. Broker's license required. Salary range $16,000~$23,000 commensurate with education and experience. Begin immediately, Interviews will be conducted Tuesday and Thursday, June 10 and 12. Call for an appointment 243~1153, or send a letter of application and resume to :

> Personal Department
> Excutive Real Estate Corporation
> 500 Capital Avenue
> Lawrence, Kansas 67884

38. Which of the following is NOT a requirement for the job advertised?
   (A) At least two years experience (C) A broker's license
   (B) An M.A   (D) Extensive legal training

39. The salary range indicates that
   (A) everyone earns a beginning salary of $16,000
   (B) the salary depends upon the amount of education and work experience that the applicant has
   (C) some applicants would earn less than $16,000
   (D) candidates with an M.A. would earn $23,000

40. In line 14 the word *resume* most nearly means a
   (A) current address and telephone number
   (B) singed contract
   (C) summary of work experience
   (D) request for employment

41. This passage would most probably be found in
   (A) the classified section of a newspaper
   (B) a college catalog
   (C) a textbook
   (D) a dictionary

※ 다음 지문을 읽고 적당한 것을 고르시오(42~44).

---

490. English Composition, Fall, spring, 3 hours, One lecture, two writing laboratories. Prerequisite:

English 400 or permission of the instructor.

A review of English grammar and vocabulary, practice in writing technical English. Intended to assist foreign graduate students to write theses. Not open to native speakers, Professor Baker.

---

42. Foreign graduate students will probably take this class

(A) with native speakers

(B) after they write their theses

(C) after they take English 400

(D) instead of writing a thesis

43. From this course description we know that Professor Baker will teach

(A) English technical writing

(B) English conversation

(C) English literature

(D) foreign languages

44. The description implies that the course will

(A) be very theoretical

(B) meet six times a week

(C) include some grammar and vocabulary as well as composition

(D) be offered three times a year

※ 다음 주어진 문장과 뜻이 같게 고치시오(45~50).

45. This article is interesting, informative, and easy to read.

 → It _____.

46. I have never read such an interesting book as this.

 → This _____.

47. This is the biggest apartment in the building.

 → No other apartment in the building is _____

48. They say that he was rich.

→ He _____

49. This is the oldest mask in the exhibition.

 → This is older _____.

50. No other mask in the exhibition is older than this.

 → No other mask in the exhibition is _____.

[Test 9회 문제풀이 및 해답]

1. 밥의 아내가 그 서류에 서명하기를 거부한다면, 그도 역시 그럴 것이다.
나도 역시 그래
= 긍정문, <u>so do I.</u>
= 부정문, <u>neither do I.</u>

[답] C

2. 거의 모든 사람이 첫 번에는 자동차 운전면허시험에 떨어진다.
<u>fail to</u>(do) ; ～하지 못하다, ～하지 않다. ～할 수 없다. ～하는 것을 실패하다.
=do not(do)
=cannot(do)
He <u>failed to</u> go.(그는 가지 못하였다.)
I <u>failed to</u> obtain the post I sought.(나는 구하던 지위를 얻지 못하였다.)
He <u>failed to</u> appear.(그는 끝내 오지 않았다.)
I <u>fail to</u> see.(나는 잘 모르겠다.)
<u>fail to</u> keep one's word : 약속을 안 지키다.
His promises <u>failed to</u>(=<u>did not</u>) materialize.(그의 약속은 실현되지 않았다.)
<u>Don't fail to</u> let me know.(꼭 알려주게.)
He <u>did not fail to</u> keep his word.(그는 약속을 지켰다.)
<u>never fail to</u> (do) : 반드시[꼭] ～하다
He <u>never fails to</u> come on Sunday.(일요일에는 꼭 온다.)
He <u>never fails to</u> write to his mother every week.
(그는 매주 잊지 않고 꼭 어머니에게 편지를 한다.)
get a post as a teacher. : 교사직을 얻다.
seek－sought－sought
succeed in ～ing : ～하는 데 성공하다.
<u>everyone</u>은 단수취급이므로 소유격은 <u>his</u>이다.

[답] D

3. 당신을 이름으로 불러도 괜찮겠지요?
object to ～ing : ～ 하는 것을 반대한다.
object to + 소유격 + ～ing : ～가 ～하는 것을 반대한다.
I <u>object to</u> your do<u>ing</u> that..(나는 네가 그것을 하는 데는 반대한다.)

[답] C

4. 그녀는 책을 팔아야 할지 참고하기 위해서 보관해야 할지를 몰랐다.
whether A or B : A인지 B인지
I don't know <u>whether</u> he is at home <u>or</u> at the office.
(나는 그가 집에 있는지 사무실에 있는지 모른다.)
It matters little <u>whether</u> we go <u>or</u> stay.
(우리가 갈지 머물지는 그다지 중요하지 않다.)

[답] C

5. 비자가 만기가 되기 전에 너의 비지기간을 연장하는 편이 낫다.
had better+동R : ~하는 편이 낫다.
had better not+동R : ~하지 않는 편이 낫다.
get + O + | to(do) : 능동
　　　　　 | pp　　 : 피동
비자가 연장되어야 하므로 피동관계 pp가 와야 한다.

[답] C

6. 김 교수는 우리들에게 매 금요일 마다 작문을 쓰게 한다.
have + O + | 동R(능동)
　　　　　 | pp(피동)
우리가 작문을 쓰는 것이므로 능동관계이다. 따라서 동사원형이 온다.

[답] A

7. 나의 장학금 지불조건에 따라, 나는 학위 취득 후 대학에 취직하게 될 것이다.
according to(전치사) + 명사 : ~에 따라
= according as(접속사) + S + V~
conditions : 지불조건

[답] B

8. 비록 자동차들에 대한 손상이 경미하였고 아무도 다치지 않았지만, 그는 그럼에도 불구하고 그 사고를 보고했다.,
still : 아직도, 여전히, 그럼에도 불구하고, 더욱
<u>do[cause, inflict] damage to</u> : ~에 손해를 끼치다, 손상을 입히다.

The storm <u>did great damage to</u> the crops.
(폭풍은 농작물에 심한 피해를 입혔다.)
The insurance company will pay for <u>the damage to</u> my car.
(보험회사는 내 차가 입은 손해를 배상할 것이다.)

[답] D

9. 내가 너라면, 답례방문은 하지 않을 텐데.
가정법 과거는 were를 쓴다.

[답] C

10. 저 가게의 자전거 가격은 250달러나 고가에 달한다.
a high price : 고가
as much as : ~만큼이나
run to + 수량 등 : ~에 달하다
The cost <u>runs to</u> several million dollars.(그 비용은 수백만 달러에 달한다.)

[답] D

11. 그의 의사가 그가 잠시 휴가를 가는 게 어떠냐고 권했다.
leave of absence : 휴가
<u>suggest that</u> + S + 동R~
My family doctor <u>suggests that</u> I <u>take</u> a walk every day.
(우리 집 주치의는 나에게 매일 산책하라고 권한다.)

[답] C

12. 네가 당분간 그것에 관해서 아무것도 하지 않는 게 좋을 텐데.
I wish(that)+S+가정법동사 │ ① 과거 {were}   ; 동시
                        │ ② would (do)   : 후시
                        │ ③ had pp [would have pp] : 전시
I wish 다음에는 가정법 동사 세 가지가 온다.
동시일 경우는 과거f를 쓰고, 후시면 would+동사원형, 전시면 had pp나 would have pp를 쓴다.

[답] B

13. 그가 그녀를 도우면 도울수록 그만큼 그녀는 덜 고마워하는 것 같았다.

The + 비교급 ~ , the + 비교급 ~ : ~하면 할수록 그만큼 더 ~
The more ~ , the less ~ : ~하면 할수록 그만큼 덜 ~
The + 비교급~ , the + 비교급 ~
(관계부사)   (지시부사)
~하면 할수록   그만큼   더

[답] D

14. 조지는 돈이 별로 없기 때문에 결코 데이트하러 나가지 않는다.
money는 단수로 쓰이고 양을 나타낸다.
much money
little money

[답] B

15. 그녀는 2003년 이래로 여기에 있었다.
since는 현재완료 계속의 뜻을 지닌다.
그리고 아래 두 가지 since 구문을 꼭 익혀두자.(since ; ~이래로, ~한 지)
1) 시간 + have passed + since + S + 과거
Ten years have passed since he died.(그가 죽은 지 10년이 지났다.)
2) It is + 시간 + since + S + 과거
It is ten years since he died.(그가 죽은 지 10년이다.)

[답] D

16. 비서의 임무는 메모를 기록하고,, 편지를 발송하고, 그리고 회의 전에 회원들에게 전화 연락하는 것이다.
duties : 임무
call a meeting : 회의를 소집하다

〈 A, B, and C 용법 〉
~ing, ~ing, and ~ing
to(do)~, to(do)~, and to(do)~
that~, that~, and that~
명사, 명사, and +명사
즉, A, B, C가 동일한 어귀가 온다.
따라서 본문은 taking ~ , mailing ~ , and ~ing가 된다.

[답] C (calling)

17. 그가 특별 진료소로 옮긴 이래로 환자상태의 변화가 거의 없었다.
since 용법에 따라 " <u>have pp + since + S + 과거</u>" 가 온다.
little change가 주어이므로 has pp가 온다.
따라서 were를 has been으로 고쳐야 한다.

[답] B (has been)

18. 신 모델은 작년 모델보다 두 배만큼이나 비용이 든다.
비용은 many가 아니라 much를 써야 한다.

[답] B (as much as)

19. 그녀는 미인대회에서 떨어졌지만, 그녀는 예쁘기보다는 오히려 친절한 편이다.
She is <u>kinder than</u> her sister.(타인비교)
She is <u>more kind than</u> wise(동일인비교)
동일인·동일물의 두 가지 성질비교에는 반드시 more를 붙여 쓴다.
따라서 본문은 동일인의 두 가지 성질 kind와 pretty의 비교이므로 more를 붙여
써야 한다.

[답] C (more kind)

20. 이 라디오를 검사한 사람이 누구였건 간에 검증번호를 박스에 적어놓았어야 한다.
whoever(= anyone who)는 anyone이 주어가 된다.
따라서 anyone의 소유격은 his가 된다.

[답] D (his)

21. 새로 지은 박물관에 그림 몇 점을 기증해달라고 누구에게 부탁하라고 말했나요?
Did you say? + Whom should we ask to donate several paintings to the museum?
=<u>Whom</u> did you say <u>we should ask to donate several paintings to the museum?</u>
<u>의문사가 앞으로 가는 경우는</u> think, believe say, get, supose, imagine, guess <u>등의 동사기 있을 때 이다.</u>

ask + O + to(do)

→ ask whom to donate

[답] B (to donate)

22. 베이커 교수는 플브라이트 위원회에서 온 대표자를 만나기 위해서 우리가 오늘 오후에 리셉션에 참석하라고 권했다

※ 요구, 주장, 명령, 충고 권고 동의 제안, 결정 등의 동사+ that + S + 동R~

I recommend that the work be done at once.

(나는 그 일을 즉시 하라고 권한다.)

I recommend that you take a holiday.(나는 네가 휴가를 얻으라고 권한다)

[답] A (be)

23 누구나 이 실험에서 원하는 결과를 얻기 위하여 가능한 한 빨리 일할 필요가 있다.

in order to(do) : ~ 하기 위하여

in order for+사람+to(do) : ~가 ~하기 위하여

as+원급+as possible : 가능한 한

= as+원급+as one can

It is+(이성적 판단)형용사+that+S+(should)동R~.

It is necessary that+S+(should)동R~.

It is necessary that the wicked (should) be punished.

(악인은 벌 받지 않으면 안 된다.)

Is it necessary that you (should) be so economical?

(그렇게 꼭 절약을 해야만 하느냐?)

[답] B (work)

24. 적절한 때에 충분한 비가 온다면, 건초가 풀처럼 빨리 자랄 것이다.

as(전치사) : ~ 로서

like(전치사) : ~처럼

as(접속사) : ~ 처럼

like : | (동사) ~을 좋아하다
      | (형용사) ~ 와 같은
      | (전치사) ~처럼

이와 같이 특히 as와 like의 구분을 확실히 익혀두자.

즉 as가 나오면 like가 아닌지, like가 나오면 as가 아닌지 잘 살펴보도록 하자.

[답] D (like)

25. 인플레이션율이 상승함에 따라 달러의 가치는 하락한다.

여기서는 **타동사와 자동사의 구별** 문제이다.

특히 다음의 두 단어는 시험에 자주 출제되고 있어 확실히 구별하도록 하자.

rise(자동사) − rose − risen

raise(타동사) − raised − raised

lie(자동사) − lay − lain

lay(타동사) − laid − laid

또한 다음의 관계도 꼭 익혀두자

자동사+전치사+목적어→(자+전+목)

타동사+ 목적어→(타+목)

전치사+목적어→(전+목)

전치사 앞에는 자동사 온다.

[답] D (rises)

26. 그녀는 독서에 열중하고 있었기 때문에 네가 말한 것을 듣지 못했다.

be engrossed in : ~에 전념하다, 몰두하다 열중하다.

= be absorbed in

= be lost in

= be soaked in

= be bent on

= be intent on

= allow oneself in

= lose oneself in

= soak oneself in

= apply oneself to

= commit oneself to

= dedicate oneself to

= devote oneself to

= give oneself to

He was engrossed in the subject. (그는 그 문제에 몰두하고 있었다.)

He <u>was absorbed in</u> deep thought.(그는 깊은 생각에 잠겨 있었다.)
He <u>is completely absorbed in</u> his business.(그는 사업에 몰두하고 있다.)
He <u>was absorbed in</u> a book.(그는 독서에 열중하고 있었다.)
He <u>was lost in</u> reverie.(그는 공상에 잠겨 있었다.)
She <u>is soaked in</u> music.(그녀는 음악에 몰두하고 있다.)

[답] B

27. 나는 메리가 믿을만하다고 확신할 때까지 그녀에게 의지하고 싶지 않다.
would rather (do) : 오히려 ~ 하고 싶다.
would rather not (do) : ~하고 싶지 않다.
I <u>would rather not</u> go.(나는 별로 가고 싶지 않다.)

have recourse to : ~ 에 의지하다, 의존하다,
= fall back on
= depend on

If threats proved ineffectual, he <u>had often recourse to</u> violence.
(협박이 효과가 없을 때는 그는 흔히 폭력을 쓰곤 하였다.)
I don't advise you to <u>have recourse to</u> the money-lender.
(나는 너에게 대금업자에게 의지하라고 충고하지 않네.)
advise+O+to(do) : O에게 ~하라고 충고하다
He had no saving to <u>fall back on</u>.(그에게 의지할 만한 저축이 없었다.)
If you don't need the money now, bank it-it's always useful to have
something to <u>fall back on</u>.
(지금 돈이 필요치 않으면 저축하라-의지할 데가 있으면 언제나 유익하다.)
I <u>depend upon</u> another for help.(나는 타인의 원조에 의존한다.)
I <u>depend on</u> your word.(나는 네 말을 믿는다.)
Success <u>depends upon</u> your efforts. (성공여부는 네 자신의 노력에 달려있다.)
Children <u>depend on</u> their parents fo food and clothing.
(아이들은 의식을 부모에게 의존한다.)
Good health <u>depends upon</u> good food, exercise and getting enough sleep.
(건강은 좋은 음식, 운동, 충분한 수면에 좌우된다.)
He <u>depends on</u> his pen for a living.(그는 문인으로 생활한다.)

[답] C

28. 나의 도서관 열람증은 12월에 유효기간이 끝난다..
expire : 만기가 되다

[답] B

29. 오래 동안 가뭄이 들어 농부는 앞으로 풍작의 가망에 대하여 회의적이었다.
prospect : 전망, 가망
doubtful ; 의심스러운
= dubious

[답] C

30. 알뜰한 구매자는 과일과 야채를 제철에 산다.
in season : 제철에
fruits in season : 제철과일
frugal : 알뜰한, 절약하는,
= thrifty
be frugal of : ~을 절약하다
be frugal of one's time and money : 시간과 돈을 절약하다

[답] B

31. 그가 계속 고집을 부린다면, 우리는 이 문제를 법정에서 해결해야 할 것이다.
insist that + S + 동R ~
He insisted that I (should) start at once.
(그는 내가 즉시 출발해야 한다고 주장했다.)
insist that + S + 과거~ [단순사실은 그대로 시제일치를 시킨다]
He insists that he saw a UFO.[단순사실은 그대로 시제일치를 시킨다]
(그는 비행접시를 보았다고 우긴다.)

insist on : ~을 강요하다, 강조하다, 주장하다
I insist on your being present[on your presence].(꼭 출석해주기를 바란다.)
I insist on this point.(나는 이 점을 강조한다.)
I insist on his innocence.(나는 그의 무죄를 주장한다.)

stubborn : 완고한
= obstinate

= headstrong

32. 그는 간밤에 잠을 잘 못 자서 오늘 다소 짜증을 내고 신경질적이다.
irritable : 화를 잘 내는, 짜증내는
grouchy : 성난, 불펑스러운

[답] B

33. 빵이 상하는 것을 막기 위하여 빵에 방부제를 첨가한다.

| keep | + O + from ~ing : o가 ~ 하는 것을 막다 |
| stop |
| prevent |
| prohibit |
| restrain |
| hinder |
| dissuade |

restrain a child from doing mischief : 아이가 장난을 못하게 하다.
A prior engagement prohibited me from joining you.
(선약이 있어서 참가하지 못했다.)
Heavy rain prohibited him from going out.(폭우로 그는 외출하지 못했다.)
=Heavy rain prohibited his going out.
Heavy snow prevented him from going out.
=Heavy snow prevented him going out.
=Heavy snow prevented his going out.
There is nothing to prevent us from going there.
(우리가 가는 것을 막는 것은 아무 것도 없다.)
Urgent business kept me from coming yesterday.
(급한 일로 어제 올 수 없었다.)
stale : 상한

[답] B

34. 그는 자전거를 탄 어린 소년과 부딪치지 않기 위하여 차를 급회전했다.
avoid + ~ing

276 영문법 핵심 분석

swerve ; 갑자기 방향을 바꾸다
=change direction suddenly.
The car swerved to avoid knocking the boy down.
(아이를 치지 않으려고 그 차는 방향을 홱 돌렸다.)

[답] A

35. 토마스 에디슨은 아이 때에도 매우 호기심이 강했다. 그러나 세 살 때에 첫
실험을 했다.
curious : 호기심이 강한
inquisitive : 호기심이 많은

[답] D

36. 지나치게 온도가 뜨겁거나 차가우면 너의 치통을 악화시킬 수 있으므로 미지근
한 액체만 마셔야 해.
extremes : 극단적인 상태, 극단적인 것, 양극단
tepid : 미지근한
= lukewarm
=slightly warm

[답] D

37. 그는 그녀를 놀렸다.
make fun of : ~을 놀리다, 조롱하다
=poke fun at
=ridicule
=deride
=mock
=taunt
It is cruel to make fun of a cripple.(불구자를 놀리는 것은 잔인한 것이다.)

[답] B

지방부동산회사가 인재를 구하니 기회를 놓치지 마시오

부동산, 재무행정 및 결산사무에 경력이 있어야 함. 법률과목을 이수했다면 유리함. 석사학위와 2년 이상의 부동산 거래업무를 성공적을 수행한 경력이 있으면 더욱 바람직함. 공인중개사 자격증을 요함. 연봉은 16,000달러 내지 23,000달러로 학력과 경력에 따라 대우함. 즉시 채용함.

면접은 6월 10일(화)과 6월 12일(목) 양일에 걸쳐 있음. 243-1133에 전화해서 면접시간을 정하거나 다음 주소로 지원서와 이력서를 보내시오

인사과

Executive Real Estate Coorperation

500 Capital Avenue

Lawrence, Kansas, 67884

38. 다음 중 구지광고 요구하지 않는 것은 어느 것인가?

A. 최소한 2년 이상의 경력

B. 석사학위

C. 공인중개사 자격증

D. 상당한 법률과목 이수

약간의 법률과목 이수(some legal training)이므로 D가 틀린다.

[답] D

39. 급여범위를 나타낸 것은?

A. 모두가 최초 연봉 16,000달러를 받는다.

B. 지원자의 학력과 경력에 따라 연봉이 좌우된다.

C. 약간의 지원자들은 16,000달러 이하를 받을 것이다.

D. 석사학위 취득자는 23,000달러를 받을 것이다.

[답] B

40. 이력서의 뜻과 가장 가까운 것은?

A. 현주소와 전화번호

B. 서명한 계약서

C. 경력의 요약

D. 고용요구

[답] C

41. 이 문안을 흔히 발견 수 있는 곳은?
A. 신문 광고면
B. 대학 카탈로그
C. 교과서
D. 사전

[답] A

42~44 독해문제

> 490. 영작문.
> 가을 학기. 봄 학기. 일주일 3시간. 한 시간은 강의, 두 시간은 실습.
> 필요조건 : English 400 강의를 이미 받았거나 교수의 사전승인
> 영문법과 어휘의 복습 정리, 영작문 실습, 대학원 외국인학생의 논문작성에 도움
> 이 되기 위한 것으로 영어를 모국어로 하는 학생은 신청할 수 없음.
> 베이커 교수 담당.

42. 외국인 대학원생은 이 과목을 수강할 것이다.
A. 모국어를 사용하는 학생과 함께
B. 논문자성 후
C. English 400 수강 후
D. 논문작성 대신에
thesis : 학위논문

[답] C

43. 이 과목 강의요목으로부터 베이커 교수가 무엇을 가르치는지 알 수 있다.
A. 기술적 영문 작성법
B. 영어회화
C. 영문학
D. 외국어

[답] A

44. 강의요목에 의하면 이 강좌는 ?

A. 매우 이론적이다

B. 주당 6시간이다.

C. 영작문뿐만 아니라 문법과 어휘도 약간 다른다.

D.1년에 세 번 개설된다.

[답] C

45. 이 기사는 읽기에 재미있고, 유익하고, 쉽다.

to read의 목적어가 this article이므로 to 부정사의 소급적 용법이 된다.

[답} is interesting, informative, and easy to read this article.

46. 나는 이것처럼 재미있는 책을 결코 읽은 적이 없다.

<최상급 뜻 표현 공식>

1) 긍정최상급 :

  S + V + the + 최상급 + | ① 명사 +(of all [in + 단수]).

  | ② (thing) +(of all [in + 단수]).

2) 긍정비교급

  S + V +비교급 +than+ | ① any other+단수명사[(all) the other 복수].

  | ② anything else.

3) 부정비교급

  ① No other + 명사 +(of all [in +단수])+V + 비교급 + than + S.

  ② Nothing +(of all [in +단수]) + V + 비교급 + than + S.

4) 부정원급

  ① No other + 명사 +(of all [in +단수])+V + so + 원급 + as +S.

  ② Nothing + (of all [in +단수]) + V + so + 원급 + as + S.

5) the 최상급 ~ +that(관계대명사)

S + V + the 최상급 + 명사 + that + S' + have ever pp.

= S' + have never pp+ so +원급+ a + 명사 + as + S.

= S' + have never pp+ such a +원급+ 명사 + as + S

S'+have never pp+ such a +형용사 +명사 + as + S

= S is the+최상급+ 명사+that+ S'+have ever pp

[답] is the most interesting book that I have ever read

47. 이것은 빌딩 중에서 가장 큰 아파트이다.
→ 빌딩 중에서 어떤 다른 아파트도 이것보다 더 크지는 않다
→ 빌딩 중에서 어떤 다른 아파트도 이것만큼 그렇게 크지는 않다.

[답] bigger than this 또는 so big as this

48. 그가 부자였다고들 한다.
They say that he was rich.
=It is said that he was rich.
=He is said to have been rich.
주어진 문장을 피동태로 고치면 It is said that he was rich가 된다.
He가 주어로 오면 It와 that이 삭제되고 순서대로 적어나가다 보면 is said와 was
의 충돌이 생긴다. 동사의 충돌을 방지하기 위하여 to를 넣고 시제관계를 따진다.
was는is said에 대한 전시이므로 to have pp가온다. 따라서 is said to have
been rich가된다.

[답] is said to have been rich

49. 이것은 전시된 것 중에서 가장 오래된 가면이다..
→ 이것은 전시된 것 중에서 어떤 다른 가면보다 더 오래된 것이다.

[답] than any other mask in the exhibition

50. 전시된 것 중에서 어떤 다른 가면도 이것보다 더 오래된 것은 아니다.
→ 전시된 것 중에서 어떤 다른 가면도 이것만큼 그렇게 오래된 것은 아니다.

[답] so old as this

[Test 10회]

※ 다음 문장의 빈 칸에 들어갈 알맞은 말을 고르시오(1~6).

1. In many ways, riding a bicycle is similar _____ driving a car.

   (A) in   (B) on   (C) to   (D) at

2. I wish that you _____such a bad headache because I'm sure that   you would have enjoyed the concert.

   (A) hadn't (B) didn't have had (C) hadn't had   (D) hadn't have

3. Since the road is wet this morning, _____ last night.

   (A) it must rain   (B) it must be raining

   (C) it must have rained   (D) it must have been rain

4. Bill wasn't happy about the delay, and _____.

   (A) I was neither   (B) I was too   (C) neither was I (D) either was I

5. The examiner made us_____ our identification in order to be admitted to the test center.

   (A) to show   (B) showed   (C) shown   (D) show

6. I wonder _____ .

   (A) how much cost these shoes.   (B) how much do these shoes cost.

   (C) how much these shoes cost.   (D) how much are these shoes cost.

※ 다음 문장 중 밑줄 친 부분과 뜻이 같은 것을 고르시오 (7~28).

7. The boys had respect for their father because, although he was stern, he was fair.

   (A) looked up at (B) looked up for (C) looked up on (D) looked up to

8. The tree will have to be cut down because it blocks the view of oncoming traffic.

   (A) lapses   (B) obstructs   (C) casts   (D) reproaches

9. Because of the extreme pressure underwater, divers are often slow to respond.

   (A) sluggish   (B) shabby   (C) shrewd   (D) sinuous

10. I will try to confirm whether your reservations have been processed.

   (A) emulate   (B) verify   (C) malign   (D) prevail

11. The successful use of antitoxins and serums has virtually removed the threat of malaria, yellow fever, and other insect-borne diseases.

   (A) elucidated   (B) eradicated   (C) elicited   (D) enhanced

12. They moved to Florida because they <u>hated</u> the cold winters in the Midwest.

  (A) tugged   (B) heeded   (C) loathed   (D) shrugged

13. Try not to <u>worry</u> about small problems.

  (A) fret   (B) grope   (C) jerk   (D) peek

14 Mary <u>met</u> her sister <u>unexpectedly</u> while she was shopping in the city.

  (A) ran across   (B) ran after   (C) ran down   (D) ran over

15. Apparently the long drought has <u>retarded</u> this tree's growth.

  (A) stunned   (B) stunted   (C) stored   (D) stacked

16. After she became ill, she refused to see anyone but her doctor and lived like a <u>person apart from society</u>

  (A) hero   (B) colleague   (C) recluse   (D) moron

17. After stopping traffic, the policeman <u>signaled for</u> the pedestrians to cross the street.

  (A) baffled   (B) bickered   (C) beckoned   (D) blushed

18. The representatives of the company seemed very <u>insensitive</u> to the conditions of the workers.

  (A) dubious   (B) hilarious   (C) audacious   (D) callous

19. Since he did not have time to read the newspaper before going to work, he just <u>looked at</u> it quickly on the bus.

  (A) skimmed   (B) shifted   (C) slapped   (D) shrugged

20. Sometimes, while living in a foreign country, one <u>desires</u> a special dish from home.

  (A) craves   (B) razes   (C) dents   (D) strives

21. Although he is recognized as one of the most brilliant scientists in his field, Professor White cannot seem <u>to make his ideas understood</u> in class.

  (A) get his ideas down   (B) get his ideas on

  (C) get his ideas up   (D) get his ideas across

22. Everyone must have liked the cake because there wasn't even a <u>small piece</u> left.

  (A) crutch   (B) crumb   (C) chum   (D) chore

23. It will be necessary for the doctor to <u>widen</u> the pupils of your eyes with some drops in order to examine them.

  (A) brandish   (B) flatter   (C) dilate   (D) soothe

24.. Professor Baker <u>explained in detail</u> several theories of evolution which have historically preceded that of Charles Darwin.

(A) found fault with   (B) expounded upon

(C) presided over   (D) took after

25.. A laser beam is used to <u>pass through</u> ever the hardest substances

(A) illuminate   (B) reiterate   (C) deprecate   (D)penetrate

26. It was necessary to <u>divide</u> the movie into three parts in order to show it on television

(A) abate   (B) assert   (C) segment   (D)transact

27. The graduate committee was <u>in full acorde</u> in their approval of her dissertation.

(A) ambiguous   (B) unanimous   (C) anomalous   (D) anonymous

28. A <u>clever</u> politician, he took advantage of every speaking engagement to campaign for the next election

(A) rash   (B) intrepid   (C) crude   (D) shrewd

※ 다음 밑줄 친 곳 중 틀린 곳을 골라 옳게 고치시오 (29~42).

29.. The prices <u>at</u> the Economy center <u>are</u> reasonable, <u>if not more</u> reasonable
            (A)   (B)   (C)

<u>as</u> comparable discount stores.
(D)

30. The shore patrol <u>has found</u> the body of a man <u>whom</u> they believe <u>is</u> the
                    (A)   (B)   (C)

<u>missing</u> marine biologist.
(D)

31. His doctor has forbidden him <u>from drinking</u> alcoholic beverages until
                                (A)

his condition <u>improves</u>   <u>enough</u> to stop <u>taking</u> antibiotics
.   (B)   (C)   (D)

32. <u>It is</u> <u>extremely</u> important <u>for</u> an engineer <u>to know to</u> use a computer.
    (A) (B)   (C)   (D)

33. The registrar has requested that each student and teacher <u>sign</u> <u>their</u>
                                                              (A) ` (B)

<u>name</u> on the grade sheet before <u>submitting</u> <u>it.</u>
(C)   (D)

34. Neither of the two candidates who had applied for admission to the
                                         (A)   (B)   (C)

Industrial Engineering Department were eligible for scholarships.
                                          (D)

35. Those of us who smoke should have our lungs X-ray regularly.
   (A)   (B)   (C)   (D)

36. According to the graduate catalog, student housing is more cheap
(A)   (B) (C)

than housing off campus.
(D)

37. As every other nation, the United States used to define its unit of currency,
   (A)   (B)   (C)   (D)

the dollar, in terms of the gold standard.

38. He suggested that she met with her lawyer before signing the final
                       (A)   (B)   (C)   (D)

papers.

39.. Rain clouds and smoke caused by pollution look so much alike that
                                       (A)

one cannot hardly tell the difference between the two of them
   (B)   (C)   (D)

40. After the accident he laid in bed for six weeks, waiting for his ankle to heal.
                    (A)   (B)   (C)   (D)

41. The more the relative humidity reading raises, the worse the heat
                                (A)   (B)

affects us.
(C)   (D)

42. It was her who represented her country in the United Nations and later
   (A)   (B) (C)   (D)

became ambassador to the United States.

※ 다음 지문을 읽고 물음에 답하시오.(43~46).

DOSAGE : Adults twelve years old and over take two teaspoonfuls as needed, not to exceed fifteen teaspoonfuls per day, Children six years old to twelve years old take half of the adult dosage, not to exceed seven teaspoonfuls per day.

  WARNING : Do not exceed the recommended dosage unless directed by a physician. Do not administer to children under six years old or to individuals with high blood pressure, heart disease, or diabetes. This preparation may cause drowsiness. Do not drive or operate machinery while taking this medication. Chronic cough is dangerous. If relief does not occur within three days, discontinue use and consult your physician.

43. According to the directions, which of the following people should take the medication described?

   (A) Someone with high blood pressure or heart disease

   (B) Someone with diabetes

   (C) Someone under six years old

   (D) Someone who has a cough old

44 One of the side effects of taking this medicine is that of

   (A) feeling sleepy   (B) coughing

   (C) high blood pressure   (D) addiction

45. A ten-year-old child should

   (A) not take this preparation

   (B) take two teaspoonfuls of this preparation

   (C) take one tea spoonfuls of this preparation

   (D) take one-half teaspoonful of this preparation

46. If this medication does not help within three days, one should

   (A) take fifteen teaspoonfuls on fourth day

   (B) stop driving and operating machinery

   (C) stop taking it and see a doctor

   (D) take half of the usual dosage

※ 다음 지문을 읽고 물음에 답하시오.(47~49).

Now available at Franklin Park one block from Indiana University. New unfurnished apartments. One bedroom at $135, twq bedrooms at $165, three bed rooms at $170 per month. Utilities included except electricity, Children and pets welcome. One month's deposit required Office open Monday through Saturday nine to five. Call 999-7415 foran evening or Sunday appointment

47. According to this ad, a one bedroom apartment would require a deposit of
   (A) $270   (B) $170   (C) $155   (D) $135

48. From this ad we can assume that
   (A) the apartments are far from Indiana University
   (B) the apartments have furniture in them
   (C) gas and water bills are included in the rent
   (D) cats and dogs are not permitted in the apartments

49. The ad implies that interested persons must
   (A) see the apartments on Monday or Saturday
   (B) call for an apartment if they want to see the apartments from nine to five
       Monday through Saturday
   (C) call for an appointment if they want to see the apartments on Sunday or
       in the evening
   (D) see the apartments before five o'clock any day

※ 다음 주어진 문장과 뜻이 같게 고치시오(45~50).

50. It is likely that he will come.
  = He is likely _____.

1. 여러 면에서 자전거를 타는 것은 자동차를 운전하는 것과 비슷하다.
in many ways : 여러 면에서
be similar to ~ : ~ 와 비슷하다.
Gold is similar in color to brass..(금은 색이 놋쇠와 비슷하다.
Your opinion is similar to mine.(너의 의견은 나의 의견과 비슷하다.)
Your watch is similar to mine in shape and color.
(너의 시계는 모양과 색깔이 나의 시계와 비슷하다.)

[답] C

2. 네가 그렇게 심하게 머리가 아프지 않았더라면 좋았을 텐데. 네가 음악회에 갔었더라면 음악 감상을 즐겼을 텐데 라고 확신하기 때문이다.

I wish +S + 가정법동사 (~라면 좋을 텐데)	① 과거[were] : 동시
	② would (do) : 후시
	③ had pp [would have pp] : 전시

뒤에 would have enjoyed가 와서 전시를 나타내고 있으므로 I wish 다음에 전시 had pp가 와야 한다..

[답] C

3. 오늘 아침에 길이 젖어 있으므로 간밤에 비가 왔음에 틀림없다.
must be :~임에 틀림없다.
must have pp : ~했음에 틀림없다.
in one's day : 젊었을 때에는, 한창 때에는
He must be at home. I see his car in his garage.
(그가 집에 있는 것이 틀림없다. 그의 차가차고에 있는 것을 봐서는.)
You must be aware of this.(너는 이것을 알고 있음에 틀림없다.)
This must be the book you want. (이것은 네가 원하는 책임에 틀림없다.)
She must have been a beauty in her day.
(그녀가 젊었을 때에는 미인이었음에 틀림없다.)
I thought you must have lost your way.
(너는 틀림없이 길을 잃었을 것이라고 나는 생각했다.)

You <u>must have known</u> what she wanted.
(너는 그녀가 무엇을 원하는지를 알았음에 틀림없다.)

[답] C

4. 빌은 일이 지체되는 것이 마음에 들지 않았다. 나도 역시 그랬다.
부정문, <u>neither do I.</u>(나도 역시 그래.)
긍정문, <u>so do I.</u>(나도 역시 그래.)

[답] C

5. 시험관은 우리를 시험장에 들여보내기 위해서 우리에게 신분증을 제시하라고 하였다.
make + O + 동R(능동)
            pp(피동)
우리가 신분증을 제시하는 것이므로 능동관계이다. 따라서 동사원형이 온다.

[답] D

6. 이 구두가 얼마인지 궁금하다.
이 문장은 **간접의문문**이므로 **의문사 + 주어 + 동사** 순으로 온다.

[답] C

7. 아버지가 엄격하지만 공평하셨기 때문에, 소년들은 아버지를 존경했다.
.have respect for : ~을 존경하다.
=look up to
=respect
They all <u>look up to</u> him as their leader.
(그들은 모두 그를 지도자로서 존경한다.).
look down on[upon] : ~을 경멸하다, 멸시하다
=despise
When she married the boss, she <u>looked down on</u> the office girls she had worked with.(그녀는 사장과 결혼하자 같이 일했던 여사무원들을 경멸했다.)

[답] D

8. 나무가 접근하는 차량의 시야를 가로막고 있기 때문에 그 나무는 절단되어야 할 것이다

block :가로막다, 차단하다, 방해하다

= obstruct

All roads <u>were blocked by</u> the heavy snowfall.

(모든 길은 폭설로 통행이 막혔다.)

The mountain roads <u>were obstructed by</u> falls of rock.

(산길이 낙석으로 막혔다.)

Trees <u>obstructed</u> the view..(나무들이 전망을 방해했다.)

cut down : ~을 베어 넘어뜨리다, 절단하다

= cause to fall by cutting

We <u>cut down</u> a tree.(우리는 나무를 절단했다.)

[답] B

9. 수중의 수압이 극도로 높아서 잠수부들은 흔히 반응이 더디다.

sluggish : 반응이 더딘, 느린, 둔한, 부진한, 불경기의

= slow to respond

a sluggish market : 불경기

[답] A

10. 네가 신청한 예약이 제대로 처리되었는지 확인하도록 해보겠다.

confirm : ~을 확인하다

= verify : 확인하다, 입증하다

verify a spelling : 철자를 확인하다

[답] B

11. 항독소와 혈청의 성공적인 이용은 사실상 말라리아, 황열병, 기타 곤충으로 감염되는 질병의 위협을 제거시켰다.

antitoxin : 항독소

serum : 혈청

remove : ~을 제거하다

= get rid of

= eradicate

[답] B

12. 그들은 중서부의 추운 겨울을 싫어했기 때문에 플로리다로 이사했다.

move to : ~로 이사하다
hate : ~을 (몹시) 싫어하다
= loathe
= abhor
= dislike greatly
She was seasick, and <u>loathed</u> the smell of greasy food..
(그녀는 배 멀미를 해서 기름진 음식의 냄새를 몹시 싫어했다.)

[답] C

13. 사소한 문제에 대하여 걱정하지 않도록 해보라.
worry about : ~에 대하여 걱정하다
worry : ~을 걱정하다
= fret
There is nothing to <u>worry about</u>..(걱정할 것은 하나도 없다.)
Don't let that worry you.(그 일로 걱정하지 말라.)
have nothing to <u>fret about</u> : 애태울 일은 아무것도 없다
Don't <u>fret yourself about</u> me.(나 때문에 속 태우지 말라.)
Don't <u>fret over</u> trifles.(사소한 일에 애태우지 말라.)
<u>Fretting about</u> the lost ring isn't going to help.
(없어진 반지 때문에 안달해도 소용없다.)

[답] A

14. 메리는 그 도시에서 쇼핑하다가 우연히 그녀의 자매를 만났다.
meet unexpectedly : 우연히 만나다.
= meet by chance
= meet with
= chance upon
= come across
= drop across
= drop in with
= fall in with
= find unexpectedly
= run across
= run against

= run into

[답] A

15. 분명히 오랜 가뭄으로 이 나무의 성장이 지체되었다.
retard : 더디게 하다, 지체시키다. 늦추다, 방해하다, 저지하다
= stunt : 성장을 저해하다
= check the growth of
Smoking retards growth.(흡연은 성장을 저해한다.)
I was retarded by a visitor at the last moment.
(내가 막 떠나려는데 손님이 와서 늦었다.)

[답] B

16. 병이 든 후 그녀는 의사를 제외하고는 면회를 거절했고 사회에서 고립된 사람
처럼 살았다
but :~을 제외하고
= except
like(전치사) : ~처럼
be apart from : ~에서 떨어져 있다.
recluse : 은둔자

[답] C

17. 차량을 정지시킨 후 교통경찰은 보행자들에게 길을 횡단하라고 손짓했다.
signal for + O +to(do) : ~에게 ~하라고 손짓하다
= beckon + O +to(do)
He beckoned me to come nearer.(그는 나에게 더 가까이 오라고 손짓했다.)
= He signaled for me to come nearer.

[답] C

18. 회사 대표들은 노동자들의 작업환경에 매우 관심이 없는 것 같았다.
callous : 무감각한, 무신경한, 무관심한
= indifferent
= insensitive
be callous to :~에 관심이 없다.
He is perfectly callous to their criticism.

(그는 그들의 비판에 대해 조금도 관심이 없다.)

[답] D

19. 출근하기 전에 신문을 볼 시간이 없으므로 그는 버스에서 신문을 대충 훑어보았다.

skim : ~을 대충 훑어보다

= read quickly , noting only the chief points

= look at ~ quickly

skim (through) a newspaper : 신문을 대충 훑어보다.

[답] A

20. 이따금 외국에 사는 동안 고국의 고유 요리가 먹고 싶어진다.

crave : 갈망하다, 열망하다.

= desire

[답] A

21. 그가 그의 연구 분야에서 가장 머리가 명석한 과학자로 인정받고 있지만 화이트 교수는 수업시간에 자기 생각을 학생들에게 이해시키지 못하는 것 같다.

get across : 이해시키다

= make understand

get + O + across : O를 남에게 이해시키다

= make + O + understood

I spoke slowly, but my meaning didn't get across.

(나는 천천히 말했으나 내 뜻을 이해시키지 못했다.)

He found it difficult to get his British jokes across to American audiences.

(그는 영국농담을 미국인 청중에게 이해시키는 일이 어렵다는 것을 알았다.)

[답] D

22. 부스러기 하나 남지 않은 것을 보면 모두 그 과자를 좋아했음에 틀림없다.

must be :~임에 틀림없다.

must have pp : ~했음에 틀림없다.

crumb : 부스러기

= small fragment

= small piece :

23. 너의 안구를 검사하기 위하여 의사가 안약을 넣어 너의 눈동자를 확장시킬 필요가 있을 것이다.

pupil : 눈동자, 동공

dilate : 넓어지다, 넓히다. 팽창하다, 팽창시키다.

= widen : 넓히다

= expand

= enlarge

The pupils of your eyes <u>dilate</u> when you enter a dark room.

(어두운 방에 들어가면 눈동자는 커진다.)

[답] C

24. 베이커 교수는 찰스 다윈 이전에 주장되었던 여러 가지 진화이론을 상세히 설명했다.

expound (upon) : ~을 상세히 설명하다

= explain in detail

<u>expound</u> one's views <u>on</u> environmental issues : 환경문제에 대해 자신의 견해를 상세히 설명하다.

[답] B

25. 지극히 단단한 물체를 관통하기 위해서는 레이저 광선이 사용된다.

pass through : ~을 통과하다, 꿰뚫다, 관통하다, 경험하다

= pierce through

= penetrate

No knife or bullet could <u>penetrate</u> its thick hide.

(그 두꺼운 가죽은 칼로도 총알로도 꿰뚫을 수 없었다.)

The flashlight <u>penetrated</u> the darkness.(불빛이 어둠 속을 꿰뚫었다.)

[답] D

26. TV로 방영하기 위해서는 그 영화는 세 부분으로 분리할 수밖에 없었다.

segment : 나누다

=divide

<u>divide</u> a thing <u>into</u> two parts[into halves]. :물건을 둘로[절반을] 나누다.

<u>Divide</u> it <u>into</u> three equal parts.(그것을 3등분 하시오.)

The insect <u>is segmented into</u> head, thorax, and abdomen.

(곤충은 머리, 가슴, 배로 나뉘어져 있다.)

[답] C

27. 대학원 위원회는 그녀의 박사학위논문을 통과시키는 데 전원이 동의하였다

accord :일치, 합의, 조화

be in[out of] accord with : ~와 일치되다[일치되지 않다], 조화되다[조화되지 않다]

dissertation : 학위논문, 박사학위논문

approval : 찬성, 동의, 승인, 인가

unanimous : 만장일치의, 전원 일치의, (전원) 이의 없는

The proposal was accepted with <u>unanimous</u> approval.

(그 제안은 전원 일치의 승인으로 수락되었다.)

[답] B

28. 그는 영리한 정치가이어서 차기 선거운동을 위해서 연설 기회가 있을 때마다 그것을 유리하게 이용하였다.

take advantage of : (좋은 기회를) 이용하다

= make use of

shrewd : 예리한 , 영리한, 통찰력이 있는

= clever

= sagacious

= intelligent

= ingenious

[답] D

29. 알뜰 매장의 가격은 비슷한 할인매장의 가격보다 더 싸지는 않지만 싼 편이다.

a reasonable price : 합당한 가격, 알맞은 가격

not more ~ than

=not so ~ as

[답] D (than) 또는 C (if not so)

30. 해안순찰대는 행방불명 중인 해양생물학자로 믿어지는 사람의 시체를 발견

했다.

missing : 행방불명의

a missing child : 미아

the missing : 행방불명자들

a man <u>who</u> (they believe) <u>is</u> ~ :

<u>who</u> (they believe) <u>is</u> ~

<u>whom</u> they believe <u>to be</u>

who + V ~ : 동사 앞에 관대 주격

<u>who</u> + (S+생각동사) + <u>V</u> ~ : <u>주어+생각동사는 삽입구</u>이므로 괄호 안에 넣고 <u>보면 동사 앞에 관대 주격이다.</u>

<u>whom</u> + S+<u>생각동사(5형식동사)</u> + <u>to be</u>(whom은 생각동사의 O, to be는 OC)

   O   V5   OC

[답] B (who) 또는 C (to be)

31. 그의 의사는 그가 항생제 복용을 그만두어도 좋을 만큼 그의 건강상태가 좋아질 때까지 그에게 음주를 금지시켰다.

<u>forbid</u> + O + <u>to</u>(do) : O가 ~하는 것을 금하다

The law <u>forbids</u> stores <u>to</u> sell liquor to minors.

(상점이 미성년자에게 주류를 파는 것은 법으로 금지되어 있다.)

The storm <u>forbids</u> us <u>to</u> proceed.

(폭풍 때문에 우리는 앞으로 나아가지 못한다.)

[답] A (to drink)

32. 엔지니어가 컴퓨터를 사용할 줄 아는 것이 매우 중요하다.

know how to(do) : ~할 줄 안다

He <u>knows how to</u> start this car..(그는 이 차를 출발시킬 줄 안다.)

[답] D (to know how to)

33. 학사담당관은 각자 학생과 교사는 성적표를 제출하기 전에 성적표에 각자 자기 이름을 서명하라고 요구했다.

<u>요구, 주장, 명령, 충고, 권고, 동의, 제안, 결정 V + that + S + 동R ~</u>

<u>request that + S + 동R ~</u>

each, every는 소유격 his로 받는다.

[답] B (his)

34. 산업공학과 입학을 지원한 두 지원자 중 어느 하나도 장학금을 받을 자격이 없었다.

neither : 2→1× 「둘 중 하나도 아니다」 이므로 단수로 받는다.

apply for : ~을 신청하다, 지원하다.

<u>admission to</u> a society : 입회허가

<u>admission to</u> the practice of law : 변호사 개업

be eligible for : ~의 자격이 있다.

be eligible for membership : 회원이 될 자격이 있다.

<u>Admission to</u> the school is by examination only.
(입학은 시험에 합격해야만 한다.)

He <u>is eligible for</u> the presidency.(그는 시장 자격이 있다.)

He is not eligible to enter the game.(그는 경기에 참가할 자격이 없다.)

[답] D (was)

35. 우리들 중 담배를 피는 사람은 정기적으로 폐 X-ray를 찍어야 한다.

have + O + | 동R (능동)
         | pp (피동)

우리의 폐가 X-ray에 찍히므로 피동관계이다. 따라서 pp가 와야 한다.

[답] D (X-rayed)

36. 대학원 안내서에 의하면 학생기숙사는 학교 밖 숙소보다 비용이 더 싸다.

타인·타물 비교 : | ① ~er than
              | ② the+최상급

She is <u>kinder than</u> her sister.(타인비교)

The lake is <u>the deepest</u> in the world.(타물비교)

동일인·동일물 비교 : | ① more ~ than
                 | ② 최상급 (the가 없다)

She is <u>more kind than</u> wise.(동일인비교)

The lake is <u>deepest</u> here.

(<u>동일물</u>의 부분적, 시기적 <u>비교로서의 최상급에 the가 없다</u>.)

[답] C (cheaper)

37. 모든 다른 나라처럼 미국은 통화단위인 달러를 금 기준에 의하여 한정하곤 했다.

define :정의를 내리다. 한정하다. 정하다.

in terms of :~ 에 의하여

= by means of

as(전치사) : ~ 로서

like(전치사) : ~처럼

[답] A (Like)

38. 그는 그녀가 최종 서류에 서명하기 전에 그녀의 변호사와 만나라고 제안했다.

suggest that +S+ 동R~

meet with : ① ~ 와 만나다

② ~ 와 우연히 만나다.

[답] A (meet)

39. 비를 머금은 구름과 공해로 야기된 스모그는 아주 비슷해서 이 둘의 차이를 거의 구별할 수 없다.

tell A from B : A와 B를 구별하다

tell the true from the false : 진실과 거짓을 분간하다

tell wheat from barley : 밀과 보리를 식별하다.

tell the good from the bad : 선악을 식별하다

I can't tell the difference between them.(나는 그들의 차이를 알 수 없다.)..

I can't tell him from his brother. (그와 그의 형을 분간할 수 없다.)

It is difficult to tell them apart..(그것들을 구별한다는 것은 어려운 일이다.)

cannot hardly→can hardly(영어에서 이중부정은 될 수 없다)

[답] B (can hardly)

40. 그 사고 이후에 그는 그의 발목이 낫기를 기다리면서 6주 동안 침대에 누워 있었다.

wait for + O + to(do) : O가 ~ 하기를 기다리다.

자동사 + 전치사 + 목적어 → (자+전+목)

전치사 앞에 자동사

전치사 뒤에 목적어

타동사 + 목적어 → (타+목)

lie (자) − lay − lain − lying

lay (타)− laid − laid − laying

[답] A (lay)

41. 상대습도 표시가 높아지면 높아질수록 그만큼 더 더위가 우리에게 영향을 미친다.

The+비교급 ~ , the + 비교급 ~ : ~ 하면 할수록 그만큼 더 ~

관계부사   지시부사

~하면 할수록   그만큼   더

rise (자) − rose − risen

raise (타) − raised − raised

[답] B (rises)

42. 자기 나라를 대표해서 UN에 참석했고, 나중에 미국주재 대사가 되었던 것은 바로 그녀였다.

ambassador to the United States : 주미대사

It was + S + who + V ~ (강조구문 − S 강조))

It was + O + that + S + V   (O 강조)

It was + 부사(구) + that + S + V + O   (부사구 강조)

[답] B (she)

43.~46

┌───┐
│ 복용량 : 12세 이상은 필요에 따라 1회에 티 스푼으로 2 스푼을 들되, 하루에 │
│ 티 스푼으로 15스푼 이상을 초과하지 말 것. 6세 내지 12세의 소아는 성인 복 │
│ 용량의 1/2을 들되 하루에 티 스푼으로 7스푼 이상을 초과하지 말 것 │
│ 주의 : 의사의 지시 없이는 기재된 복용량 이상을 초과하지 말 것. 6세 이하의 │
│ 유아나 고혈압, 심장, 당뇨병 환자에 복용시키지 말 것. 이 약을 복용하면 졸음 │
│ 이 올 수도 있음. 이 약을 복용하면서 차를 운전하거나 기계를 조작하지 말 것. │
│ 만성적 기침은 위험함. 3일간 복용하고도 치유가 되지 않으면 복용을 중지하고 │
│ 의사의 진찰을 받으세요. │
└───┘

43. 사용법에 의하면 다음 중 어느 사람이 설명된 약을 복용해야 하느냐?

  (A) 고혈압이나 심장병 환자

  (B) 당뇨병 환자

  (C) 6세 이하의 유아

  (D) 기침 환자

이 약은 기침약으로 보기 중에서 A, B, C는 복용을 금지하고 있으므로 D가 정답임.

dosage : 복용량

directions :지시, 사용법

describe : 묘사하다, 기술하다, 설명하다

take medicine : 약을 복용하다, 복약하다

cough : 기침

diabetes : 당뇨병

[답] D

44. 이 약을 복용하는 데의 부작용 중 하나는

  (A) 졸음

  (B) 고혈압

  (C) 기침

  (D) 중독

side effect : 부작용

preparation : 조제, 조제약

drowsiness : 졸림

지문 8줄에 졸음이 올 수 있다고 하므로 A가 정답임

[답] A

45. 10세 아이는

  (A) 이 조제약을 복용하면 안 된다.

  (B) 이 조제약 2 스푼을 복용해야 한다.

  (C) 이 조제약 1 스푼을 복용해야 한다.

  (D) 이 조제약 1/2 스푼을 복용해야 한다.

지문 1~3째 줄에 성인은 2 스푼 6세~12세 소아는 성인 복용량의 1/2을 들라고 했으므로 1 스푼을 복용해야 한다.

[답] C

46. 이 약이 3일 이내에 효과가 없으면,

  (A) 넷째 날 15 스푼을 복용해야 한다

  (B) 운전과 기계작동을 멈춰야 한다

  (C) 복용을 중지하고 의사의 진찰을 받아야 한다.

  (D) 평소 복용량의 반을 복용해야 한다.

지문의 마지막 두 줄에 잘 나타나 있다. 이 약을 3일간 복용하고도 효과가 없으면 복용을 중지하고 의사의 진찰을 받으라고 했다.

see a doctor : 의사의 진찰을 받다.

=consult a doctor

[답] C

47~49

> 인디아나 대학에서 한 구획 떨어진 프랭클린 공원에 새로 지은 가구가 부착되지 않은 아파트를 세 놓습니다. 침실 하나가 달린 형은 월세가 $135이며 침실이 둘과 셋인 형은 각각 $155, $170입니다. 이 임대료는 전기료를 제외한 공공요금을 포함하며 어린아이와 개나 고양이를 기르는 가족도 환영합니다. 일 개월 임대료를 예치하셔야 합니다. 당 관리사무실은 월요일부터 토요일까지 오전 9시부터 오후 5시까지 문을 여니, 997-7415로 전화를 하시면 저녁이나 일요일 시간을 정해서 현장으로 안내하겠습니다.

unfurnished : 가구가 부착되지 않은

deposit : 예치금

imply : ~을 의미하다

=mean

47. 이 광고에 의하면 침실 하나 있는 아파트는 예치금을 얼마 요구하고 있나?

침실 하나의 아파트의 예치금은 $135이므로

[답] D

48. 이 광고로부터 우리가 짐작할 수 있는 것은

  (A) 아파트는 인디아나 대학에서 멀다

  (B) 아파트에는 가구가 설치되어 있다.

  (C) 가스와 수도요금은 임대료 속에 포함되어 있다.

(D) 고양이와 개는 아파트에 데리고 들어올 수 없다.

지문 3째 줄에 전기료 외에 공공요금이 임대료에 포함된다고 하므로 C가 답이다.

[답] C

49. 광고에 의하면 관심 있는 사람들은
  (A) 아파트를 월요일이나 토요일에 가 봐야 한다.
  (B) 월요일부터 토요일에 걸쳐 오전 9시부터 오후 5시까지 어느 시간에 아파트
      를 구경하고 싶으면 전화로 미리 사무요원과 만날 시간 약속을 하여야 한다.
  (C) 일요일이나 저녁에 아파트를 구경하고 싶으면 전화로 미리 사무요원과 만날
      약속을 하여야 한다.
  (D) 어느 날이건 5시 이전에 아파트를 가 봐야 한다.

지문의 마지막 두 줄에 잘 나타나 있다. 전화 약속하고 평일 저녁과 일요일에 아파
트를 구경할 수 있다.

[답] C

50. It is likely that he will come. (그가 올 것 같다.)
  = He _____.

It ~ that + S + V ~ . 구문에서 that 다음의 S가 문장 앞으로 나가면 It , that
이 삭제되고 순서대로 적으면 되는데 동사의 충돌을 방지하기 위해서 to부정사를
넣고 시제관계를 따져 뒤의 동사가 앞 동사와 동시이거나[같거나] 후시[미래]이면
to+동R 이 오고, 전시[과거]이면 to+have pp를 쓴다.

예) 앞 동사(현재) + 뒷 동사(현재나 미래)→동시·후시 = to + 동R
    앞 동사(현재) + 뒷 동사 (과거) → 전시 = to + have pp
    앞 동사(과거) + 뒷 동사(과거완료) → 전시 = to + have pp

It <u>seems</u> that he <u>is</u> rich. (동시) (그는 부자인 것 같다.)
=He seems <u>to be</u> rich. (to+동R)
It <u>seems</u> that he <u>will be</u> rich. (후시)(그는 부자가 될 것 같다.)
=He seems <u>to be</u> rich. (to+동R)
It <u>seems</u> that he <u>was</u> rich. (전시)(그는 부자였던 것 같다.)
=He seems <u>to have been</u> rich. (to+hav pp)

[답] is likely to come.

[Test 11회]

※ 다음 밑줄 친 부분에 들어갈 적당한 말을 고르시오(1-12).

1. I wish that I _____ with you last night.

  (A) went   (B) go   (C) had gone   (D) would go

2. Ellen was absent this morning because she had her tooth _____.

  (A) filling   (B) to fill   (C) fill   (D) filled

3. Several of these washers and dryers are out of order and _____.

  (A) need to repair   (B) repairing is required of them

  (C) require that they be repaired   (D) need repairing

4. He has been studying in the library every night _____ the last three months.

  (A) since   (B) until   (C) before   (D) for

5. He wants me _____ along with him.

  (A) go   (B) going   (C) gone   (D) to go

6. I will go home for vacation as soon as I _____ my exams.

  (A) will finish   (B) finish   (C) am finishing   (D) finished

7. Anne liked our new roommate, and _____,

  (A) neither I did   (B) so I did   (C) so did I   (D) neither did I

8. We were so late _____ to the theater that we missed most of act one.

  (A) to get   (B) to getting   (C) getting   (D) got

9. Let's go swimming, _____?

  (A) will we   (B) don't we   (C) are we   (D) shall we

10. To answer accurately is more important than _____.

  (A) a quick finish   (B) to finish quickly

  (C) finishing quickly   (D) you finish quickly

11. Some of our wedding vows taken from the traditional ceremey, and some of them were written by _____.

  (A) my husband and I   (B) my husband and my

  (C) my husband and me   (D) my husband and mine

12. I had hoped _____ my letter.

  (A) her to answer   (B) that she answer

  (C) that she would answer   (D) her answering

※ 다음 문장 중 밑줄 친 부분과 뜻이 같은 것을 고르시오(13~26).

13. Legislators are considering whether the drug laws for possession of

marijuana are **severe.**

   (A) hoarse   (B) harsh   (C) hazy   (D) handy

14. Even after he had been named as the most valuable employee, he could not **gather** enough courage to ask his boss for a raise.

   (A) mumble up   (B) matter up   (C) master up   (D) muster up

15. Since none of the polls had predicted the winner, everyone was **surprised** at the results of the election.

   (A) astounded   (B) aroused   (C) asserted   (D) assuaged

16. The successful use of antitoxins and serums has virtually **removed** the threat of malaria, yellow fever, and other insect-borne diseases.

   (A) elicited   (B) elucidated   (C) enhanced   (D) eradicated

17. The audience **applauded** enthusiastically after the performance.

   (A) cast   (B) clapped   (C) clasped   (D) craved

18. As it has been written, the **treaty** will be legal and binding for twenty years.

   (A) core   (B) pact   (C) marshal   (D) junction

19. If one aids and abets a criminal, he is also considered **guilty** of the crime.

   (A) malignant   (B) decrepit   (C) culpable   (D) versatile

20. Although the bus is **listed** to depart at eight o'clock, it is often late.

   (A) scheduled   (B) enclosed   (C) processed   (D) digressed

21. A balance of international payment refers to the net result of the business which a nation **carries on** with other nations in a given period.

   (A) transpires   (B) transforms   (C) transacts   (D) translates

22. Since he did not have time to read the newspaper before going to work, he just **looked at** it **quickly** on the bus.

   (A) skimmed   (B) shifted   (C) slapped   (D) shrugged

23. Sometimes, while living in a foreign country, one **desires** a special dish from home.

   (A) craves   (B) razes   (C) dents   (D) strives

24. Many doctors are still general practitioners, but the **tendency** is toward specialization in medicine.

   (A) esteem   (B) trend   (C) prelude   (D) tyro

25. Arson is suspected in a fire that **destroyed** three downtown businesses over the weekend.

(A) roamed   (B) razed   (C) probed   (D) groped

26. His roommate's **sharp reply** made him angry

   (A) retort   (B) repeal   (C) report   (D) receipt

※ 다음 밑줄 친 부분 중 잘못된 곳을 찾아 바르게 고치시오. (27-41)

27. **Every** man and woman **should vote for** the candidate of **their choice.**
   (A)   (B)   (C)   (D)

28. The prices of homes **are** **as** high that **most** people cannot afford to buy
                          (A)   (B)   (C)

them.
 (D)

29. **Factoring** is the process of **finding** two or more expressions **whose** product
   (A)   (B)   (C)

is **equal as** a given expression.
   (D)

30. If you **having** your choice, **which one** would you **rather have?**
          (A)   (B)   (C)   (D)

31. Since infection **can cause** both fever **as well as** pain, it is a good idea
                    (A)   (B)

to check his temperature.
(C)   (D)

32. **In response to** **question thirteen,** I enjoy **modern** art, classical music and
   (A)   (B)   (C)

to read .
(D)

33. They asked us, Henry and **I,** whether we **thought** that the statistics
                             (A)   (B)

had been **presented fairly** and accurately.
(C)   (D)

34. I sometimes wish that my university **is** **as large as** State University
                                        (A)   (B)

because our facilities are **more** limited **than** theirs.
                          (C)   (D)

35. Their mother allows **them to ride** their bicycls in the neighborhood,
         (A)   (B)

but she does not **leave** them **go** out onto the busy highway.
                    (C)   (D)

36. **No other** quality is more important **for** a scientist to acquire **as** to
    (A)   (B)   (C)

observe **carefully**.
            (D)

37. If the ozone gases of the atmosphere **did not filter out** the ultraviolet
                                              (A)

rays of the sun, life **as** we know **it**, would   not have evolved **on earth**.
                        (B)   (C)   (D)

38. The regulation requires that everyone **who holds** a non-immigrant visa
                                            (A)   (B

reports his address to the federal government in January of each year.
(C)   (D)

39. **It is** imperative that a graduate student **maintains** a grade point
    (A)   (B)

average **of** "B" in **his** major field.
            (C)   (D)

40. It is **suspicioned** that cancer may **be** a virus, in which case **it** can be
              (A)   (B)   (C)

treated **by a vaccine**.
            (D)

41. After the team of geologists had drawn diagrams in **their** notebooks
                                                          (A)

and **wrote** explanations of the formations **which** they had observed, they
    (B)   (C)

returned to their campsite **to compare** notes
                              (D)

Take two tablets with water, followed by one tablet every eight hours, as required. For maximum nighttime and early morning relief, take two tablets at bedtime. Do not exceed six tablets in twenty-four hours.

For children six to twelve years old, give half the adult dosage. For children under six years old, consult your physician.   Reduce dosage if nervousness, restlessness, or   sleeplessness occurs.

42. The label on this medicine bottle clearly warns not to take more than
  (A) twenty-four table a day   (B) six tables a day
  (C) eight tablets a day   (D) three tablets a day

43. We can infer by this label that
  (A) the medicine could cause some people to feel nervous
  (B) children may take the same dosage that adults take
  (C) one may not take this medicine before going to bed
  (D) the medication is a liquid

44. If one cannot sleep, it is suggest that he
  (A) take two tablets before going to bed
  (B) take less than two tablets before going to bed
  (C) stop taking the medicine
  (D) consult a doctor

45. Evidently the medicine
  (A) may be dangerous for small children
  (B) cannot be taken by children under twelve years old
  (C) may be taken by children but not by adults
  (D) may be taken by adults but not by children

※ 다음 문장을 읽고 주어진 말에 답하시오(46~49).

For quick relief of upset stomach or acid indigestion caused from too much to eat or drink, drop two tablets in on eight-ounce glass of water. Make sure that the tablets have dissolved completely before drinking the preparation.

Repeat in six hours for maximum relief. Do not take more than four tablet in a twenty-four-hour period. Each tablet contains aspirin, sodium bicarbonate, and citric acid. If you are on a sodium-restricted diet, do not take this medication except under the advice and supervision of you docter.

Not recommended for children under twelve years old or adults over sixtyfive.

---

46. This medication is recommended for

   (A) someone who needs more sodium in his diet

   (B) someone who does not eat enough citrus fruit

   (C) someone who has eaten too much

   (D)someone who has a headache

47. According to the directions, which of the following persons should NOT take this medication ?

   (A) A thirteen-year-old boy   (B) A fifty-year-old woman

   (C) A sixteen-year-old girl   (D) A sixty-eight-year-old man

48. If you took this preparation one hour ago, how many hours must you wait in order to take it again ?

   (A) Two hours   (B) Three hours

   (C) Five hours   (D) Twenty-four hours

49. What should you do with this preparation ?

   (A) Drink it   (B) Eat it   (C) Rub it on   (D) Gargle with it

※ 다음 문장에서 밑줄 친 곳에 들어갈 적당한 말을 넣으시오(50).

50. His salary as a bus driver is much higher than_____of a teacher.

[Test 11회 문제풀이 및 해답]

1. 나는 어제 밤 너와 함께 갔었더라면 좋았을 텐데.

I wish + S + 가정법동사 | ① 과거(were)   : 동시
                        | ② would (do)   : 후시
                        | ③ had pp [would have pp] : 전시

본문에 last night가 있어서 전시가 되므로 had pp가 와야 한다.

[답] C

2. 엘렌은 오늘 아침 충치 땜질 때문에 결석했다.

have + O + | 동R : 능동
           | pp : 피동

tooth와 fill의 관계가 피동관계이므로 pp filled가 온다.

[답] D

3. 이 세탁기와 드라이어 몇 개는 고장이어서 수리할 필요가 있다.

be out of order :고장이다.

S + want   + | ~ing (S가 동작을 받는 피동 뜻)
    need | (=to be pp)
    require
    deserve
    be worth
    bear

need repairing : S가 수리될 필요가 있다
=need to be repaired

[답] D

4. 그는 지난 3개월 동안 매일 밤 도서관에서 공부해왔다..

현재완료 계속: have pp + | for + 기간 (기간 동안)
                        | these + 기간 (기간 동안)
                        | since + S + 과거 (~한 이래)

 He has been dead for ten years.
=He has been dead these ten years.
=Ten years have passed since he died.

5. 그는 내가 그와 동행하기를 원한다.
go along with : ~와 동행하다
want ＋ O ＋ | to (do) : 능동
            | pp   ; 피동

[답] D

6. 나는 시험이 끝나자마자 휴가차 고향에 내려갈 것이다.
as soon as ~ 는 시간의 부사절이므로 미래 대신에 현재를 쓴다.

[답] B

7. 앤은 우리의 새 룸메이트를 좋아했다. 그리고 나도 역시 그랬다.
긍정문, so do I.(나도 역시 그래)
부정문, neither do I. (나도 역시 그래)

[답] C

8 우리는 극장 도착이 매우 늦어서 1막의 대부분을 보지 못했다.
act one : 1 막.
=the first act
be busy ＋ ~ing
   late
   like
   long
   near
   worth

She was busy (in) ironing this evening.
(그녀는 오늘 저녁에 다림질하느라고 바빴다.)
They are busy (in) preparing for the examination.
(그들은 시험 준비로 바쁘다.)
His firm came near being ruined last year.
(그의 회사는 작년에 도산할 뻔 했다.)
She came[went] near being downed.(그녀는 하마터면 익사할 뻔 했다.)

We must not be late (in) getting home.
(우리는 늦지 않게 집에 돌아가야 한다.)
The lovely weather doesn't look like lasting.
(좋은 날씨가 계속될 것 같지 않다.)
Spring is long (in) coming this year.(금년에 봄이 좀처럼 오지 않는다.)
I won't be long unpacking.(짐을 푸는 데 오래 걸리지 않을 것이다.)
He wasn't long (in) getting hungry.(이윽고 배가 고파졌다.)
I wasn't long (in) getting out the room.
(우리는 오래지 않아서 방에서 나갔다.)
Kyongju is worth visiting.(경주는 가볼 만하다.)

[답] C

9. 수영하러 가자, 응?
Let's 로 시작하는 문장의 부가의문문은 shall we?를 쓴다.

[답] D

10. 정확히 대답하는 것이 빨리 끝내는 것보다 더 중요하다.
to 부정사의 비교이므로 to부정사가 와야 하겠다.

[답] B

11. 우리의 결혼서약의 일부는 전통적 의식에 따라 한 것이고, 일부는 신랑과 내가 직접 쓴 것이다.
by 전치사 다음에 목적격이 온다. 따라서 my husband and me가 답이다.

[답] C

12. 나는 그녀가 내 편지에 답장하기를 바랐었다.
hope | that ~ will
     | to (do) ~
had hoped | that ~ would
          | to (do)
hoped to have pp
=hoped to (do) ~ , but didn't[coudn't]
They hope that ~ (O)
=It is hoped that ~ (O)

They hope that he will succeed. (O)

= It is hoped that he will succeed.(O)

≒ He is hoped to succeed.(×)

hope + O + | to (do) (×)

　　　　　| ~ing 　(×)

[답] C

13. 입법자들은 마리화나 소지에 관한 마약법이 가혹한지 여부를 숙고 중이다.

severe : 가혹한

=harsh

=stern

[답] B

14. 그는 가장 유용한 종업원으로 지명된 후에도 사자에게 임금 인상을 요청할 용기를 낼 수 없었다.

valuable :가치 있는 ,소중한, 유용한

name : 지명하다

gather courage : 용기를 내다

= muster up courage

= pluck up courage

= screw up courage

= take up courage

We muster up all our courage. (우리는 있는 용기를 다 불러 일으켰다.)

[답] D

15. 여론조사가 어느 하나도 누가 당선될 것인가를 예측하지 못했으므로 모두가 선거 결과에 놀랐다.

be surprised at : ~에 깜짝 놀라다

=be astonished at

=be astounded at

=be startled at

=be taken aback at

She was astonished at[by] the news.(그녀는 그 소식을 듣고 깜짝 놀랐다..)

We were astounded at the news.(우리는 그 소식을 듣고 깜짝 놀랐다.)

I was startled at the news of his death.(그가 죽었다는 소식을 듣고 깜짝 놀랐다.)

I was taken aback at the bad news.(나는 나쁜 소식을 듣고 깜짝 놀랐다.)

[답] A

16. 항독소와 혈청의 성공적인 이용은 사실상 말라리아, 황열병, 기타 곤충으로 감염되는 질병의 위협을 제거시켰다.

antitoxin : 항독소

serum : 혈청

insect-borne :곤충으로 감염되는

get rid of : ~ 을 제거하다

=remove

= eradicate

= extirpate

= exterminate

[답] D

17. 청중은 연주가 끝나자 열광적으로 박수갈채를 보냈다.

applaud : 박수치다, 박수갈채하다.

= clap

There was a large [small] audience.(청중이 많았다[적었다].)

[답] B

18. 조약이 명시되어 있듯이 20년간 합법적이고 구속력이 있는 즉 유효할 것이다.

treaty : 조약

= pact

.[답] B

19. 만약 어느 누구가 범인을 방조하면, 그 역시 죄가 있는 것으로 간주된다.

aid and abet : 범행을 방조하다

be guilty of : ~ 의 죄가 있다.

be guilty of murder : 살인죄가 있다.

guilty : 죄가 있는

= culpable

20. 버스가 8시에 출발할 예정이지만, 버스는 흔히 늦는다.
list : ~에 기입하다, 기재하다.
=schedule
be listed to (do) : ~ 할 예정이다.
= be scheduled to (do)
He is scheduled to arrive here tomorrow.(그는 내일 여기에 도착할 예정이다.)
The general meeting is scheduled for December.(총회는 12월에 있을 예정이다.)

[답] A

21. 국제수지란 어떤 국가가 일정기간에 다른 나라와 거래한 무역의 순결산을 뜻한다.
refer to ; ~을 언급하다.
= mention
carry on business with : ~ 와 거래하다.
=transact business with
He transacts business with a large number of stores.
(그는 많은 상점과 거래를 하고 있다.)

[답] C

22. 그는 출근하기 전에 신문을 읽을 시간이 없으므로, 그는 버스에서 신문을 재빨리 대충 훑어보았다.
skim : ~을 대충 읽다. 급히 읽다. 대충 훑어보다. 대충 훑어 읽다.
=look at quickly
=read quickly
skim through[over] a book : 책을 대충 읽다
He skimmed through[over] a book. (그는 책을 대충 훑어 읽었다.)

[답] A

23. 누구나 외국에 사는 동안에 가끔 고국의 특별 요리를 갈망한다.
desire : ~ 을 갈망하다
=crave

= long for
= yearn for
I long for something new.(나는 새로운 뭔가를 갈망한다.)
I yearn for freedom.(나는 자유를 갈망한다.)
I crave that she (should) come.(나는 그녀가 오기를 갈망한다.)

[답] A

24. 대부분의 의사는 아직은 일반의이지만 의학에서는 점점 전문화해가고 있는 것이 오늘날의 추세이다.
tendency : 추세
= trend
Juvenile crimes show a tendency to increase.
(소년범죄는 증가하는 추세[경향]를 보이고 있다.)

[답] B

25. 주말에 시내 사업체 세 개를 파괴한 화재에서 방화 혐의가 있다.
arson : 방화
arsonist : 방화범
raze : , 완전히 파괴하다, 남김없이 파괴하다
=destroy completely
be suspected of : ~의 혐의를 받다.
suspect A of B : A에게 B 혐의를 걸다
=A is suspected of B : A는 B혐의를 받다.
He was suspected of murder.(그는 살인혐의를 받았다.)

[답] B

26. 그의 룸메이트의 매정한 대답 때문에 그가 화가 났다.
sharp : 매정한
=harsh : 귀에 거슬리는, 불쾌한
=merciless : 무자비한, 부정한
retort : 말대꾸
= sharp rejoinder
= sharp reply

[답] A

27. 모든 남녀는 자기가 선택한 후보자에 대해 찬성투표를 해야 한다.

vote | for : 찬성투표를 하다
     | against : 반대투표를 하다

vote for the candidate : 그 후보자에 대해 찬성투표를 하다

vote against the candidate : 그 후보자에 대해 반대투표를 하다

every와 each의 소유격은 his이다.

[답] D (his choice)

28. 주택 가격이 매우 비싸서 대부분의 사람들이 주택을 살 여유가 없다.

so ~ that : 대단히 ~ 해서, 매우 ~ 해서

high price : 고가

low price : 저가

cannot afford to (do) :~ 할 여유가 없다.

[답] B (so)

29. 인수분해는 산출결과가 주어진 수식과 동등한 둘 이상의 수식을 찾아내는 과정이다.

factoring : 인수분해

factor : 인수분해하다

be equal to : ~ 와 같다, 동등하다. ~을 감당할 능력이 있다. ~ 에 필적하다.
　　　　　　　 ~ 할 만한 힘이 있다.

Things which are equal to the same thing are equal to one another.
(동일물과 같은 것들은 서로 같다.)

She is very weak and not equal to a long journey.
(그녀는 몸이 약해서 장시간 야행에 견디지 못한다.)

[답] D (equal to)

30. 네가 선택한다면 어느 것을 갖고 싶으냐?

가정법 과거 : If +S+과거[were] ~ , S+ would(do) ~

[답] A (had)

31. 병에 감염되면 열과 고통이 생길 수 있으므로 체온을 재보는 것이 좋다.

both A and B : A와 B 둘 다

[답] B (and)

32. 질문 13번에 응하여 대답한다면, 나는 현대미술, 고전음악, 독서를 즐기고 있다.

in response to : ~ 에 응하여, ~ 에 답하여

enjoy + ~ing : ~ 을 즐기다.

enjoy는 동명사를 목적어로 취한다.

[답] D (reading)

33. 그들은 헨리와 나 우리에게 통계자료가 공정하고 정확하게 표시되었다고 생각하는 지를 물었다.

statistic : 통계수치

statistics : (복수) 통계자료, (단수) 통계학

us와 동격이므로 Henry and me가 된다.

[답] A (me)

34. 나는 때때로 우리 대학의 시설이 주립대학의 시설보다 더 한정되어 있기 때문에 우리대학이 주립대학 만큼 크다면 좋을 텐데 싶다...

I wish+<u>가정법(과거)</u>+접속사+<u>직설법(현재)</u>

I wish +S+가정법동사	① 과거[were] : 동시
	② would (do) : 후시
	③ had pp : 전시

[답] A (were)

35. 아이들의 어머니는 아이들이 이웃에서 자전거를 타는 것을 허용하지만, 어머니는 붐비는 고속도로 상에 나가는 것을 허용하지 않는다..

allow + O + to (do) : O가 ~ 하는 것을 허용하다

= let + O + 동R

won't have + O + ~ing : O가 ~ 하는 것을 허용치 않겠다.

[답] C (let)

36. 어떤 다른 자질도 과학자가 신중히 관찰하는 것보다 습득하는 것이 더 중요한 것은 없다

not ~ more ~ than

= not ~ so ~ as

[답] C (than)

37. 만약 대기 중의 오존가스가 태양의 자외선을 걸러내지 않았다면, 우리가 아는 바와 같이 생물은 지구상에서 진화하지 않았을 텐데.

filter out : ~을 걸러내다

=percolate

ultraviolet rays : 자외선

가정법 과거완료 : If + S + <u>had pp</u> ~ , S + <u>would have pp</u> ~

[답] A (had not filtered out)

38. 그 규칙에 의하면 비 이민비자를 소지한 모든 사람은 매년 1월에 연방정부에 그의 주소를 보고해야 한다.

require that + S + 동R~

[답] C (report)

39. 대학원생은 그의 전공분야에서 평균 B 학점을 유지해야 한다는 것은 필수적이다.

imperative : 필수적인, 꼭 해야 할

<u>It is imperative that</u> +S + <u>동R</u> ~

<u>It is imperative that</u> we (should) <u>act</u> at once.

(어떤 일이 있어도 곧 행동해야 한다.)

[답] B (maintain)

40. 암은 바이러스일지도 모른다고 생각된다. 만약 그렇다면 암은 왁찐으로 치료될 수 있다.

I suspect that ~ : (긍정적) ~ 이라고 생각하다.

I doubt that ~ : (부정적) ~ 이 아닐 거라고 생각하다

I suspect that he is a thief. (나는 그가 도둑이라고 생각한다.)

I doubt that he is a thief. (나는 그가 도둑이 아닐 거라고 생각한다.)

I suspect that our team will win. (우리 팀이 이길 거라고 생각한다.)

I suspect that our team will win. (우리 팀이 이기지 못할 거라고 생각한다.)

[답] A (suspected)

41. 지질학자 팀이 노트북에 도표를 그리고 나서 그들이 관찰한 지질형성에 대한 설명을 적어 놓았다. 그들은 기록을 비교하기 위하여 캠프로 돌아갔다.

앞에 had drawn이 왔기 때문에 and 다음에 pp가 와야 한다.

[답] B (written)

42 ~ 45

> 2알을 물과 함께 들고, 그 다음부터는 필요에 따라 8시간에 한 알씩 드십시오. 특히 밤과 이른 아침에 생기는 고통을 덜기 위해서는 취침 시에 2알을 드십시오. 24시간에 6알을 초과하면 안 됩니다. 6 ~12세의 소아는 성인 용량의 1/2이 적당한 용량이며 6세 미만의 유아는 의사의 지시에 따르십시오.
> 만약 이 약을 드시고 초조감, 불안감이나 불면증이 생기면 용량을 줄이십시오.

42. 이 약병에 붙은 라벨지에 분명히 얼마 이상을 복용하지 말라고 경고하고 있다.
(A) 하루에 24정
(B) 하루에 6정
(C) 하루에 8정
(D) 하루에 3정
본문 셋째 줄에 24시간에 6알을 초과하면 안 된다고 되어 있다.

[답] B

43. 우리는 이 라벨지에 의해서 다음을 추론할 수 있다.
(A) 이 약은 더러 초조감이 생길 수 있다.
(B) 아이들은 어른과 같은 복용량을 복용할 수 있다.
(C) 자기 전에 이 약을 복용할 수 없다.
(D) 이 약은 액체이다.
본문 마지막에 이 약을 들면 초조감, 불안감, 불면증 등이 생길 수 있다고 하였다.

[답] A

44. 만약 잠이 안 온다면, 권하고 있는 것은
(A) 자기 전에 두 알을 복용하라
(B) 자기 전에 두 알 이하를 복용하라
(C) 이 약 복용을 금지하라
(D) 의사의 진찰을 받아라.
consult a doctor : 의사의 진찰을 받다.
= see a doctor
맨 마지막 줄에 불면증이 생기면 용량을 줄이라고 했다.

45. 분명히 이 약은
(A) 어린 아이들에게 위험할 수 있다
(B) 12세 이하 아이들은 복용할 수 없다.
(C) 아이들은 복용할 수 있다.
(D) 어른은 복용할 수 있다.
6세 미만은 의사의 진찰을 받으라고 하고 있다.

[답] A

46 ~ 49

> 복통을 빨리 멈추게 하거나 과식, 과음에 의한 산성 소화불량에는 8온스 물잔에 2정을 넣어 드시되, 드시기 전에 알약이 완전히 용해되었는지를 확인하십시오.
>
> 최대한의 치유 효과를 위해서는 6시간 후에 다시 같은 요령으로 복용하되 하루 4정 이상은 들지 마십시오.
>
> 이 알약은 아스피린과 중탄산나트륨과 구연산을 성분으로 함으로 식사요법 상 소듐의 섭취를 제한하셔야 할 분은 이사와 상의 후에 이 약을 드십시오. 12세 이하의 아동이나 65세 이상의 연로자는 드시지 않는 것이 좋습니다.

46. 이 약은 어떤 이에게 권하게 되느냐?
(A) 다이어트에 더 많은 소듐이 필요한 사람
(B) 충분한 감귤류 과일을 먹지 않은 사람
(C) 과식한 사
(D) 두통이 있는 사람
본문 첫째 줄과 둘째 줄에 나타나 있듯이 이 약은 과식, 과음에 의한 소화불량을 치유하는 데 먹는 약이다.

[답] C

47. 지문에 따르면 이 약을 복용해서는 안 되는 사람은
(A) 13세 소년
(B) 50세 여성
(C) 16세 소녀
(D) 68세 남성

지문 맨 마지막 문장에 서 12세 이하와 65세 이상의 연로자는 이 약을 들지 않는 것이 좋다고 되어 있다.

[답] D

48. 한 시간 전에 이 약을 복용했다면 다시 이 약을 복용하기 위해서 몇 시간을 기다려야 하는가?
(A) 두 시간
(B) 세 시간
(C) 다섯 시간
(D) 스물 네 시간
지문 다섯 째 줄에서 보듯 약을 들고 6시간 후에 다시 드는 것이 좋다. 그런데 한 시간 전에 이 약을 이미 복용했으니까 다섯 시간이 된다.

[답] C

49. 이 약을 어떻게 복용해야 하는가?
(A) 마신다.
(B) 먹는다.
(C) 몸에 문질러 바른다.
(D) 목을 가신다.
지문 둘째 줄에 잘 나타나 있듯이 알약 2정을 8온스 물 잔에 타 마시는 것이다

[답] A

50. 버스기사의 봉급은 선생의 봉급보다 훨씬 많다.

The + 명사 + of ~ | + V + ~ | than | + that + of ~
소유격+명사+ as ~ | | as |

that은 the + 명사이다.

The population of New York is eigth times as large as that of Seoul.
(뉴욕의 인구는 서울의 인구의 8배나 많다.)

[답] that

[Test 12회]

※ 다음 문장의 밑줄 친 부분에 들어갈 알맞은 말을 고르시오(1~16)

1. We arrived _____ late that there were no seats left.

  (A) much   (B) too   (C) so   (D) very

2. The more he tried to help her, _____ she seemed to appreciate it.

  (A) less   (B) lesser   (C) the less   (D) the lesser

3. I wish you _____ anything about it for the time being.

  (A) do   (B) don't do   (C) didn't do   (D) will do

4. Dr. Davis has contributed a great deal _____ this community : teaching, writing, and lecturing.

  (A) at   (B) to   (C) in   (D) with

5. His doctor suggested that he _____ a short leave of absence.

  (A) will take   (B) would take   (C) take   (D) took

6. If Bob's wife won't agree to sign the papers, _____.

  (A) neither he will   (B) neither won't he

  (C) neither will he   (D) he won't neither

7. Mary's father approved _____ her staying in the United States for another year   in order to work toward her M.A.

  (A) at   (B) in   (C) of   (D) on

8. He will not be _____ to vote in this year's election.

  (A) old enough   (B) as old enough

  (C) enough old   (D) enough old as

9. It is _____ that I'd like to go on a picnic.

  (A) a lovely day such   (C) so lovely day

  (B) too lovely a day   (D) such a lovely day

10. Almost everyone fails to pass _____ driver's test on the first try.

  (A) their   (B) his   (C) her   (D) one's

11. Flight nineteen from New York and Washington is now arriving at _____.

  (A) gate two   (B) the gate two

  (C) the two gate   (D) second gate

12. _____ you like to have lunch with me today?

  (A) Do   (B) Will   (C) Would   (D) Are

13. Your experience there cannot be valuable, _____ you don't speak the

language.

(A) so that   (B) such as   (C) as for   (D) inasmuch as

14. There is _____ man so bad _____ he secretly respects the good.

(A) no, as   (B) not, as   (C) no, but   (D) not, that

15. Let me speak to _____ is waiting for me.

(A) whom   (B) whomever   (C) who   (D) whoever

16. _____ was his kindness that we will never forget him.

(A) So   (B) As   (C) Such   (D) Great

※ 다음 밑줄 친 곳 중에서 틀린 것을 고르세요(17~49).

17. <u>Provided</u> we refrain <u>by</u> suicide <u>of</u> war, we can <u>look forward to</u> very good
   (A)   (B)   (C)   (D)
times indeed.

18. Some of the questions that scholars <u>ask seem</u> to the world to <u>be scarcely</u>
                                   (A)   (B)
worth <u>to ask</u> <u>let alone</u> answering.
     (C)   (D)

19. Your employer would have been <u>inclined</u> to favor your request if you <u>would</u>
                                      (A)   (B)
<u>have waited</u> for an occasion when he was <u>less</u> busy with other <u>more important</u>
                                             (C)   (D)
matters.

20. In this country it is required <u>that</u> anyone who <u>has</u> recently <u>come</u> here <u>has</u>
                            (A)   (B)   (C)   (D)
to pay taxes

21. My <u>always</u> keeping good <u>hour</u> and <u>giving</u> little trouble in the family, made
     (A)   (B)   (C)
her unwilling to <u>part with me.</u>
          (D)

22. <u>Approximately</u> <u>one fourth</u> of a worker's income <u>are paid</u> <u>in taxes</u> and social
   (A)   (B)   (C)   (D)

security to the government.

23. Culture is <u>necessary for</u> the <u>survival and existence</u> of human beings as
               (A)   (B)
human beings. <u>Practically</u> everything human perceive, know, think, value, feel,
               (C)
and do <u>are learned</u> through participation in sociological system.
       (D)

24. Although Julia Adams was <u>almost totally</u> deaf in one ear and had <u>weak</u>
                          (A)   (B)
hearing in <u>another</u>, she <u>overcame</u> the handicap and became an internationally
       (C)   (D)
renowned pianist.

25. <u>At first</u>, workers <u>had to make</u> the paper straws <u>by hand</u>, but <u>on time</u>
   (A)   (B)   (C)   (D)
machinery made their mass production possible.

26. By the time he was <u>finally</u> captured, the thief <u>had spent</u> <u>most all the</u> money
                  (A)   (B)   (C)
he <u>had stolen</u>.
   (D)

27. <u>This charming little restaurant</u> should definitely be <u>on your agenda</u> when
   (A)   (B)
you're <u>looking for</u> good food, relaxed atmosphere and <u>where service is attentive</u>.
     (C)   (D)

28. The <u>average</u> American tourist feels <u>quite</u> at home in a Korean stadium filled
       (A)   (B)
<u>at capacity</u> with sports fans <u>watching</u> Korea's most popular sport, baseball.
(C)   (D)

29. Many a person <u>have inquired</u> <u>concerning</u> a recent message of mine <u>that</u> "a

new type of thinking is essential if mankind <u>is to</u> survive and move to higher levels."

30. Ellen **did not** finish **to study in time to go** to the party with her
        (A)   B)   (C)   (D)
friends last night.

31. Although **no country** has exactly the same folk music **like that** of any other
                 (A)   (B) (C)
it is significant that similar songs exist among **widely** separated people.
                                                (D)

32. The Department of Fine Arts and Architecture **has been** criticized for
                                             (A)
not having much required courses scheduled **for** this semester.
 (B)   (C)   (D)

33. **In order to** get married in this state, one **must present** a medical report
  (A)   (B)
along with your identification.
        (C)   (D)

34. **Not one** in one hundred children exposed to the disease **are likely to**
   (A)   (B) (C) (D)
develop symptoms of it.

35. The rest of the stockholders **will receive his** reports **in the mail** along
                          (A)   (B)   (C)
with a copy of **today's** proceedings.
           (D)

36. Never before **has so many** people **in** the United States been
            (A)   (B)   (C)
interested in soccer.
(D)

37. **There is** an unresolved controversy as to **whom is** the real author of
  (A)   (B) (C)
the Elizabethan plays **commonly** credited to William Shakespeare.
                (D)

38. When they reopened their cottage at the beach, they found a letter

that **had been laying** on the floor by the door **since last summer**.
    (A)   (B)   (C)   (D)

39. **Despite** the heavy snow **last night, none** of the classes **have been canceled**
    (A)   (B)   (C)   (D)

at the university.

40. Since her blood pressure is **much** higher **than** it **should be**, her
                                     (A)   (B)   (C)

doctor insists　that she **will not** smoke.
                           (D)

41. **From the airplane**, the passengers **were able to clearly see** the outline **of**
    (A)   (B)   (C)   (D)

the　whole island.

42. Dairying **is** concerned not only **with** the production of milk, **but** with the
              (A)   (B)   (C)

manufacture of milk products **such as** butter and cheese.
                              (D)

43. Please send **me** information **with regard of insurance** policies available **from**
                (A)   (B)   (C)   (D)

your company.

44. If we **finish** all of our business as planned, Helen and **I** will leave **for** New
      (A)   (B)   (C)

York **in Monday morning.**
          (D)

45. An organ **is** a group **of tissues** capable **to perform** some special function,
                (A)   (B)   (C)

as **for example,** the heart, the liver, or the lungs.
       (D)

46. Brad refused **attending** the dinner because he **did** not like **to dress formally**.
               (A)   (B)   (C)   (D)

47. **If** you **will buy** one box at the regular price, you would receive
   (A)   (B)

another one at **no** extra cost.
  (C)   (D)

48. The examination **will test** your ability to understand **spoken** English,
(A)   (B)

to read nontechnical language, and **writing correctly**.
                                          (C)   (D)

49. When he **was** a little boy, Mary Twain **would walk** along the piers,
         (A)   (B)

watch the river boats, **swimming** and fish in the Mississippi, much like
(C)   (D)

his famous character, Tom Sawyer.

※ 다음 주어진 문장과 뜻이 같게 빈 칸을 채워 넣으시오(50).

50. This is the most interesting book that I have ever read.
  → I have _____ read _____ interesting a book _____ this.

[Test 12회 문제풀이 및 해답]

1. 우리는 매우 늦게 도착해서 빈자리가 없었다.

so ~ that : 매우 ~ 해서, 대단히 ~ 해서

give[make] an answer : 대답하다, 답하다, 응답하다.

She gave <u>so</u> witty an answer <u>that</u> everyone burst out laughing.

(그녀가 아주 재치 있는 대답을 해서 모두 웃음을 터뜨렸다.)

[답] C

2. 그가 그녀를 도우려고 노력하면 할수록 그녀는 그것을 덜 고맙게 여기는 것 같다.

<u>The</u> + 비교급 ~ , <u>the</u> + 비교급 ~ : ~ 하면 할수록 그만큼 더 ~ 하다.

(관계부사)　　　　　(지시부사)

　~하면 할수록　　　그만큼　　더

<u>The more</u>, <u>the merrier</u>. (사람이 많으면 많을수록 그만큼 더 즐겁다.)

<u>The sooner</u> you start, <u>the sooner</u> you will be back.

(출발이 빠르면 빠를수록 그만큼 더 빨리 돌아올 것이다.)

<u>The higher</u> prices rose, <u>the more</u> money the workers asked for.

(물가가 오르면 오를수록 노동자들이 그만큼 더 많은 임금을 요구했다.)

little - less - least 이다.

따라서 the+비교급은 the less가 된다.

[답] C

3. 나는 네가 당분간 그것에 대해서 아무 일도 안 했으면 좋을 텐데[좋겠다].

I wish + S + 가정법동사 │1) 과거[were] : 동시

　　　　　　　　　　　 │2) would (do) : 후시

　　　　　　　　　　　 │3) had pp 　　: 전시

<u>I wish</u> I <u>were</u> a bird.(내가 새라면 좋을 텐데.)

<u>I wish</u> you <u>would do</u> so.(나는 네가 그렇게 해주기를 바란다.)

I wish I had bought it.(나는 그것을 샀더라면 좋았을 텐데.)

[답] C

4. Davis 박사는 가르치고, 저술하고, 강연하는 등 우리 지역사회에 많은 공헌을 했다.

contribute to ~ : ~ 에 공헌하다. ~ 에 한 원인이 되다.

= make a contribution to ~

Hard work contributed to his success.(그의 성공은 근면이 한 원인이었다.)

Drink contributed to his ruin.(술이 그를 망하게 한 원인이었다.)

[답] B

5. 그의 의사는 그에게 잠시 휴가를 내라고 권했다.

suggest that + S + 동R ~ : ~ 하라고 권하다, 제안하다.

leave of absence : 휴가

The soldier asked for leave (of absence).(병사는 휴가를 요청했다.)

[답] C

6. Bob의 아내가 그 서류에 서명하기를 거부한다면, 그도 역시 서명하지 않을 것이다.

긍정문, so do I.(나도 역시 그래)

부정문, neither do I.(나도 약시 그래)

My father was a soldier, and so am I.

"I was in Paris last summer." - "So was I."

John ca speak French, and so can his brother.

If you don't want it, neither do I.

The first isn't good, and neither is the second.

He can be there, and neither can I.

I am not at all happy. - Neither am I.

[답] C

7. Mary의 아버지는 그녀가 석사학위를 취득하기 위하여 그녀가 1년 더 미국에 체류하는 것을 승낙했다.

work toward : ~을 이루기 위해 노력하다.

approve of ~ : ~을 찬성하다, 승인하다, 승낙하다.

I quite approve of your plan. (나는 너의 계획에 대 찬성이다.)

Her father will never approve of her marriage to you.

(그녀의 아버지는 그녀와 너의 결혼을 결코 승낙하지 않을 것이다.)

[답] C

8. 그는 금년 선거에 투표하기에 충분한 나이가 아닐 것이다.

형용사 + enough to(do) ~ : ~ 하기에 충분한 ~ 이다.

be old enough to(do) ~ : 충분히 ~ 할 만한 나이이다. ~ 하여도 좋을 나이이다.

[답] A

9. 날씨가 상당히 좋아서 나는 소풍가고 싶다.

go on a picnic : 소풍가다.

I'd like to (do) : 나는 ~ 하고 싶다

so + 형용사 + a + that : 대단히 ~ 해서

= such a + 형용사 + 명사 + that

so lovely a day

= such a lovely day

[답] D

10. 거의 모든 사람이 첫 번째 시험에는 자동차 운전면허 시험에 떨어진다

everyone의 소유격은 his이다.

fail to (do) :~ 하지 못하다, ~할 수 없다, ~ 하는데 실패하다,

=do not

-can not

fail to pass : 합격하지 못하다, 떨어지다.

11. 뉴욕과 와싱톤에서 온 19번 비행기가 지금 게이트 2번에 도착하고 있다.

arrive at : ~에 도착하다

= reach

gate two

= the second gate

[답] A

12. 오늘 저와 같이 점심식사를 같이 할까요?

Would you like to (do) ~ ? : ~ 하시겠습니까?, ~ 할까요? ~ 하시죠?

Would you like another cup of coffee? (커피 한 잔 더 드시겠습니까?, 커피 한 잔 더 하시겠습니까?)

Would you like to come over and watch TV with us?

(이리로 오셔서 TV를 함께 보시겠습니까?)

come over : 이리로 오다

[답] C

13. 네가 그 언어를 말할 수 없으므로 거기서의 너의 경험은 가치가 없을 수 있다.

Now that : ~ 이므로

=Seeing that

=Inasmuch as

=Since

[답] D

14. 아무리 나쁜 사람이라도 내밀히 선을 존경한다.

in secret : 비밀히, 남몰래, 내밀히

= secretly

No A so B but C : 아무리 B한 A라도 C한다

There is <u>no</u> man <u>so</u> wise <u>but</u> (he) sometimes makes errors.

(아무리 현명한 사람이라도 때로는 실수한다.)

There is <u>nothing</u> <u>so</u> difficult <u>but</u> (it) becomes easy by practice.

<u>No</u>thing is <u>so</u> hard <u>but</u> it becomes easy by practice.

[답] C

15. 나를 기다리는 사람이 누구든 말을 걸어라.

~ to +복합관계대명사(S) + V~

 ~ to <u>whoever + V</u>~

 ~ to <u>whoever</u> + (<u>S + 생각동사</u>) + <u>V</u> ~

                (삽입구)

~ to +복합관계대명사(O) + S ~

 ~ to <u>whomever + S</u> ~

 ~ to <u>whomever</u> + (S + 생각동사) + <u>S</u> ~

[답] D

16. 그가 대단히 친절해서 우리는 그를 결코 잊지 못할 것이다.

<u>Such</u> is + 소유격 + 추상명사 + that ~

=소유격 + 추상명사 + is <u>so great</u> that ~

=S + is + <u>so great</u> + 형용사 +that ~

<u>Such</u> is his kindness that

= HIs kindness is <u>so great</u> that~

= He is <u>so great</u> kind that~

[답] C

17. 만일 우리가 전쟁이라는 자살행위를 삼갈 수 있다면, 우리는 정말로 아주 좋은 시절을 기대할 수 있을 것이다.

Provided : 만일 ~이라면

=Providing

=If

refrain from : ~을 삼가다, 그만두다, 자제하다

refrain from smoking : 흡연을 삼가다

refrain from grease food : 기름진 음식을 삼가다

Please refrain from spitting in public places.

(공공장소에서 침을 뱉는 것을 삼가시오.)

Let's hope they will refrain from hostile action.

(그들이 적대행위를 삼갈 것이라고 기대하자.)

cannot refrain from ~ing :~하지 않을 수 없다.

=cannot help ~ing

cannot refrain from laughing :웃지 않을 수 없다

cannot refrain from tears : 울지 않을 수 없다

suicide : 자살, 자살행위

commit suicide : 자살하다

[답] B (from)

18. 학자들이 질문한 문제들 중 몇몇은 답변은 말할 것도 없고 완전히 물어볼 가치도 없는 것처럼 보인다.

to the world : 완전히, 전혀, 아주

be worth ~ing : 할 만한 가치가 있다

The book is well worth reading.(그 책은 읽을 만하다.)

It's hardly worth troubling about.(그것은 애쓸 만한 일이 못된다.)

He says life wouldn't be worth living without friendship.

(그는 우정 없이는 살맛이 안 난다고 한다.)

Whatever is worth doing at all is worth doing well.

(적어도 할 만한 일은 훌륭히 할 만한 가치가 있다.)

let alone : ~은 말할 것도 없고

=not to mention

=not to speak of

=to say nothing of

It takes up too much time, let alone the expenses.

(비용은 말할 것도 없고 시간이 너무 걸린다.)

He speaks French, let alone English.

(그는 영어는 말할 것도 없고 불어도 말한다.)

He cannot find money for necessities, let alone such luxuries as wine and tobacco.

(그는 포도주나 담배 같은 사치품은 말할 것도 없고 일용품을 살 돈도 없다.)

[답] C (asking)

19. 만일 네가 다른 더 중요한 상황으로 덜 바쁠 때를 기다렸었더라면, 너의 고용주는 너의 요구를 들어주고 싶었을 텐데. '

be inclined to(do) : ~하고 싶다, ~하는 경향이 있다.

I am[feel] inclined to go for a walk.(나는 산책하고 싶다.)

I am inclined to get tired easily.(나는 금세 피곤해지는 체질이다.)

He is inclined to be lazy.(그는 게으른 경향이 있다.)

I am inclined to think that he is opposed to the plan.

(그가 그 계획에 반대한다는 느낌이 든다.)

be opposed to : ~에 반대이다

His parents are opposed to the match.

(그의 양친은 그 혼담에는 반대다.)

I am very much opposed to your going abroad.

(나는 네가 해외에 나가는 데 아주 반대다.)

favor : 찬성하다, 편들다, 호의를 보이다.

be busy with : (일)에 바쁘다

be busy with one's work : 일에 바쁘다

He <u>was busy with</u> his work.(그는 자기 일에 바빴다.)

be busy (in) ~ing : ~하느라 바쁘다

He <u>is busy (in)</u> preparing for his departure.

(그는 출발 준비로 바쁘다.)

He <u>was busy</u> gett<u>ing</u> ready for his journey.

(그는 여행을 준비하느라고 바빴다.)

He <u>is busy</u> at his desk prepar<u>ing</u> for the exam.

(그는 책상에 앉아 수험준비에 바쁘다.)

가정법(과거완료) + 접속사 + 직설법(과거)

가정법(과거) + 접속사 + 직설법(현재)

[답] B (had waited)

20. 이 나라에서는 최근에 여기에 온 사람은 누구든지 세금(조세)을 내도록 요구하고 있다.

require : (의무로써) 요구하다

<u>require :that</u> + S + (should) <u>동R</u>~

He <u>required that</u> I (should) <u>pay</u> the money.

(그는 나에게 돈을 지불하라고 요구했다[말했다].)

The law requires annual <u>**income tax returns**</u>.

(법률은 매년 <u>**소득세 신고서**</u>를 요구하고 있다.)

He does all that is required by the Act.

(그는 법령이 요구하는 바를 빠짐없이 이행한다.)

lay[levy] a tax on : ~에 과세하다.

본문에서 it is <u>required that</u> <u>anyone</u>(who has recently come here) <u>have</u> to pay taxes.

[답] D (have)

21. 내가 항상 일찍 자고 일찍 일어나며 가족들에게 거의 폐를 끼치지 않기 때문에 그녀가 나를 해고하려고 하지 않았다.

동명사의 의미사의 주어는 소유격을 쓴다.

my keeping good hours

keep good[early] hours : 일찍 자고 일찍 일어나다

keep bad[late] hours : 늦게 자고 늦게 일어나다.

give a person trouble : ~에게 폐를 끼치다.

be willing to (do) : 기꺼이 ~하다

I am quite willing to do anything for you.

(나는 너를 위해서라면 무엇이든 기꺼이 하겠다.)

I am quite willing to answer questions.

(나는 기꺼이 묻는 말에 답하겠다.)

He is quite willing to pay the price I ask.

(그는 내가 달라는 값을 아주 순순히 내 주더군.)

I am willing to help you.

(나는 기꺼이 너를 돕겠다.)

be unwilling to(do) : 마지못해 ~하다, ~하는 것을 꺼리다.

She is unwilling to come.

(그녀는 오고 싶어 하지 않는다. 그녀는 오는 것을 꺼린다.)

unwilling : 마지못해 하는, 마음 내키지 않은, 꺼리는

=reluctant

part with :을 해고하다

=dismiss

=fire

[답] B (hours)

22. 노동자 수입의 약 1/4이 조세와 정부의 사회보장에 지출된다.

He paid $ 50 in taxes

(그는 50달러의 세금을 물었다.)

본문에서 1/4이 주어이므로 동사는 is paid가 되어야 한다.

[답] C (is paid)

23. 문화는 인간으로서 인간의 생존을 위해 필요하다. 실제로 인간이 감지하고, 알고, 생각하고, 가치판단하고, 느끼고, 행하는 모든 것을 사회체제에의 참여를 통하여 배우게 된다.

necessary (to, for, that, to(do))

Sleep <u>is necessary to</u> health.(잠은 건강에 필요하다.)

Passports <u>are necessary for</u> all who visit foreign countries.
(여권은 외국여행자에게 없어서는 안될 물건이다.)

It <u>is necessary that</u> the wicked <u>should</u> be punished.
(악인은 벌 받지 않으면 안 된다.)

<u>Is</u> it <u>necessary that</u> you <u>should</u> be so economical?
(그렇게 꼭 절약을 해야만 하느냐?)

I don't <u>feel necessary to</u> answer such personal question.
(그런 개인적인 질문에는 대답할 필요가 없다고 생각한다.)

<u>participate in</u> debate : 토론에 참가하다

<u>participation in</u> sociological system : 사회체제에의 참여

Practically <u>everything</u>(humans perceive, know, think, value, feel, and do) <u>is learned</u> through participation in a sociological system.

여기서는 everything 다음에 관계대명사 목적격 that이 생략되었다. humans부터 and do까지는 형용사절이므로 형용사절을 괄호 속에 넣고 보면 <u>everything is learned</u>~가 된다. everything은 단수이므로 동사는 is가 된다. 따라서 본문 D는 are learned가 아니라 is learned로 고쳐야 한다.

[답] D (is learned)

24. 비록 줄리아 아담스는 거의 완전히 한쪽 귀가 들리지 않고 다른 한 쪽 귀는 청력이 약하지만, 그녀는 핸디캡을 극복하고 국제적으로 유명한 피아니스트가 되었다.

be deaf │ of an ear : 한 쪽 귀가 멀다
         │ in one ear

one ~ the other ~ : 하나는 ~ 다른 하나는 ~

renowned : 유명한

= famous

[답] C (the other)

25. 처음에는 노동자들이 손으로 종이 밀짚모자를 만들어야만 했다. 그러나 조만간 기계가 대량생산을 가능하게 했다.

at first : 처음에는

by hand : 손으로

in time : ① 제시간에 ↔ behind time(정가보다 늦게, 지각하여). late

       ② sooner or later : 조만간

       ③ before it is too late : 늦기 전에

be in time for : ~에 늦지 않다, 제시간에 오다, 제때 오다.

be late for :~에 늦다, 지각하다.

on time : 정각에

=punctually

본문은 문맥상 on time(정각에)가 아니라 in time(조만간)으로 고쳐야 한다.

[답] D (in time)

26. 도둑이 마침내 잡혔던 그 때까지는, 도둑이 훔쳤었던 대부분의 모든 돈을 써버렸었다

most of all the money

=almost all the money

Almost all the people came out.(거의 머든 사람이 밖으로 나왔다.)

most of his money

Most of his writing is rubbish.(그가 쓴 것 대부분은 하찮다.)

[답] C (most of all the)

27. 네가 좋은 음식, 마음편한 분위기, 친절한 서비스 등을 찾고 있을 때, 이 매혹적인 작은 레스토랑은 명확히 너의 의제가 있어야 한다.

여기서는 A, B, and C 용법이다. A, B, C가 문법적으로 동일해야 한다.

따라서 A와 B가 형용사+명사이므로 C도 형용사+ 명사형이 되어야 한다.

[답] D (attentive service)

28. 보통 미국 관광객들은 ㅎ·ㄴ국의 가장 인기 있는 스포츠인 야구경기를 관람하려는 스포츠팬들로 만원이 된 한국 운동장에서 매우 편안함을 느낀다.

at home : 마음 편히. 편히

please make yourself at home.(자 편히 하십시오.)

be[feel] at home : 편히 하다

be filled to capacity : 가득 차다. 만원이 되다.

[답] C (to capacity)

29. "인류가 살아남아 보다 더 높은 수준으로 향상하려고 한다면, 새로운 종류의 사고가 필수적이다. "라고 하는 나의 최근 메시지에 관해 많은 사람들이 물어보고 있다.

many a + 단수명사 + 단수동사~

Many a man has failed.(실패한 사람들이 허다하다.)

Many a soldier was killed in action.(많은 병사가 전투에서 전사했다.)

Many a little makes a mickle.(티끌 모아 태산.)

many + 복수명사 + 복수동사~

Many ships have been wrecked.(많은 배가 난파했다.)

Many people die of cancer.(많은 사람들아 암으로 죽는다.)

concerning : ~에 관하여

=about

본문의 that은 동격접속사이다. 그리고 if절의 is to는 wishes to의 뜻이다.

[답] A (has inquired)

30. 엘렌은 지난 밤 친구들과 함께 파티에 가기 위해서 제 시간에 공부를 끝마치지 못하였다.

finish+~ing이다. 따라서 finish studying이 된다.

[답] B (studying)

31. 어떤 나라도 다른 나라의 민속음악과 정확히 똑같은 민속음악을 가지고 있지 않지만, 거리가 먼 국민들 사이에 비슷한 노래가 존재한다는 것은 의미가 있다.

여기서 that은 the folk music을 가리킨다.

the same ~ as(동종류)와 the same ~ that(동일물)을 구별하여야 한다.

Your shoes are the same size as mine.(네 신발 크기는 내 것과 같다.)

He made the same mistake as last time.(그는 지난번과 똑 같은 실수를 했다.)

They met at the same place as before.(그들은 전과 같은 장소에서 만났다.)

The same man that came yesterday is here again.

(어제 왔던 사람이 또 와 있다.)

여기서는 like를 as로 고쳐 the same folk music as가 되어야 한다.

[답] B (as)

32. 미술건축학과는 이번 학기에 있을 예정인 필수과목이 많지 않은 데 대해 비판 받고 있다.

be scheduled for : ~에 있을 예정이다

The general meeting is scheduled for December.

(총회는 12월에 있을 예정이다.)

required course : 필수과목

여기서는 required courses가 복수이므로 much가 아니라 many가 와야 한다.

[답] C (many)

33. 이 주에서 결혼하기 위해서는 신분증명서와 함께 건강진단서를 제출하여야 한다.

along with : ~와 함께, ~와 동시에

an identification card : 신분증명서

a medical report : 건강진단서

여기서 one의 소유격은 one's[his]이다. 그러므로 your가 아니라 one's[his]로 고쳐아 한다.

[답] D (one's 또는 his)

34. 이 질병에 노출된 100명의 아이들 가운데 어느 한 명도 이 병의 증상이 나타날 가능성은 없다.

symptom : 증상, 증세

be exposed to : ~에 노출되다.

be likely to(do) : ~할 것 같다.

He is likely to lose the game.(그는 경기에 질 것 같다.)

It is likely to rain.(비가 올 것 같다.)

여기서는 Not one이 주어이므로 are가 아니라 is가 와야 한다.

[답] B (is)

35. 나머지 주주들은 오늘 있었던 의사록 사본과 보고서를 우편으로 받을 것이다.

proceedings : 의사록

in the mail ; 우편으로

by mail : (미)우편으로

the ret : 나머지

The rest + of + 복수명사[복수대명사] + are[were]~

The rest(나머지 하나, 즉 확실한 단수) of ~ + is[was]~

여기서는 주어가 복수이므로 his가 아니라 their가 와야 한다.

[답] B (their)

36. 오늘날만큼 미국사람들이 미식축구에 관심을 가진 적은 일찍이 없었다.

Never before have+S+pp : 오늘날만큼 S가 ~한 적은 일찍이 없었다.

be interested in : ~에 관심을 가지다.

여기서는 so many people이 복수주어이므로 has가 아니라 have가 와야 한다.

[답] B (have)

37. 흔히 윌리엄 세익스피어가 쓴 것으로 되어 있는 엘리자베스 시대의 연극의 진짜 작가가 과연 누구일까 하는 것은 끝없는 논란의 대상이 되고 있다.

credit something <u>to</u> a person : 어떤 것이 ~에게 속한 것으로 보다.

=Something <u>is credited to</u> a person

관계대명사(S)+V~ : 동사 앞에 관계대명사 주격

관계대명사(O)+S~ : 주어 앞에 관계대명사 목적격

여기서는 is 동사 앞에 관계대명사 주격 who가 와야 한다.

[답] B (who)

38. 그들이 해변에 있는 작은 별장 문을 다시 열었을 때, 그들은 작년 여름이래로 문 옆 마루 바닥위에 놓여 있는 편지 한 통을 발견했다.

<u>lie (자동사)</u> - lay - lain - <u>lying</u>

<u>lay (타동사)</u> - laid - laid - <u>laying</u>

자동사 + <u>전치사</u> + 목적어

타동사 + 목적어

자 + <u>전</u> + 목

타 + 목

<u>전치사 앞에 자동사가 온다</u>

여기서 전치사 on 앞에 자동사가 와야 하므로 laying가 아니라 lying가 와야 한다.

[답] B (lying)

39. 간밤에 폭설에도 불구하고, 대학에서 어느 강좌 하나도 휴강된 것은 없었다.

Despite : ~에도 불구하고

= In spite of

<u>None(=Not+one)</u> of + 복수 = 단수취급 : 어느 ~ 하나도 ~ 않다,

~중 어느 것 하나도 ~ 않다.

<u>None(=No+one)</u> of + 복수 = 복수취급 : 아무것도 ~ 않다

1) None(=Not one : 어느 것 하나도 ~ 아니다) + is ~.

2) None(=No one : 아무도 ~ 아니다) + are ~.

3) None(=Not one) of + 단수 + is ~.

4) None(=Not one) of + 복수 + is ~.

5) None(=No one) of + 복수 + are ~.

6) None of+복수+ is[are] ~.(None 의미가 구분이 안 되면 단·복수를 혼용함.)

- None(=Not one) of this + is ~
- None(=Not one) of them+ is ~ .
- None(=No one) of them + are ~ .
- None of them + is[are] ~(None 의미가 구분이 안 되면 단·복수를 혼용함.)

None(=Not+one) of the classes has been canceled at the university.

(대학에서 어느 강좌 하나도 휴강된 것이 없었다.)

None(=Not+one) of the newspapers has appeared today.

(오늘은 어느 신문 하나도 안 나왔다.)

None (=Not+one) of these is a typical case.

(이들 중 어느 것 하나도 대표적 사례가 아니다.)

None(=Not+one) of the information is useful to me.

(그 정보는 내게 하나도 쓸모가 없다.)

None(=Not+one, No+one) of the ladies has[have] gone out.

(부인들은 하나도[아무도] 나가지 않았다.)

None(=Not+one, No+one) of the students knows[know] anything about it yet.(학생들 중 하나도[아무도] 아직 그 일을 모르고 있다.)

None of them has[have] gone out. (그들 중 하나도[아무도] 나가지 않았다)

위 세 문장과 같이 none의 의미가 not one인지 no one인지 구분이 잘 안 되면 단·복수를 혼용한다.

따라서 39번 문제는 none이 not one의 뜻이므로 have가 아니라 has가 와야 한다.

[답] D (has been canceled)

40. 그녀의 혈압이 정상보다 훨씬 높기 때문에 그녀의 담당 의사는 그녀가 담배를 피워서는 안 된다고 주장하고 있다.

than it should be : 정상보다

insist(주장하다) that + S + 동사원형 ~

insist that 다음에 S+동사원형이 와야 한다.

때문에 will not이 아니라 do not이 와야 한다.

[답] D (do not)

41. 비행기로부터 승객들은 섬 전체의 윤곽을 뚜렷하게 볼 수 있었다.

여기서는 to 부정사와 동사원형은 붙여 써야 한다.

때문에 to see clearly가 되어야 한다.

[답] C (to see clearly)

42. 낙농업이란 우유 생산뿐만 아니라 버터와 치즈와 같은 우유제품의 생산도 포함한다.

be concerned with : ~에 관계가 있다. ~에 관심이 있다..

such as : ~와 같은

=like

not only A but also B : A뿐만 아니라 B도 역시

여기서는 but 다음에 also가 빠졌다

[답] C (but also)

43. 귀 회사에서 취급하고 있는 보험증권에 관한 설명서를 보내 주세요.

insurance policy : 보험증권

with regard to : 에 관해서

information : 정보, 자료, 설명서, 안내

[답] B (with regard to)~

44. 만약 우리가 계획대로 일을 전부 끝마친다면, 헬렌과 나는 월요일 아침에 뉴욕으로 떠날 것이다.

as planned : 계획대로

in the morning : 아침에

<u>on birthday morning</u> : 생일날 아침에(<u>특정한 날 아침에는 전치사 on을 쓴다</u>)

[답] D (on Monday morning)

45. 신체기관은 예를 들어 심장, 간 또는 폐처럼 어떤 특수한 신체기능을 수행할 수 있는 조직의 집합체이다.

tissue : (생물)조직

be capable of :~할 수 있다. ~을 수용할 수 있다. ~할 여지가 있다.

~을 능히 할 수 있다.

a room <u>capable of</u> 50 people : 50명을 수용할 수 있는 방

a situation <u>capable of</u> improvement : 개선의 여지가 있는 상황

a man <u>capable of</u> (doing) anything :무슨 짓이든 능히 할 사람

a man <u>capable of</u> teaching English :영어를 가르칠 수 있는 사람

Human nature <u>is capable of</u> being improved by moral discipline
(인간성은 도덕교육에 의해서 개선될 수 있다.)

The economy <u>is capable of</u> growing quickly.
(경제의 급속한 성장은 가능하다.)

[답] C (of performing)

46. 브래드는 정장을 하기가 싫어했기 때문에, 그 저녁식사에 참석하기를 거절하였다.

refuse to(do) : ~하기를 거절하다.

[답] C (to attend)

47. 네가 한 박스를 정가대로 사면, 또 한 상자를 더 돈을 내지 않고도 받을 수 있

다.

at the regular price : 정가대로

at no extra cost : 더 돈을 내지 않고도

fixed price ; 정가

reduced price : 할인가

여기서는 뒤의 주절에 would receive가 왔기 때문에 가정법 과거가 된다.

따라서 If절에 과거동사 bought가 와야 한다.

[답] B (bought)

48. 그 시험은 여러분이 영어를 귀로 들어서 이해하는지의 여부, 그리고 평이한 일상적 문장을 일고 이해하며 영문을 정확하게 쓸 수 있는지의 여부를 테스트한다.

ability to(do)

ability to understand ~ , to read ~ , and to write ~

A, B, and C 용법은 parallelism(병행체)이다.

따라서 A, B, C 모두가 문법적으로 동일한 어귀가 와야 한다.

[답] C (to write)

49. 소년시절에 마크 트웬은 그가 쓴 유명한 소설의 주인공 톰 소여처럼 부둣가를 거닐곤 했으며, 강을 오가는 배를 구경했고, 미씨씨피강에서 수영과 낚시를 했다.

would (do) : 과거 불규칙적 습관

used to (do) : 과거 규칙적 습관

would walk ~ , watch ~ , swim and fish ~

[답] D (swim)

50. 이것은 내가 지금까지 읽었던 가장 재미있는 책이다.

S + V + the + 최상급 + 명사 + that + S' + have ever pp.

= S' + have never pp + so + 형용사 + a + 명사 + as + S.

= S' + have never pp + such a + 형용사 + 명사 + as + S

[답] never, so, as

제4편

V+동명사 &
동명사의
관용적 용법

□ V +~ing (동명사) & 동명사의 관용적 용법

1. abandon | ~ing : ~을 그만두다, 포기하다, 끊다.
= give up |
= stop |

abandon oneself to drinking[pleasure(s), grief, despair]
술[환락, 슬픔, 절망]에 빠지다, 자포자기 하다.
I give up the attempt in despair.(절망 끝에 그 기획을 그만두어버렸다.)
You should give up smoking.(담배를 끊어야만 한다.)

2. acknowledge -ing : ~를 인정하다

acknowledge having been pp
= acknowledge oneself pp
= acknowledge that+S+be pp

He did not acknowledge having been defeated.
= He did not acknowledge himself defeated.
= He did not acknowledge that he was defeated.
= He refused to acknowledge that he was defeated.(refused to = did not)
그는 자신의 패배를 인정하지 않았다.
He acknowledged having been frightened. 그는 놀랐다고 인정했다.
= He acknowledged himself frightened.
= He acknowledge that he was frightened.

3. admit ~ing : ~을 인정하다

He admits having done it himself.
=He admits that he did [has done] it himself.
그는 자기가 그것을 했음을 인정하고 있다.

4. advise ~ing : ~을 권하다
= advise+O+to(do)

I <u>advised</u> his start<u>ing</u> at once. 그에게 즉시 출발하도록 권했다.
= I <u>advised</u> him <u>to</u> start at once.

5. allow ~ing : ~하는 것을 허용하다
allow+O+to(do) : O가 ~하는 것을 허용하다

Smok<u>ing</u> is not <u>allow</u>ed here. (금연)여기서는 금연이다.
I can't <u>allow</u> you <u>to</u> behave like that.
네가 그렇게 행동하는 것을 내버려둘 수는 없다.
He could <u>not</u> see his girl friend until (he <u>was</u>) <u>allowed to</u> do so.
그렇게 하도록 허용되고서야 비로소 그는 여자 친구를 만날 수 있었다.

6. allow oneself in ~ing : ~에 전념하다, 몰두하다, 열중하다
= lose oneself in ~ing
= soak oneself in ~ing

7. anticipate ~ing ~하기를 기대[고대]하다

I anticipate picking up all the information while traveling.
여행 중에 여러 가지 견문을 넓히길 고대하고 있다.

8. apply oneself to ~ing : ~에 전념하다, 몰두하다, 열중하다
= commit oneself to ~ing
= dedicate oneself to ~ing
= devote oneself to ~ing
= give oneself to ~ing
= allow oneself in ~ing
= lose oneself in ~ing
= soak oneself in ~ing
= lose oneself in ~ing
= soak oneself in ~ing
= be absorbed in ~ing
= be engrossed in ~ing
= be lost in ~ing

= be soaked in ~ing
= be bent on ~ing
= be intent on ~ing

She applied herself to working for the poor people.
그녀는 가난한 사람을 위해서 일하는 데 전념했다.

9. appreciate ~ing : ~에 감사하다

I appreciate your help. 도와주신 데 대해 감사드립니다.
I appreciate your kindness. 호의를 고맙게 생각하다. (kindness=goodwill)

10. avoid ~ing : ~을 피하다

avoid making any promise : 약속 따위를 하려 하지 않다.

11. be absorbed in ~ing : ~에 전념하다, 몰두하다, 열중하다
= be engrossed in ~ing
= be lost in ~ing
= be soaked in ~ing

He was absorbed in reading a book. 그는 독서에 열중했다.

12. be accustomed to ~ing : ~에 익숙하다
= be used to ~img

He is accustomed to driving a car. 그는 자동차 운전에 익숙하다.

13. be afraid of ~ing : ~을 두려워하다, 걱정하다

The boy is afraid of falling off his bicycle.
그 소년은 자전거에서 떨어질까 봐 두려워한다.

14. be bent on ~ing : ~에 전념하다, 몰두하다, 열중하다, ~하기로 결심[작정]

하다

= be intent on

She is bent on going. 그녀는 가기로 작정하고 있다.
He is bent on mastering English. 그는 영어를 마스터하기로 결심했다.

15. be busy ~ing : ~하느라 바쁘다

He is busy preparing for his departure. 그는 출발 준비를 하느라 바쁘다.
He is busy packing. 그는 짐 꾸리기에 바쁘다.
He is busy getting ready for his journey. 그는 여행준비를 하느라 바쁘다.
She was busy (in) ironing this evening.
(그녀는 오늘 저녁에 다림질하느라고 바빴다.)
They are busy (in) preparing for the examination.
(그들은 시험 준비로 바쁘다.)

16. dissuade + O + from ~ing : O가 ~하는 것을 단념시키다, 말리다, 막다.

She tried to dissuade her son from marrying the girl.
그녀는 아들이 그 처녀와 결혼하는 것을 단념시키려 했다.

17. be engrossed in ~ing : ~에 전념하다, 몰두하다, 열중하다
= be absorbed in ~ing
= be lost in ~ing
= be soaked in ~ing

18. be in the habit of ~ing :~하는 버릇이 있다
= have a habit of ~ing

19. fall[get] into a habit of ~ing : ~하는 버릇이 생기다

20. hinder + O + from ~ing : O가 ~하는 것을 방해하다. O가 ~하지 못하다
=S + be hindered from ~ing

I was hindered from getting here earlier. 좀 더 일찍 이곳에 오지 못했다.

21. be intent on ~ing : 에 전념하다, 몰두하다, 열중하다
= be bent on ~ing

He was intent on getting to the office in time.
그는 제때 출근시간에 도착하려고 여념이 없었다.

22. keep + O + from ~ing : O가 하는 것을 막다. S 때문에 O가 ~할 수 없다.

What kept you from joining me? 무엇 때문에 내게 못 왔나?
We must keep them from getting to know our plans.
그들이 우리 계획을 알게 되지 못하도록 해야 한다.
I kept the pipe from leaking. 나는 파이프가 새어나오지 않도록 막았다.
Urgent business kept me from coming yesterday.
급한 일로 어제 올 수 없었다.
We must do something to keep the roof from falling in.
지붕이 무너져 내리는 것을 막기 위해서 무엇인가 해야 한다.

23. be late (in) ~ing : ~하는데 늦다

We must not be late (in) getting home.
(우리는 늦지 않게 집에 돌아가야 한다.)

24. be like ~ing : ~하는 것 같다

This is like playing with fire. 이것은 불장난 같다.–그렇게 위험하다.

25. be long (in) ~ing :

Spring is long (in) coming this year.(금년에 봄이 좀처럼 오지 않는다.)
I won't be long unpacking.(짐을 푸는 데 오래 걸리지 않을 것이다.)
He wasn't long (in) getting hungry.(이윽고 배가 고파졌다.)
I wasn't long (in) getting out the room.

(우리는 오래지 않아서 방에서 나갔다.)

26. be lost in ~ing : ~에 전념하다, 몰두하다, 열중하다

27. be on the point of ~ing : 막 ~하려는 참이다.
=be about to(do)
The train <u>was on the point of</u> leav<u>ing</u>. 기차는 막 떠나려는 참이었다.
He <u>was on the point of</u> gett<u>ing</u> on the bus.

28. prevent + O + from ~ing : O가 ~하는 것을 막다.
S 때문에 O가~할 수 없다.

Who can <u>prevent</u> us <u>from</u> gett<u>ing</u> married!
우리가 결혼하려는 것을 누가 막을 수 있는가!
The snow <u>prevented</u> him <u>from</u> going out. 눈 때문에 그는 외출할 수 없었다.
There is nothing to <u>prevent</u> us <u>from</u> go<u>ing</u> there.
우리가 거기 가는 것을 막는 것은 아무것도 없다.

29. prohibit + O + from ~ing : O가 ~하는 것을 금하다[막다]

Children are prohibited from buying cigarettes.
아이들에게는 담배를 사는 것이 금지되어 있다.
Heavy rain <u>prohibited</u> him <u>from</u> go<u>ing</u> out. 폭우로 그는 외출하지 못했다.
A prior engagement <u>prohibited</u> me <u>from</u> join<u>ing</u> you.
선약이 있어서 참가하지 못했습니다.

30. be proud of ~ing : ~을 자랑하다
= take a pride in ~ing

She <u>is proud of</u> her be<u>ing</u> rich. 그녀는 부자임을 자랑한다.
= She <u>takes a prid in</u> her be<u>ing</u> rich.

31. restrain + O + from + ~ing : O가 ~하는 것을 못하게 하다[막다]

She restrained her child from doing mischief.
그녀는 아이가 장난을 못하게 하였다.
He restrained her from wasting her money.
그는 그녀가 돈을 낭비하지 못하게 했다.

32. be soaked in ~ing : ~에 전념하다, 몰두하다, 열중하다

33. stop ~ing : ~을 멈추다, 중단하다

He stopped working. 그는 일을 멈췄다.
He stopped talking. 그는 이야기를 중단했다.

34. stop + O + from ~ing :

She stopped him from doing something.
그녀는 그에게 어떤 일을 하지 못하게 했다.
Nothing will stop him from interfering. 그의 훼방을 말릴 도리가 없다.
What stopped you from coming? 왜 못 왔느냐?
What can stop us from going if we want to go?
우리가 가고자 한다면 무엇이 감히 가로막을 것인가?
Can't you stop the child from getting into mischief?
저 아이의 장난을 좀 못하게 할 수 없단 말이오.

35. be tired of ~ing : ~이 싫증나다, 넌더리나다

He is tired of hearing. 그는 듣는 데 신물이 난다.
She is never tired of talking about her clever son.
그녀는 자기의 똑똑한 아들 애기라면 결코 지칠 줄 모른다.

36. be used to ~ing : ~에 익숙하다
= be accustomed to ~ing

I am not used to being talked to in that way.

37. be worth ~ing : ~할 만한 가치가 있다

This book is worth reading. 이 책은 읽을 만한 가치가 있다.
=It is worth while to read this book
=This book is worthy of reading
Kyongju is worth visiting.(경주는 가볼 만하다.)
Whatever is worth doing at all is worth doing well.
(속담) 적어도 할 만한 일은[하기에 족한 일이라면] 훌륭히 할 만한 가치가 있다.

38. be worthy of ~ing : ~할 만한 가치가 있다.

This is worthy of reading. 이 책은 읽을 만한 가치가 있다.
= This is worth reading.
= It is worth while to read this book.

39. bear ~ing ~할 필요가 있다

This cloth will bear washing. 이 천은 빨아도 괜찮다.
His language does not bear repeating 그의 말은 되풀이 할 가치가 없다.

cf. cannot bear[endure] | to(do)
                        | ~ing

I cannot endure | to see her tortured.
                | seeing her tortured.
그녀가 고통 받는 것을 차마 볼 수 없다.
I can't bear being laughed at. 비웃음을 당하는 것을 참을 수 없다.
I can not bear to see it. 차마 그것을 눈뜨고 볼 수 없다.

cannot bear+O+to(do)
she cannot bear me to be away
그녀는 내가 떠나 있는 것을 견디지 못했다.

40. Besides ~ing : 뿐만 아니라

<u>Besides</u> be<u>ing</u> a businessman, he was a musician.
그는 실업가인데다가 음악가이기도 했다.

41. burst out : 갑자기 ~하기 시작하다

burst out crying 갑자기 울기 시작하다
burst out laughing 갑자기 웃기 시작하다

42. cannot avoid ~ing :~하지 않을 수 없다.
= cannot help ~ing

I <u>could not avoid</u> say<u>ing</u> so. 그렇게 말하지 않을 수 없었다.
=I <u>could not help</u> say<u>ing</u> so.

43. cannot help ~ing : ~하지 않을 수 없다.
= cannot avoid ~ing
= cannot resist ~ing
= cannot but (do)
= cannot choose but (do)
= cannot help but (do)
= can do noting but (do)
= <u>have no</u> choice <u>but to</u> (do)
= <u>have no</u> alternative <u>but to</u> (do)
= <u>There is nothing for it but to</u>(do)

I <u>could not helf</u> laugh<u>ing</u> at the funny sight.
I <u>cannot but</u> admire her.
Still, I <u>cannot help</u> admir<u>ing</u> her.
그래도 나는 그녀를 존경하지 않을 수 없었다.
I <u>could not help</u> laugh<u>ing</u>. 웃지 않을 수 없었다.
=I <u>could not help but</u> laugh.

cf. I <u>can't help it</u>. 어쩔 수 없다.
  =<u>It can not be helped.</u>

44. cannot resist ~ing : ~하지 않을 수 없다

I cannot resist laughing. 웃지 않을 수 없다.

45. cannot stand ~ing : ~을 참지 못하다

He cannot stand being kept waiting. 그는 기다리게 되는 걸 참지 못한다.
This cloth will not stand washing. 이 천은 빨지 못한다.
I cannot stand this hot weather. 이 무더위는 배겨낼 수가 없다.

46. cannot ~ without ~ing
= never ~ without ~ing

They cannot meet each other without quarreling.
그들은 서로 만나기만 하면 싸운다.

47. catch + O + ~ing : ~하고 있는 것을 목격하다, 잡다

I caught him speaking ill of me. 그가 나를 험담하고 있는 것을 목격했다.
I caught the boys stealing apples from my garden.
정원에서 사과를 훔치는 소년들을 발견했다.
You won't catch me doing that again! 내가 그것을 다시 하는 것을 못볼 걸!
He was caught red handed taking money from the cash register.
그는 현금 인출기에서 돈을 훔치다가 현행범으로 잡혔다.

48. come near ~ing : 하마터면 ~할 뻔하다.

His firm came near being ruined last year.
(그의 회사는 작년에 도산할 뻔 했다.)
She came[went] near being downed.(그녀는 하마터면 익사할 뻔 했다.)

49. commit oneself to~ing : ~에 전념하다, 몰두하다, 열중하다

He committed oneself to working for the people.

그는 가난한 사람들을 위해 일하기로 했다.

50. consider ~ing : ~을 고려하다

I am <u>consider</u>ing writ<u>ing</u> to my uncle.아저씨에게 편지 쓸까 하고 생각하고 있다.

51. dedicate oneself to ~ing : ~에 전념하다, 몰두하다, 열중하다

52. defer ~ing : ~을 연기하다

<u>defer</u> mak<u>ing</u> a decision 결심을 늦추다.

53. delay ~ing : ~을 미루다

I <u>delay</u> writing to her. 나는 그녀에게 편지 쓰는 것을 미루고 있다.
admit of no delay 잠깐의 여유도 주지 않다. 일각의 유예도 허락하지 않다.

54. deny ~ing :

He <u>denied</u> ha<u>ving</u> said so. 그는 그런 말을 하지 않았다고 했다.

55. deserve ~ing : ~할 만한 가치가 있다
= deserve to be pp

This problem <u>deserves</u> solv<u>ing.</u>그 문제는 풀어볼 만한 가치가 있다.
= The problem <u>deserves to be solved.</u>

56. detest ~ing :~을 몹시 싫어하다

My mother <u>detests</u> go<u>ing</u> out alone. 어머니는 혼자 다니시길 아주 싫어하신다.
She <u>detests</u> ha<u>ving</u> to get up early.
그녀는 일찍 일어나야 하는 것을 몹시 싫어한다.

57. devote oneself to ~ing : 에 전념하다, 몰두하다, 열중하다

58. discontinue ~ing : ~을 그만두다
= stop ~ing

59. dislike ~ing : ~하는 것이 싫다.

I dislike his doing it. 그가 그것을 하는 것이 싫다.
I dislike him to drink so much. 그가 술을 그렇게 많이 마시는 것이 싫다.

60. enjoy ~ing : ~을 즐기다
I enjoy reading [walking] 독서[산책]을 즐기다.
We have enjoyed talking over our school days.
우리는 학창시절의 이야기를 하며 즐겁게 지냈다.
talk over ~에 관해 의논하다[이야기하다]

cf. over : ~하면서
wait over a cup of coffee 커피마시면서 기다리다.
They talked about it over a glass of beer.
그들은 맥주를 마시면서 그것을 이야기했다.
enjoy oneself 즐겁게 지내다, 즐겁게 시간을 보내다
He enjoyed himself over his whiskey. 그는 위스키를 마시면서 즐겁게 지냈다.

61. escape ~ing : ~을 면하다, 잘 피하다

narrowly escape death [being killed]. 간신히 죽음을 면하다.
escape punishment 벌을 면하다.

62. evade ~ing : ~을 (교묘하게) 피하다, 면하다.

evade (paying) taxes 탈세하다.

63. excuse ~ing : ~해서 죄송하다

Please excuse my being so late. 늦게 와서 죄송합니다.
= Please excuse my coming late.
= Excuse me for being late.
= Excuse my late arrival

64. fancy ~ing : (놀람을 나타내거나, 주의를 촉구하는 감탄사로 쓰임)

Fancy his doing a thing like that! 원 사람이 그런 짓을 하다니!

65. far from ~ing : 조금도~아니다, ~하기는커녕
= not ~ at all
= anything but
= by no means
= not in the least

Your work is far from (being) satisfactory. 네 공부는 도무지 시원찮다.
The newspaper accounts are far from (being) true.
그 신문기사는 사실과 딴판이다.
Far from (=Instead of) admiring his paintings, I dislike them intensely.
그의 그림을 칭찬하기는커녕, 나는 아주 싫어한다.
Far from studying hard, he did not even open the book.
그는 공부를 열심히 하기는커녕 책도 펴보지 않았다.
The storm, so far from abating, increased in its fury.
폭풍은 가라앉기는커녕 점점 심해졌다.

66. favor ~ing : ~을 찬성하다.(=approve of)

67. feel like │ ~ing : ~하고 싶다.
　　　　　　　│ it

It feels like rain. 비가 올 것 같다.
I feel like a cup of coffee. 커피 한 잔 마시고 싶다.
I feel like crying. 울고 싶다.
=I feel inclined to cry.

I <u>feel like</u> mak<u>ing</u> a trip somewhere. 어딘가로 여행하고 싶다
She didn't <u>feel like</u> eating that evening. 그녀는 그날 저녁에 식욕이 없었다.
Any time you <u>feel like it</u>, come and see us.
언제든지 우리를 보고 싶으면 와라

68. finish -ing : ~을 끝내다

I <u>finish</u> writ<u>ing</u> a letter. 편지를 다 쓰다.
finish reading a book 독서를 끝내다

69. for the purpose of ~ing : ~할 목적으로
= wit a view to ~ing

70. get through (with) ~ing : ~을 끝마치다. ~을 끝내다. (일)을 해내다

As soon as I get through with my work, I'll join you.
내가 일을 끝내면 곧 너와 합류하마.

71. give oneself to ~ing : 에 전념하다, 몰두하다, 열중하다

72. give up | ~ing (술, 담배) 끊다. (직장) 그만두다. (계획) 포기하다.
    stop |

<u>give up</u> smok<u>ing</u> 담배를 끊다.

73. go ~ing : ~하러가다

go bathing 목욕하러가다
go hunting 사냥하러가다
go fishing 낚시하러가다
go riding 말타러가다
go shopping 쇼핑하러가다
go skating 스케이트 타러가다

74. go on ~ing : ~을 계속하다. (일이) 일어나다, 발생하다, 행동하다.

go on working 일을 계속하다.
What's going on? 무슨 일이 일어나고 있는가?
Don't go on lke that. 그런 식으로 행동하지 말게.

75. have a habit of ~ing : 하는 버릇이 있다.

76. have done with ~ing : ~을 끝내다.

77. How about ~ing? : ~하는 게 어때?
How about going for a walk? 산책하러 가는 게 어때?

78. imagine ~ing : ~하는 것을 상상하다

I couldn't imagine meeting you here.
여기서 당신을 만나리라고는 상상하지 못했다.

79. instead of ~ing : ~하는 대신에

watch TV instead of studying 공부는 하지 않고 TV를 보다

80. Is there any hope of ~ing? : ~할 가망이 있느냐?

81. It goes without saying that ~. : ~라는 것은 말할 나위[필요]도 없다
= It is needless to say that~
= It is understood that ~

It goes without saying that honesty is the best policy.
It goes without saying that health is above wealth.

82. It is no use ~ing : ~해도 소용없다
= There is no use ~ing
= It is of no use to (do)

= It is useless to (do)

It is no use trying to deceive me.
It is no use crying over spilt milk.

83. keep(on) ~ing : 계속 ~하다.

keep crying 계속 울기만 하다.

84. keep + O + | ~ing (능동)
| | pp (피동)

Keep the light burning 등불을 계속 켜 놓아라.
I'm sorry to have kept you waiting. 기다리게 해서 미안합니다.
Keep the door shut. 문을 닫아 두어라.

85. keep   + O + from ~ing : O 가 ~하는 것을 막다[못하게 하다]
    stop   S 때문에 O 가 ~할 수 없다
    prevent
    prohibit
    restrain
    hinder
    dissuade

Keep the pipe from leaking. 파이프가 새어나지 않도록 막아라.
What has kept him from coming to the party? 왜 그가 파티에 못왔니?
Heavy snow kept him from going out. 폭설 때문에 그는 나갈 수가 없었다.

86. leave off ~ing : ~을 그만두다, 그치다, 멈추다, ~을 벗다.
  = stop ~ing

Has the rain left off yet? 비는 벌써 멎었는가?
We left off at the end of Chapter Five. 우리는 제5장의 끝에서 멈췄다.
It is time to leave off work.일을 그칠 시간이다.
Do leave off biting your nails. 손톱을 물어뜯지 말아.

They <u>left off</u> woolen underwear when the weather got warm
날씨가 따뜻해져서 그들은 털내의를 벗었다.

87. leave out ~ing : ~을 생략하다, 잊다.
= omit ~ing

<u>omit</u> one's name from the list. 명부에서 ~의 이름을 생략하다.
He <u>omitted</u> lock<u>ing</u> the door. 문 잠그는 것을 잊었다.
He <u>omitted to</u> write his name. 그는 이름 쓰는 것을 잊었다.
He <u>omitted to</u> copy a line in the page. 한줄 빠뜨리고 베꼈다.

88. look forward to ~ing : ~을 학수고대하다.
= anticipate ~ing

I <u>look forward to</u> see<u>ing</u> you.
I am looking forward to seeing you tomorrow.
나는 내일 너를 만나는 것을 고대하고 있다.

89. look like ~ing : ~할 것 같다

The lovely weather doesn't <u>look like</u> last<u>ing</u>.
(좋은 날씨가 계속될 것 같지 않다.)

90. lose oneself in ~ing : ~에 전념하다, 몰두하다, 열중하다

91. lose[spend, waste] + O +(in) ~ing

He lost all that money (in) gambling on horse races.
그는 경마에 도박을 하는 데 그 돈을 모두 잃었다.

92. make a point of ~ing : ~하는 것을 규칙으로 삼다. 규칙적으로 ~하다.
= make it a rule to (do)
= be in the habit of ~ing : ~하는 버릇이 있다
= have a habit of ~ing

I make a point of getting up at six.
He makes a point of taking a walk after dinner.

93. mention ~ing : ~을 언급하다, 말하다.
= refer to ~ing
He mentioned having done that. 그렇게 했다고 말했다.

94. mind ~ing : ~해 주시겠습니까, ~해도 괜찮겠습니까?

Would[Should] you mind shutting the door? 문좀 닫아 주시겠습니까?

95. miss ~ing : ~을 모면하다. 피하다

miss a traffic accident. 교통사고를 모면하다.
He just missed being run over by a car.
그는 아슬아슬하게 차에 치이는 것을 면했다.
be run over by a car 차에 치이다

96. need ~ing : ~할 필요가 있다
= need to be pp

My camera needs repairing. 내 카메라는 고칠 필요가 있다.
= My camera needs tobe repaired.
This needs no accounting for. 이것은 설명할 필요가 없다.

97. never ~ | without ~ing : ~하기만 하면 반드시 ~하다
             | but + S + V~
= Whenever ~, always~

It never rains without pouring. 비가 오기만 하면 퍼붓는다.
= It never rains but it pours.
= Whenever it rains, it always pours

98. No ~ing : ~금지, ~하지 마시오.

No parking 주차 금지

99. object to ~ing : ~에 반대하다.

I object to your opinion 나는 당신의 의견에 반대한다.
I object to being treated like this.

100. of one's own ~ing : 몸소[손수] ~한
= pp by oneself

The dinner was of mother's own cooking.만찬은 어머니가 손수 지은 것이었다.
He showed me a picture of his own painting

101. On ~ing : ~하자마자
= As soon as~

On arriving there, she sent me an e-mail.
= As soon as she arrived there, she sent me an e-mail.

102. permit ~ing : ~을 허락하다
  = permit +O+to(do):

Permit my going. 가는 것을 허락해주십시오.
=Permit me to go
I can't permit her smoking. 그녀의 흡연을 묵인할 수 없다.
=I can't permit her to smoke.

Circumstances did not permit my attending the party.
=Circumstances did not permit me to attend the party.
사정이 있어 파티에 참석할 수 없었다.

103. postpone ~ing : ~을 연기하다

= put off ~ing

104. practice ~ing : ~을 실행하다

practice play<u>ing</u> the piano. 피아노 연습을 하다.
=practice the piano
<u>practice</u> early ris<u>ing</u> 항상 일찍 일어나다.
He <u>practiced</u> runn<u>ing</u> 2km every morning.
(그는 매일 아침 2km 달리기를 했다.)

105. prevent + o+ from ~ing : O 가 ~하는 것을 막다,
S 때문에 O 가 ~할 수 없다

Heavy snow <u>prevented</u> him <u>from</u> go<u>ing</u> out.
폭설 때문에 그는 외출할 수 없었다.

106. prohibit ~ing : ~하는 것을 금하다.

prohibit pupils' drinking. 학생들의 음주를 금하다.

107. prohibit+O+from ~ing : O 가 ~하는 것을 막다,
S 때문에 O 가 ~할 수 없다

Heavy rain <u>prohibited</u> his go<u>ing</u> out.
=Heavy rain prohibited him from going out. 폭우로 그는 외출하지 못했다.

108. put off ~ing : ~을 연기하다

Never put off till tomorrow what you can do today.
오늘 할 일을 내일로 미루지 말라.

109. quit ~ing : ~을 끊다, 그만두다
=stop ~ing
=give up ~ing

quit smoking 담배를 끊다.
quit drinking 술을 끊다.
quit grumbling 투덜거리기를 그만두다.

110. recall ~ing : ~한 것이 생각난다.

I can't recall having met him. 그를 만난 일이 생각나지 않는다.

111. recollect ~ing : ~한 것이 기억이 난다, 생각난다.

I recollected having heard the melody. 그 멜로디를 들은 기억이 난다.
I recollect his saying so. 그가 그렇게 말한 것이 생각난다.

112. repent ~ing : ~한 것을 유감으로 생각하다, 후회하다

I repent having flunked. 낙제한 것을 유감으로 생각한다.
=I repent that I have flunked.

113. resent ~ing : ~에 분개하다

I resent his being too arrogant. 그가 너무 오만한 것이 불쾌하다.

114. resist ~ing : ~에 저항하다, 반항하다

resist being arrested 붙잡히지 않으려고 반항하다.

115. restrain + O + from ~ing : O가 ~하는 것을 막다[못하게 하다]

She restrained a child from doing mischief.그녀는 아이가 장난을 못하게 했다.

116. risk ~ing : ~을 감행하다, 감히 ~하다, (위험 등을) 각오하고 하다..

We must risk getting caught in a storm. 폭풍우를 만날 각오를 해야 한다.
I am willing to risk losing everything.

나는 모든 것을 잃는 한이 있어도 기꺼이 하겠다.
You <u>risk</u> los<u>ing</u> your job. 너는 실직을 각오하고서 하고 있다.

117. soak oneself in ~ing : ~에 전념하다, 몰두하다, 열중하다

118. stop ~ing : ~을 멈추다, 중단하다, 그만두다

<u>stop</u> work<u>ing</u> 일을 멈추다.
He <u>stopped</u> talk<u>ing</u>. 그는 이야기를 중단했다.

119. stop + O + from ~ing : O 가 ~하는 것을 막다,
                          S 때문에 O 가 ~할 수 없다

120. succeed in ~ing : ~에 성공하다

He <u>succeeded in</u> pass<u>ing</u> an examination. 그는 시험에 합격했다.
He <u>succeeded in</u> solv<u>ing</u> a problem.그는 문제 해결에 성공했다.

121. suggest ~ing : ~하자고 제안하다

I <u>suggested</u> go<u>ing</u> home. 집에 가자고 제의했다.
Father <u>suggested</u> go<u>ing</u> on a picnic.
아버지는 피크닉을 가면 어떻겠느냐고 말씀하셨다.
cf. suggest me to go (×)
<u>suggest that</u> +S+동R~: ~에게 ~하라고 권하다[제안하다]
My family doctor <u>suggests (to me) that</u> I <u>take</u> a walk every day.
우리 집 주치의는 나에게 매일 산책을 하라고 권한다.

122. take a pride in ~ing : ~을 자랑하다

she takes a great pride in the success of her children.
그녀는 자식의 성공을 크게 자랑한다.

123. There is no ~ing : 도저히 ~할 수 없다.

=It is impossible to (do)

There is no going back 이제 되돌아 갈 수는 없다.
There is no telling what may happen.무슨 일이 일어날지 도저히 알 수 없다
If war breaks out, there is no telling how many people will be killed.
전쟁이 일어난다면, 얼마나 많은 사람이 죽을지 알 수가 없다.

124. There is no likelihood of ~ing : ~할 가망은 전혀 없다.

There is no likelihood of his succeeding. 그가 성공할 가망은 전혀 없다.
There is no likelihood of his coming again. 그가 두 번 다시 올 것 같지 않다.

125. There is no use ~ing : ~해도 소용없다.
= It is no use ~ing
= It is of no use to (do)
= It is useless to (do)
= It is no use talking.

There is no use talking. 말해도 소용없다.

126. There is nothing like ~ing : ~하는 것은 보람 있는 일이다
= It is worth-while to (do)

There is nothing like doing a thing at once.
= It is worth-while to do a thing at once.
한 번에 한 가지씩 일을 하는 것은 보람 있는 일이다.

127. There isn't really any point ~ing : ~힐 하등의 이유가 없다

There isn't really any point standing here in the rain.
비가 오는 데 여기에 서있을 하등의 이유가 없다.

128. think of ~ing : ~할까 생각하다

I am <u>thinking of</u> marry<u>ing</u>. 결혼할까 생각 중이다.

129. understand ~ing : ~을 알다

I don't understand his coming.
= I don't understand why he comes.
그가 왜 오는지 알 수 없다.

130. want ~ing : ~할 필요가 있다
= want to be pp

The child <u>wants</u> wash<u>ing</u>
= The child <u>wants to be washed</u>

cf. want to (do) : 능동
  want ~ing[to be pp] : 피동 (주어가 동작을 받는 피동 뜻임)
131. with a view to ~ing : ~할 목적으로
= for the purpose of

132. What about ~ing? : ~하는 게 어때?

<u>What about</u> com<u>ing</u> with us? 우리와 함께 가는 게 어때?

133. What do you say to ~ing? : ~하는 게 어때?
= How about ~ing?
= What about ~ing?
= Why don't you ~?
= Let's ~ , shall we?

<u>What do you say to</u> (go<u>ing</u> for) a walk? 산책하시지 않겠습니까?
go for a walk : 산책하러 나가다
= have a walk
= take a walk

take + O + for a walk : O를 데리고 산책 나가다.

134. What is the use of ~ing? : ~해봤자 무슨 소용이 있겠나??
= Of what use is it to (do)?

What is the use of talking? 말해봤자 무슨 소용이 있겠나?
= Of what use is it to talk.

The **Key** to **English Structure**

제5편

2017년도
영어기출문제 분석

□ 2017. 03. 18. 경찰공무원 순경 (5문)

1. 다음 글의 빈칸에 들어갈 말로 가장 적절한 것은?

> • There used to be a shop at the end of the street: it closed (㉠) a few years ago.
> • Helen was going away. We went to the station with her to see her (㉡).

	㉠	㉡		㉠	㉡
①	off	on	②	down	off
③	on	off	④	out	in

[해설] • 길 끝에 가게 하나가 있었는데 몇 년 전에 폐점하였다.
• 헬렌이 떠날 예정이었다. 우리는 그녀를 배웅하러 그녀와 함께 역에 갔다.
used to be=was
close down : 폐점하다. 폐쇄하다[되다].
go away : 떠나다
see ~ off : ~을 배웅하다

[답] ②

2. 다음 문장에서 밑줄 친 부분의 의미와 가장 가까운 것은?

> How can you balance your household budget if you spend so much on liquor and cigarettes?

① make ends meet   ② hit the ceiling
③ beat around the bush   ④ brush up on it

[해설] 네가 술과 담배에 그렇게 많은 돈을 쓰면 어떻게 너의 가계의 수지균형을 맞출 수 있느냐?
make both[two] ends meet : 수지균형을 맞추다. 수입에 알맞은 생활을 하다.
hit the ceiling : (주가 따위가) 폭등하다. 발끈하다.
beat around the bush : 에둘러 말하다. (덤불 주위를 툭툭 쳐서)짐승을 몰아내다
brush up on : (잊혀져가던)~를 다시 시작하다.

3. 다음 중 어법에 맞는 표현으로 가장 적절한 것은?

- I'm considering (㉠) my job.
  나는 일을 그만둘까 생각 중이다.
- She accused the CEO of her company (㉡) embezzlement.
  그녀는 그녀가 일하는 회사의 대표이사를 횡령혐의로 고발하였다.
- He felt (㉢) at being the center of attention.
  그는 그에게 관심이 집중되자 당황했다.

	㉠	㉡	㉢
①	to quit	on	embarrassed
②	to quit	of	embarrassing
③	quitting	of	embarrassed
④	quitting	on	embarrassing

[해설] consider + ~ing : ~하는 것을 고려하다, 생각하다.
consider는 동명사를 목적어로 취한다.
accuse A of B : A를 B로 고발하다[비난하다].
<u>accuse</u> him <u>of</u> theft[stealing] : 그를 절도죄로 고발하다
They <u>accused</u> him <u>of</u> taking bribes. 그들은 그가 뇌물을 받았다고 비난했다.
embarrass는 감정심리동사이다. 감정심리동사의 주어가 사람이면 감정심리동사에
ed가 붙는다. 따라서 embarrassed가 답이다.

<감정심리동사용법>
① <u>S(사물)+감정심리동사+O(사람)</u>
② <u>S(사람)+be+감정심리동사ed+전치사+O(사물)</u>
③ <u>S(사물)+be+감정심리동사ing+전치사+O(사람)</u>
④ <u>감정심리동사ed+사람</u>
⑤ <u>감정심리동사ing+사물</u>
This novel <u>interests</u> me. 나는 이 소설이 재미있다
= I <u>am interseted in</u> this novel.
= This novel <u>is interesting to</u> me.
<u>excited</u> girl : 놀란 소녀

exciting game : 신나는 게임

[답] ③

4. 다음 중 어법에 맞는 표현으로 가장 적절하지 <u>않은</u> 것은?

> ㉠ <u>Most</u> readers of novels intuitively feel that their favorite authors have ㉡ <u>distinctive</u> styles, and some sensitive readers can even attribute passages ㉢ <u>what</u> they have not read previously ㉣ <u>to</u> one or another of these authors.

① ㉠   ② ㉡

③ ㉢   ④ ㉣

[해설] 대다수 소설독자들은 직관적으로 그들이 좋아하는 작가들이 특유의 문체를 가지고 있다고 느끼며, 어떤 감수성이 예민한 독자들은 심지어 전에 읽지 않은 구절들을 이런 작가들의 것으로 여긴다.

 위 본문 some sensitive readers can even <u>attribute</u> passages (what they have not read previously) <u>to</u> one or another of these authors.에서 볼 때 ( ) 안은 passages를 수식하는 형용사절 즉 관계대명사로 이끄는 절이다.

 그러므로 passages는 선행사이고 read 타동사에 대한 목적격 관계대명사 which 나 that이 와야 한다. 따라서 ㉢ what이 틀린 것이다. 그리고 what은 선행사+관계대명사이므로 passages 선행사가 있기 때문에 올 수 없다. 또한 선행사+관대(O)+S~(주어 앞에 관대 목적격) 및 선행사+관대(S)+V~(동사 앞에 관대 주격)을 보더라도 what은 올 수 없다.

<관계대명사 주격 목적격 구별법>
① 선행사+관대(S)+V~ : 동사 앞에 관대 주격 온다
② 선행사+관대(S)+(S+생각V)+V~:(S+생각V)는 삽입구, 동사 앞에 관대 주격
③ 선행사+관대(O)+S~ : 주어 앞에 관대 목적격

intuitively : 직관적으로, 직감적으로
=by intuition
distinctive : 특유의, 특색 있는
sensitive : 민감한, 감수성이 예민한, 섬세한
attribute A to B : A를 B의 결과[덕]으로 돌리다. A를 B의 덕분으로 여기다.

He <u>attributed</u> his success <u>to</u> hard work.
그는 자기의 성공을 노력의 결과로 돌렸다.
<u>attribute</u> the rice in market share <u>to</u> price cutting : 시장 점유율의 상승을 가격삭감의 덕[결과]으로 돌리다.
He <u>attributed</u> his success <u>to</u> good luck[friend's encouragement].
그는 자기의 성공을 행운[친구의 격려]의 덕분으로 여겼다.

[답] ③

5. 다음 우리말을 영작한 것 중 가장 적절한 것은?

> 경찰작용은 더 이상 법 집행에만 초점이 맞춰지지 않았으며, 다양한 활동에 관여될 것이 요구되었다.

① No longer were solely focused police actions on law enforcement but were required to involve in a variety of activities.
② No longer police actions were solely focused on law enforcement but to be required involve in a variety of activities.
③ No longer police actions solely focused on were law enforcement but required to be involved in a variety of activities.
④ No longer were police actions solely focused on law enforcement but were required to be involved in a variety of activities.

부정어가 문두에 오면 도치된다.
1) 부정어+조동사+S+동사원형
2) <u>부정어+be+S+pp~</u>
3) 부정어+have+S+pp~
4) 부정어+be+S~
be involved in~ : ~에 관련되다
be involved in~ing : ~하는 데 열중하다
위의 보기 중에서 <u>부정어+be+S+pp</u>가 와야 하므로 ④가 정답이다.

[답] ④

□ 2017. 09. 02. 경찰공무원 순경 (6문)

1. 다음 괄호에 들어갈 단어로 적절한 것은?

> A scheduling (   ) prevented the mayor from attending the farewell meeting.

① production   ② conflict
③ deduction   ④ response

[해설] 일정이 겹쳐서 시장은 송별회에 참석하지 못했다.
 S+prevent+O+from ~ing : O가 ~하는 것을 막다. S 때문에 O가 ~할 수 없다.
deduction : 공제, 추론, 연역
conflict : 갈등, 충돌, 알력, 대립, 상충, 투쟁

[답] ②

2. 다음 ㉠, ㉡에 들어갈 말로 가장 적절한 것은?

> • (㉠) the adult smoking rate is gradually dropping is not good news for big tobacco companies.
>   성인 흡연율이 점차 떨어지는 것은 대형 답배회사들에게 좋은 소식이 아니다.
> • She requested that he (㉡) longer for dinner.
>   그녀는 그가 저녁식사를 위해 좀 더 머물 것을 요청했다.

① ㉠ That   ㉡ stay
② ㉠ What   ㉡ stay
③ ㉠ That   ㉡ stayed
④ ㉠ What   ㉡ stayed

[해설] 우리 말의 것에 해당하는 영어는 That과 Wtat이 있다.
~것 : 1) That(접속사)+완전문장(=S+V~)
      2) What(선행사+관계대명사)+불완전문장
the adult smoking rate is gradually dropping이 완전문장이다. 완전문장 앞에 That이 온다. 따라서 ㉠은 That이 정답이다.

※요구, 주장, 명령, 충고, 권고, 제안, 동의, 결정V+that+S+(should)동사원형~

따라서 She <u>requested that</u> he+동사원형~이 되므로 ㉡은 stay가 정답이다.

[답] ①

3. 다음 중 어법상 가장 적절하지 <u>않은</u> 것은.

㉠ <u>Creating</u> the electrical energy also creates environmental problems. We can't give up electricity, but we can control the ways we use ㉡ <u>it</u>. We can use alternative sources of energy that ㉢ <u>is</u> not as harmful to the environment as those which we are presently ㉣ <u>using</u>.

---

① ㉠   ② ㉡
③ ㉢   ④ ㉣

[해설] 전기에너지를 만들어내는 것도 환경문제를 야기한다. 우리는 전기를 포기할 수는 없지만, 우리는 전기를 이용하는 방법을 통제할 수 있다. 우리는 우리가 현재 사용하는 것과 같은 환경에 해롭지 않은 대체에너지원을 이용할 수 있다.

<u>alternative sources of energy</u> [<u>that</u> is not <u>as</u> harmful to the environment <u>as</u> <u>those</u> (<u>which</u> we are presently using.)]에서 alternative sources of energy가 관대 주격 that과 관대 목적격 which의 선행사이다. 따라서 선행사가 복수이므로 that(관대 주격) 다음에 동사 is가 아니라 are가 와야 한다.

create : 창조하다. 만들어내다. 일으키다. 야기하다.
presently : 현재

[답]③

4. 다음 어법상 가장 적절하지 <u>않은</u> 것은?

· He claims ㉠ <u>to be robbed</u> yesterday.
· He found his favorite jar ㉡ <u>broken</u>.
· We're looking forward to the time ㉢ <u>when</u> we can get together again.
· ㉣ Had her father not told her to wear a seatbelt, she might have been more seriously injured.

---

① ㉠   ② ㉡
③ ㉢   ④ ㉣

[해설] • 그가 어제 강도를 당했다고 주장한다.
• 그는 자신이 좋아하는 병이 깨진 것을 발견했다.
• 우리는 우리가 다시 만날 수 있는 시간을 고대합니다.
• 그녀의 아버지가 그녀에게 안전벨트를 매라고 시키지 않았더라면 그녀는 더 심한 부상을 입었을지도 모른다.

be robbed of~ : ~을 강탈당하다
look forward to~ing : ~하는 것을 학수고대하다
told+O+to(do): O에게 ~하라고 시켰다.
He claims that he is robbed of his money.(현재-현재=동시)
=He claims to be robbed of his purse.(동시→단순형 : to+동사원형)
He claims that he was robbed of his money.(현재-과거=전시)
=He claims to have been robbed of his money.(전시→완료형 : to+have pp)
He claimed that he had reached the top of the mountain.(과거=과완=전시)
=He claimed to have reached the top of the mountain.(전시→완료형 : to have pp)

He claims to be robbed yesterday.는 틀린 문장이다.
Yesterday가 있어 전시가 되므로 완료형인 to have pp가 와야 한다.
따라서 He claims to have been robbed yesterday.가 맞는 문장이다.

[답] ①

5. 다음 중 괄호에 들어갈 말로 가장 적절한 것은?

┌───┐
│   Animal conservationists argue that removing some endangered species │
│ from environments where they are at risk is necessary if they (   ) │
│ in the long term.   │
└───┘

① are to be survived
② survive
③ are surviving
④ are to survive

[해설] 동물보호론자들은 멸종위기에 처한 동물의 종들이 장기적으로 보아 살아남고자 한다면 위험에 처한 환경에서 멸종위기에 처한 동물의 종들 약간을 제거하는 것이 필요하다고 주장한다.

If+S+be to(=wish to)+동사원형~ : ~하고자 한다면
remove A from B : B에서 A를 제거하다
in the long term : 장기적으로 보아
at risk : 위험한 상태에 있는

[답] ④

6. 다음 우리말을 영작한 것 중 가장 적절한 것은?

> 나는 그런 관대한 인물을 아직 본적이 없다

① Never I have met such generous a man before.
② Never I have met such a generous man before.
③ Never have I met such generous a man before.
④ Never have I met such a generous man before.

such a │ + 형용사 + 명사
quite a │
what a │

so │ + 형용사 + a + 명사
as │
too │
how │

※ 부정어가 문두에 오면 도치된다.
1) 부정어+조동사+S+동사원형
2) 부정어+be+S+pp~
3) 부정어+have+S+pp~
4) 부정어+be+S~

[답] ④

□ 2017. 04. 08. 국가직 9급 행정직 공무원 및 각 시·도 9급 사회복지직 공무원 (6문)

1. 어법상 옳은 것은?
① They didn't believe his story, and neither did I.
② The sport in that I am most interested is soccer
③ Jamie learned from the book that World War I had broken out in 1914.
④ Two factors have made scientists difficult to determine the number of species on Earth.

[해설] ① 그들은 그의 이야기를 믿지 않았다, 나도 그랬다.
② 내가 가장 재미있어 하는 스포츠는 축구이다.
③ 제미는 제1차 세계대전이 1914년에 일어났다는 것을 책에서 배웠다.
④ 두 가지 요소들 때문에 과학자들이 지구상의 종의 수를 결정하는 것을 어렵게 하고 있다.

① 나도 그래
긍정문, and so do I.
부정문, and neither do I.
② 전치사 다음에 관계대명사 목적격은 that을 쓰지 못한다.
The sport in which I am most interested is soccer.
=The sport I am most interested in is soccer.(관대 목적격 which 생략)
③ 역사적 사실은 과거를 쓴다.
Jamie learned from the book World War I broke out in 1914.
④ Two factors have made it difficult for scientists to determine the number of species on Earth.(가목적어 it, 진목적어 to(do)~, 의미상의 주어는 for+사람)

[답] ①

2. 어법상 옳지 않은 것은?
① A few words caught in passing set me thinking.
② Hardly did she enter the house when someone turned on the light.
③ We drove on to the hotel, from whose balcony we could look down at

the town.

④ The homeless usually have great difficulty getting a job, so they are
   losing their hope.

[해설] ① 지나가면서 들었던 몇 마디가 나를 생각에 잠기게 했다.
set + O + ~ing : O를 ~하게 하다
set the engine going : 엔진을 걸다
set a person thinking : ~를 생각에 잠기게 하다
set a person wondering : ~를 놀라게 하다
set one's heart beating : 가슴을 두근거리게 하다
set the enemy flying : 적을 패주시키다
set a stone rolling : 돌을 굴리다, 큰일 날 짓을 하다
set a plan going : 계획을 실행에 옮기다
set things going : 일을 시작하다
set a machine going[in motion] :기계를 움직이다

② 그녀가 집에 들어오자마자 누군가 불을 켰다.
~하자마자
Hardly[Scarcely]+had+s+pp~when[before]+S+과거~
=S+had+hardly[scarcely]+pp~when[before]+S+과거~
=No sooner+had+S+pp~than+S+과거~
=S+had+no sooner+pp~than+S+과거~

③ 우리는 그 호텔로 운전을 했고, 그 호텔 발코니에서 시내를 내려다볼 수 있었다.
look down at : ~을 내려다보다
look down on : ~을 경멸하다(=despise)
look up to : ~을 존경하다(=respect)

④ 노숙자들은 보통 일자리를 얻기가 어렵고, 그래서 그들은 희망을 잃게 된다.
 the+형용사=복수보통명사
the homeless=homeless people(노숙자들)
the poor=poor people
the rich=rich people
have difficulty ~ing : ~하기가 어렵다. ~하는 데 어려움을 겪다.

find difficulty in ~ing : ~하기 어렵다는 것을 알다

[답] ②

3. 밑줄 친 부분과 의미가 가장 가까운 것은?

> At this company, we will not <u>put up with</u> such behavior.

① modify
② record
③ tolerate
④ evaluate

[해설] 이 회사에서 우리는 그러한 행동을 참을 수 없다.
put up with : 참다, 견디다
=endure
=tolerate
=bear
=strand
=suffer
I <u>cannot suffer</u> his insolence. 나는 그의 무례함을 <u>참을 수 없다.</u>
He <u>can't stand</u> be<u>ing</u> kept waiting. 그는 기다리게 되는 걸 참지 못한다.

[답] ③

4. 밑줄 친 부분 중 의미상 옳지 않은 것은?
① I'm going to <u>take over</u> his former position
② I can't <u>take on</u> any more work at the moment.
③ The plane couldn't <u>take off</u> because of the heavy fog.
④ I can't go out because I have to <u>take after</u> my baby sister.

[해설] ① 나는 그의 이전 직위를 인계받을 것이다.
take over : 인계받다
② 나는 현재 더 이상 일을 떠맡을 수 없다.
take on : 떠맡다
=undertake
at the moment : 현재, 지금, 당장

not~any nore : 더 이상 ~아니다

=no more

③ 비행기는 짙은 안개 때문에 이륙할 수 없다.

take off : 이륙하다

④ 나는 여동생을 돌봐야 하기 때문에 밖에 나갈 수 없다.

take after : ~을 닮다

=resemble

take care of : ~을 돌보다

=look after

이 문장은 take after를 take care of 또는 look after로 고쳐야 한다.

[답] ④

5. 우리말을 영어로 잘못 옮긴 것을 고르시오.(5~6)

① 이 편지를 받는 대로 곧 본사로 와 주십시오.

→Please come to the headquarters as soon as you receive this letter.

② 나는 소년시절에 독서하는 버릇을 길러 놓았어야 했다.

→I ought to have formed a habit of reading in my boyhood.

③ 그는 10년 동안 외국에 있었기 때문에 영어를 매우 유창하게 말할 수 있다.

→Having been abroad for ten years, he can speak English very fluently.

④ 내가 그때 그 계획을 포기했었다면 이렇게 훌륭한 성과를 얻지 못했을 것이다.

→Had I given up the project at that time, I should have achieved such a splendid result.

[해설] as soon as는 시간의 접속사이다. 시간의 부사절에서는 미래 대신에 현재를 쓴다.

form the habit of~ing : ~하는 버릇이 생기다

form good habits : 좋은 습관을 몸에 붙이다

ought to have pp : (과거 비실현 표현) 마땅히 ~했어야 했다.(유감, 비난, 후회)

should have pp : (과거 비실현 표현) ~했어야만 했다.(유감, 비난, 후회)

④에서는 at that time이 있으므로 가정법 과거완료가 된다. If가 생략되어 도치된 문장이다. 주절은 성과를 얻지 못했다고 하니 would not have achieved가 와야 한다.

[답] ④

6. ① 그 회의 후에야 그는 금융 위기의 심각성을 알아차렸다.
→Only after the meeting did he recognize the seriousness of the financial crisis.

② 장관은 교통문제를 해결하기 위해 강 위에 다리를 건설해야 한다고 주장했다.
→The minister insisted that a bridge be constructed over the river to solve the traffic problem.

③ 비록 그 일이 어려운 것이었지만, Linda는 그것을 끝내기 위해최선을 다했다.
→As difficult a task as it was, Linda did her best to complete it.

④ 그는 문자 메시지에 너무 정신이 팔려서 제한속도보다 빠르게 달리고 있다는 것을 몰랐다.
→He was so distracted by a text message to know that he was going over the speed limit.

[해설] ① 한정의 부사(구)가 문두에 올 때 도치된다.
특히 Only가 문두에 오면 항상 도치된다..
② insist that+S+동사원형~
③ do one's best : 최선을 다하다.
   as+형용사+a+명사
④ too ~ to(do) : 너무나 ~해서 ~할 수 없다.
   따라서 so를 too로 고쳐야 한다.
distract : 흐트러뜨리다. 어지럽히다. 혼란시키다.
The noise in the street distracted me from my reading.
거리의 소음 때문에 나는 독서에 집중할 수가 없었다.
Their chatter distracts me from studying.
그들의 수다 때문에 공부에 정신ㅇmf 집중할 수가 없다.
Reading distracts the mind from grief.
독서는 슬픔을 잊게 한다.

[답] ④

1. 밑줄 친 부분의 의미와 가장 가까운 것을 고르시오.

> She is <u>on the fence</u> about going to see the Mona Lisa at the Louvre Museum.

① anguished   ② enthusiastic
③ apprehensive   ④ undecided

[해설] 그녀는 루브르박물관에 가서 모나리자를 볼 것인지 결정을 내리지 못하고 있다.
on the fence : 형세를 관망하는
→undecided : 미정의. 결정이 서지 않은. 우유부단한
anguished : 고뇌에 찬
apprehensive : 이해가 빠른

[답] ④

2. 어법상 옳지 않은 것은?
① You might think that just eating a lot of vegetables will keep you perfectly healthy.
② Academic knowledge isn't always that leads you to make right decisions.
③ The fear of getting hurt didn't prevent him from engaging in reckless behaviors.
④ Julie's doctor told her stop eating so many processed foods.

[해설] ① 너는 정말 야채를 많이 먹는 것이 너의 건강을 완전히 유지할 것이라고 생각할지도 모른다.
keep(V5)+O+형용사 : O를 ~ 상태에 두다
          ~ing
          pp
          전치사+명사 : 구
keep+O+~ing : O를 계속 ~하게 하다.

keep a razor sharp : 면도칼을 예리하게[잘 들게] 손질해두다.

keep things separate : 물건을 따로 해두다.

The garden is always kept well. 정원은 언제나 깨끗이 손질되어 있다.

keep the light burning : 등불을 계속 켜 놓다.

I'm sorry to have kept you waiting so long. 오랫동안 기다리게 해서 미안하다.

keep the fire burning : 불을 타게 해두다

Keep the door shut. : 문을 닫아 두어라.

keep oneself in good health : 건강을 유지하다.

keep one's hands in one's pockets : 손을 주머니에 넣어두다.

Cold baths keep me in good health. 냉수목욕을 하니까 나는 건강하다.

② 학문적 지식이 있다 해서 반드시[항상] 올바른 결정을 할 수 있는 것은 아니다. 이 문장에서 isn't always 다음에 that 절은 주격보어가 된다. 따라서 that은 접속 사이다. 「접속사+완전문장」이므로 that 다음에 주어 it가 빠져서 틀린 문장이다..

<부분부정>

All is not gold that glitters.(=All that glitters is not gold.)
반짝인다고 다 금인 것은 아니다.

not | always   : 반드시 ~인 것은 아니다.
     | necessary
     | exactly

not | all   : 모두 다 ~인 것은 아니다.
     | both
     | every

not | altogether : 전적으로 ~인 것은 아니다.
     | quite
     | entirely
     | wholly

③ 다치는 것에 대한 두려움 때문에 그는 무모한 행동을 할 수 없었다.

prevent+O+from~ing : O가 ~하는 것을 막다[S 때문에 O가 ~할 수 없다].

Heavy storm prevented him from going out.
폭설 때문에 그는 외출할 수 없었다.

engage in : ~에 종사하다, 착수하다, 시작하다, 참가하다.

④ Julie의 의사는 그녀에게 가공식품을 너무 많이 먹지 말라고 말했다.

processed foods : 가공식품

told+O+to(do) : O에게 ~하라고 시키다[말하다]

stop+~ing : ~하는 것을 막다, 멈추다, 그만두다.

[답] ②

3. 어법상 옳은 것은?

① The oceans contain many forms of life that has not yet been discovered.

② The rings of Saturn are so distant to be seen from Earth without a telescope.

③ The Aswan High Dam has been protected Egypt from the famines of its neighboring countries.

④ Included in this series is "The Enchanted Horses," among other famous children's stories.

[해설] ① 바다 대양은 아직까지도 발견되지 않은 많은 종류의 생명체를 포함하고 있다.

동사 앞에 관계대명사 주격 that은 관대 앞의 선행사 many forms of life가 복수이므로 that 다음의 동사 has가 아니라 have로 고쳐야 한다.

② 토성의 고리는 너무 멀어서 지구에서 망원경 없이는 볼 수 없다.

너무나 ~해서 ~할 수 없다

=too~to(do)

=so ~ that ~cannot ~(it). [it는 to부정사의 소급적 용법일 경우에 온다]

This house is too small for us to live in.(to 부정사 소급적 용법)

=This is so small that we cannot live in it.(it가 와야 that 접속사 다음에 완전 문장이 된다.)

따라서 so를 too로 고쳐야 한다.

③ Aswan High 댐은 이집트를 인접 국가들의 기근으로부터 보호해왔다.

이 문장은 능동태이므로 have protected로 고쳐야 한다.

protect A from B : A를 B로부터 보호하다.

protect a person from danger : ~를 위험으로부터 보호하다.
She wore dark glasses to protect her eyes from the sun,
그녀는 햇빛으로부터 눈을 보호하기 위해 짙은 썬글라스를 썼다.

④ 다른 유명한 동화 중에서 "마법에 걸린 말"은 이 시리즈에 포함되어 있다.
이 문장은 틀린 데가 없고 옳은 문장이다.
enchanted : 마법에 걸린, 요술에 걸린

4. 우리말을 영어로 잘못 옮긴 것을 고르시오.(4~5)
① 나는 매달 두세 번 그에게 전화하기로 규칙을 세웠다.
 →I made it a rule to call him two or three times a month
② 그는 나의 팔을 붙잡고 도움을 요청했다.
 →He grabbed me by the arm and asked for help.
③ 폭우로 인해 그 강은 120 cm 상승했다.
 →Owing to the heavy rain, the river has risen by 120 cm.
④ 나는 눈 오는 날 밖에 나가는 것보다 집에 있는 것을 더 좋아한다.
 →I prefer to staying home than to going out on a snowy day.

[해설] ① make it a rule to(do) : ~하는 것을[하기로] 규칙으로 세우다. ~하는
것을 상례로 하다. 늘 ~하기로 정하다. 늘 ~하곤 하다. ~하기로 하고 있다.
② 신체접촉 동사+인칭대명사 목적격+전치사+the[=인칭대명사 소유격 뜻]
신체접촉 동사 + 목적어 + 전치사 + the + 신체부위
kiss her on the cheek : 그녀의 뺨에 키스하다.
She kissed him on the cheek. 그녀는 그의 뺨에 키스했다.
           (=his)
strike me on the head ; 내 머리를 치다.
pat him on the shoulder : 그의 어깨를 가볍게 치다.
take me by the arm : 내 팔을 잡다.
seize her by the hair : 그녀의 머리를 휘어잡다.
pull me by the sleeve : 내 소매를 잡아당기다.
look her in the face : 그녀의 얼굴을 쳐다보다.

③ owing to : ~때문에
 =because of

=on account of
④ prefer ~ing(A)··· to ~ing(B) : (B)하는 것보다 (A)하는 것을 더 좋아하다
=prefer to(do)···rather than (to)+동사원형~
I much <u>prefer</u> play<u>ing</u> in the open air <u>to</u> read<u>ing</u> indoors.
집에서 독서하기보다 밖에 나가 놀기가 훨씬 좋다
He <u>prefers to</u> read <u>rather than (to)</u> watch television.
TV시청하기보다 오히려 독서하는 것을 더 좋아한다.
따라서 ④는 I prefer staying home to going out on a snowy day로 고치거나
I prefer to stay home rather than (to) go out on a snowy day로 고쳐야 한다.

[답] ④

5. ① 그를 당황하게 한 것은 그녀의 거절이 아니라 그녀의 무례함이었다.
 →It was not her refusal but her rudeness that perplexed him.
② 부모는 아이들 앞에서 그들의 말과 행동에 대해 아무리 신중해도 지나치지 않다.
 →Parents cannot be too careful about their words and actions before their children.
③ 환자들과 부상자들을 돌보기 위해 더 많은 의사가 필요했다.
 →More doctors were required totend sick and wounded.
④ 설상가상으로, 또 다른 태풍이 곧 올 것이라는 보도가 있다.
 →To make matters worse, there is a report that another typhoon will arrive soon.

[해설] ① not A but B : A가 아니라 B
It was+강조어[S, O, 부사(구)]+that~
perplex : 당황하게 하다
=bewilder
=puzzle
be bewildered : 당황하다
=be embarrassed
=be perplexed
=be puzzled
=be baffled

=be at a loss

② cannot~too : 아무리 ~하여도 지나치지 않다

You cannot be too diligent. 아무리 부지런하여도 지나치지 않다.

You cannot work too hard. 공부를 아무리 열심히 하여도 지나치지 않다.

③ the+형용사 : 복수보통명사

=형용사+people

the sick : 환자들

=sick people

the wounded : 부상자들

=wounded people

tend : 돌보다, 간호하다/ ~하는 경향이 있다, ~하기 쉽다.

③에서 sick and wounded는 the sick and the wounded로 고쳐야 한다

④ To make matters worse : 설상가상으로

④에서 a report 다음의 that은 동격접속사이다. 즉 that 이하가 a report를 설명하고 있다.

[답] ③

6. 밑줄 친 부분에 들어갈 말로 가장 적절한 것을 고르시오.

> Our main dish did not have much flavor, but I made it more _____ by adding condiment.

① palatable

② dissolvable

③ potable

④ susceptable

[해설] 우리의 주 요리는 별로 맛이 없었지만, 나는 조미료를 첨가하여 더 맛있게 만들었다.

palatable : 맛좋은, 입에 맞는

dissolvable : 용해할 수 있는, 녹일 수 있는, 분해할 수 있는

potable : 마시기에 알맞은

susceptible : 걸리기 쉬운, 가능한, 받아들이는

condiment : 조미료

susceptible to cold : 감기에 걸리기 쉬운

susceptible to various interpretations : 여러 가지 해석이 가능한

[답] ①

1. 다음 중 문법적으로 올바른 문장은?

① Both adolescents and adults should be cognizant to this risks of second-hand smoking.

② His address at the luncheon meeting was such great that the entire audience appeared to support him.

③ Appropriate experience and academic background are required of qualified applicants for the position.

④ The major threat to plants, animal, and people is the extremely toxic chemicals releasing into the air and water.

[해설] ① 청년들 과 성인들은 간접흡연의 위험성에 대해 인식해야 한다.

adolescent : 젊은이. 청년

=youth

be cognizant of : ~을 인식하다, 알다

=be conscious of

=be aware of

따라서 be cognizant to가 아니라 be cognizant of로 고쳐야 한다.

② 그가 오찬모임에서 한 연설은 대단히 훌륭해서 모든 청중들은 그를 지지하는 것 같았다.

appear : ~인 것 같다

=seem

such=so great

His anger was such that he lost control of himself.

그의 노여움은 너무나 격렬하여서 이성을 잃고 말았다.

Such was his influence that every body feared him.

그의 세력이 강대해서 모두가 그를 두려워했다.

따라서 such great that은 so great that으로 고쳐야 한다.

③ 그 직위의 적임자에게는 적절한 경험과 학문적 배경이 요구된다.

be required of : ~에게 요구되다.

appropriate : 적절한

qualified : 적격의, 적임의

④ 대기와 바다 속으로 방출되는 아주 유독한 화학물질이 식물, 동물, 그리고 사람들에게 끼치는 중대한 위협이다.

toxic : 유독한

release ; 방출하다

따라서 아주 유독한 화학물질이 방출되기 때문에 피동관계가 되므로 releasing이 아니라 released로 고쳐야 한다.

[답] ③

2. 밑줄 친 부분에 들어갈 가장 적절한 것은?

> The government is currently trying to find an alternative to garbage disposal to _____ environmental pollution.

① slope off
② head off
③ set off
④ run off with

[해설] 정부는 현재 환경오염을 막기 위해 음식물 찌꺼기 처리기의 대안을 찾기 위해 노력하는 중이다.

slope off : 가버리다, 꽁무니를 빼다.

head off : 가로막다, 막다, 저지하다

set off : 출발하다

run off with : ~을 가지고 달아나다, 훔치다

[답] ②

3. 밑줄 친 부분의 의미와 가장 가까운 것은?

> When I heard the poem, some of the lines <u>rang a bell</u>.

① sounded familiar
② became music
③ seemed weird

④ were interesting

[해설] 내가 그 시를 들었을 때 몇몇 시구는 생각나게 했다.
① 친밀하게 들렸다
② 음악이 되었다
③ 기묘한 것 같았다. 멋있는 것 같았다.
④ 재미있었다.

[답] ①

4. 우리말을 영어로 가장 잘 옮긴 것은?
① 나는 이 집으로 이사 온지 3년이 되었다.
 →It was three years since I moved to this house.
② 우리는 해가 지기 전에 그 도시에 도착해야 한다.
 →We must arrive in the city before the sun will set.
③ 나는 그녀가 오늘밤까지 그 일을 끝마칠지 궁금하다.
 →I wonder if she finishes the work by tonight.
④ 그는 실수하기는 했지만, 좋은 선생으로 존경받을 수 있었다.
 →Although making a mistake, he could be respected as a good teacher.

[해설] ① It is+시간+since+S+과거~ : ~한지 ~이다
        =시간+have passed since+S+과거~
It will not be long before+S+현재~: 오래지 않아서 곧 ~할 것이다.
그가 죽은 지 10년이다.
He died ten years ago.
=He has been dead for ten years.
=He has been dead these ten years.
=It is ten years since he died.
=Ten years have passed since he died.
따라서 It was three years since I moved to this house가 아니라 It is three years since I moved to this house 또는 Three years have passed since I moved to this house로 고쳐야 한다.

② before는 시간의 접속사이다. 따라서 시간의 부사절에서는 미래 대신에 현재를 쓴다. 그러므로 before the sun will set을 before the sun sets로 고쳐야 한다.

③ if절은 wonder의 목적어를 나타내는 명사절로서 미래를 뜻하고 by tonight 때문에 미래완료형으로 써야 한다. 따라서 Finishes가 아니라 will have finished로 고쳐 써야 한다.

④ make a mistake : 실수하다

<분사구문>
접속사+S+V₁ ~, S'+V₂ ~ (접속사 제거, 주어가 같으면 주어 재거)
→1) Ving(능동동시) ~   , S'+V₂ ~
  2) Having pp(능동전시) ~
  3) (Being) pp(피동동시) ~
  4) (Having been) pp(피동전시) ~
※→1) Ving (동시) ~   , S'+V₂ ~
  2) Having pp (전시) ~
  3) PP (피동) ~

[답] ④

5. 다음 빈칸에 들어갈 표현으로 가장 적절하게 짝지어진 것은?

> The financial rewards of owning your own business may not happen (A) _____ you put in years of hard work. The desire to make money may not be enough to (B)_____ you going through the difficult early period.

	(A)	(B)		(A)	(B)
①	until	refute	②	when	drive
③	before	reproach	④	until	keep

[해설] 너 자신의 사업을 소유[운영]하는 것에 대한 재정적 보상은 네가 수년간 열심히 노동을 투자해서야 비로소 일어날지도 모른다. 돈을 벌고자 하는 갈망은 네가 초기의 어려운 시기를 계속 견디어 내게 하기엔 충분하지 않을지도 모른다.
not A until B : B해서야 비로소 A하다.
put in : 투자하다.
keep+O+~ing : O를 계속 ~하게 하다
go through : 겪다, 경험하다, 견디다, 고생하다.

refute : 반박하다, 논박하다.
reproach : 비난하다.
reward : 보상

[답] ④

6. 우리말을 영어로 잘못 옮긴 것은?
① 우리는 그에게 이 일을 하도록 요청했다.
  →We asked him about this job.
② 그들은 TV 빼고는 모두 훔쳤다.
  →They stole everything but the television.
③ 식사할 때 물 마시는 게 좋니?
  →Is drinking water while eating good for you?
④ 그렇긴 하지만, 그것은 여전히 종교적 축제이다.
  →That said, it is still a religious festival.

[해설] ① ask+O+to(do) : O에게 ~을 하도록 요청하다.
따라서 We asked him to do this job으로 고쳐야 한다.
② but : ~을 제외하고는
③ be good for : ~에 좋다.
   be good at : ~을 잘하다.
④ That said : 그렇긴 하지만

[답] ①

□ 2017. 06. 24. 서울특별시 9급 행정직 공무원 (6문)

1. 다음 밑줄 친 부분 중 어법상 가장 옳지 <u>않은</u> 것은?

> The idea that justice ① <u>in allocating</u> access to a university has something to do with ② <u>the goods</u> that ③ <u>universities properly</u> pursue ④ <u>explain</u> why selling admission is unjust.

[해설] The idea [that justice (① <u>in allocating</u> access to a university) has something to do with ② <u>the goods</u> (that ③ <u>universities properly</u> pursue)] ④ <u>explain</u> why selling admission is unjust.

　대학입학을 할당하는 데 있어서의 정의는　대학들이 올바르게 추구하는 선과 관련이 있다는 생각은 입학허가를 파는 것이 왜　불공정한지를 설명해준다.

　본문에서 주어는 The idea이고 동사는 explain이다. 따라서 주어 The idea가 단수이므로 동사 explain은 explains으로 고쳐야 한다.

[답] ④

2. 다음 밑줄 친 부분 중 어법상 가장 옳지 <u>않은</u> 것은?

> Strange as ① <u>it may</u> seem, ② <u>the Sahara</u> was once an expanse of grassland ③ <u>supported</u> the kind of animal life ④ <u>associated with</u> the African plains.

[해설] Strange as ① <u>it may</u> seem, ② <u>the Sahara</u> was once an expanse of grassland [③ <u>supported</u> the kind of animal life (④ <u>associated with</u> the African plains.)]

　이상하게 보일지 모르지만 사하라 사막은 하 때 아프리카 평원과 연관된 그런 종류의 동물의 삶을 먹여 살리던 광활한 초원이었다.

plains : 평원

be associated with : ~와 연관되어 있다.

He <u>was</u> closely <u>associated with</u> the company's competitors.

그는 그 회사의 경쟁사들과 밀접하게 연관되어 있었다.

위 본문에서 supports의 목적어가 the kind of animal life 이므로 an expanse of grassland와는 능동관계에 있기 때문에 supported를 supporting로 고쳐야 한다.

[답] ③

3. 빈칸에 들어갈 가장 적절한 단어는?

> A faint oder of ammonia or vinegar makes one-week-old infants grimace and _____ their heads.

① harness   ② avert
③ muffle   ④ evoke

[해설] 암모니아나 식초의 희미한 냄새는 일주일 된 갓난아기들의 얼굴을 찡그리게 하고 머리를 돌리게 한다.
vinegar : 식초
harness : (말 등에) 마구를 채우다
muffle ; 감싸다
evoke : 일깨우다
avert : 돌리다, 피하다.
aver A from B : B로부터 A를 돌리다

[답] ②

4. 밑줄 친 부분 중 어법상 가장 옳지 <u>않은</u> 것은?

> The first coffeehouse in western Europe ① <u>opened not</u> in ② a center of trade or commerce but in the university city of Oxford, ③ <u>in which</u> a Lebanese man ④ <u>naming Jacob</u> set up shop in 1650.

[해설] 서유럽에 있는 최초 커피점은 무역이나 상업 중심지가 아닌 옥스퍼드 대학 도시에서 개업했으며, 옥스퍼드 대학 도시에서 1650년에 Jacob이라는 이름의 레바논 사람이 가게를 창립하였다.
not A but B : A가 아니라 B
위 본문의 Jacob이라고 이름 지어진 레바논 사람에서 이름이지어진 것이기 때문에 naming이 아니라 피동의 named로 고쳐야 한다.

5. 다음 문장 중 어법상 가장 옳지 <u>않은</u> 것은?

① John promised Mary that he would clean his room.

② John told Mary that he would leave early.

③ John believed Mary that she would be happy.

④ John reminded Mary that she should get there early.

[해설] ① John은 Mary에게 그가 그의 방을 청소하겠다고 약속했다.

② John은 Mary에게 그가 일찍 떠날 것이라고 말했다.

③ John은 Mary가 행복할 것이라고 믿었다.

④ John은 Mary에게 그녀가 거기에 일찍 도착해야 한다고 일러주었다.

promise+O+that~ : O에게 ~을 약속하다.

=promise+O+to(do)~

He <u>promised</u> me <u>that</u> he would do it. 그는 그것을 하겠다고 약속했다.

=He <u>promised</u> me <u>to</u> do it.

told+O+that~ : O에게 ~을 말했다.

She <u>told</u> me <u>that</u> she had been to America.

그녀는 네게 미국에 가본 적이 있다고 말했다.

remind+O+that~ : O에게 ~을 일러주다.

remind+O+to(do)~ : O에게 ~해 달라고 일러주다.

A remind me of B : A를 보면 B 생각난다.

<u>Remind</u> him <u>that</u> I'll come tomorrow : 그에게 내가 내일 간다고 일러주게

Please <u>remind</u> her <u>to</u> call me.

그녀에게 잊지 말고 내게 전화해 달라고 일러주시오.

She reminds me of my mother. 그녀를 보면 엄마 생각난다.

That reminds me. 그러고 보니 생각난다.

believe that~ : ~을 믿는다.

believe+O+(to be)~ : O가 ~하다고 믿는다.

I believe that he is honest. 나는 그가 정직하다고 믿는다

=I believe him (to be) honest.

　따라서 believe는 3형식 내지 5형식 동사로 쓰이기 때문에 4형식 동사로 쓰인 ③이 틀렸다

6. 대화의 흐름으로 보아 빈칸에 들어갈 가장 적절한 것은?

A : Why don't you let me treat you to lunch today, Mr. Kim.?

B : _____ .

---

① No, I'm not. That would be a good time for me.
② Good, I'll put it on my calendar so I don't forget.
③ OK, I'll check with you on Monday.
④ Wish I could but I have another commitment today.

[해설] ① 아니요, 그것은 저에게 좋은 시간이 될 것입니다.
② 좋아요, 제가 잊지 않도록 달력에 적어 놓겠습니다.
③ 좋아요, 월요일에 함께 체크해봅시다.
④ 저도 그러고 싶지만 오늘 다른 약속이 있네요.

Why don't you~? : ~하는 게 어때? ~하지 않겠어요?
treat A to B : A에게 B를 대접하다.
have another commitment : 다른 약속이 있다.
I have a commitment to him to repay all of the debt.
나는 빚을 다 갚기로 그에게 약속해두었다.
대화의 흐름으로 보아 ④가 적절한 답변이다.

[답] ④

편저자 강창구 약력

서울남대문초 · 용산중 · 중동고 졸
명지대 행정학과 졸(행정학학사)
명지대 대학원 행정학과 졸(행정학석사 · 행정학박사)
명지대 · 상명대 · 청주대 · 상지대 · 충청대 강사
상지영서대 행정과 교수(학과장, 학생처장, 입학홍보처장, 학술정보원장)
한국도시행정학회 상임이사
원주시 인사위원회 부위원장
에너지관리공단 자발적협약자문위원회 위원
도로교통안전관리공단 기금심의위원회 위원
한국조달연구원 조달사자격증관리위원회 위원
울산광역시 공무원시험 출제위원
국회사무처 공무원시험 출제위원
현 강동대학교 경찰행정과 · 명지전문대 행정과 강사
　　한국구매조달학회 자격시험관리위원장
　　한구구매조달학회 부회장
　　한국행정사학회 부회장

저서 및 논문
재무행정론(박영사) 공저자
기타 논문 다수

영문법 핵심 분석 800제

초판발행　　　2018년 2월 15일

엮은이　　　강창구
펴낸이　　　안종만

기획/마케팅　박세기
표지디자인　조아라
제 작　　　우인도 · 고철민

펴낸곳　　　(주) **박영사**
　　　　　서울특별시 종로구 새문안로3길 36, 1601
　　　　　등록 1959. 3. 11. 제300-1959-1호(倫)
전 화　　　02)733-6771
f a x　　　02)736-4818
e-mail　　　pys@pybook.co.kr
homepage　　www.pybook.co.kr
ISBN　　　979-11-303-0546-2　93740

정 가　　　23,000원